汉语测试、习得与认知研究

邢红兵 主编

中国书籍出版社

编委会成员

柴省三　郭树军　黄理兵

聂　丹　王佶旻　邢红兵

张旺熹

前　言

为激发研究生的科研热情，培养研究生的科研创新能力，加强研究生之间的学术交流，北京语言大学汉语水平考试中心自 2008 年以来连续举办了研究生学术论坛，并出版了系列论文集。2008 年 11 月举办了"首届语言测试与习得研究生学术论坛"，此次论坛的论文集《汉语测试、习得与认知探索》由北京语言大学出版社于 2010 年出版；2010 年 11 月举办了"第二届语言测试与习得研究生学术论坛"，此次论坛的论文集《汉语测试、习得与认知探索（续一）》由世界图书出版公司于 2011 出版。2011 年 12 举办了"2011 年研究生科研创新论坛"，论文集《汉语测试、习得与认知新探索》由中国书籍出版社于 2012 年出版。

此后，由于学校进行了机构调整，原汉语水平考试中心的导师目前分散在各个不同的学院及研究机构，研究生论坛没有能够持续下去。我们按照原汉语水平考试中心导师所带的研究生范围进行了论文征集，收到论文 27 篇，经过筛选，最后确定了 24 篇入选本论文集。本次入选论文的研究内容主要包括以下几个方面：汉语测试研究、汉语习得研究、汉语认知研究及汉语教学相关研究。这些论文选题角度丰富，注重实证研究，主要侧重定量研究和数据支撑，论文选题有理论和实践价值，表现出作者已经具备了很高的科研能力。为了延续汉语水平考试中心研究生科研的特色，本论文集定名为《汉语测试、习得和认知研究》。

论文集编委会成员均为原北京语言大学汉语水平考试中心的研究生导师，导师们在论文指导和组织推荐等环节都全力投入，导师们的辛勤付出，是论文集的整体水平得以保证的前提。感谢汉语进修学院硕士研究生李梅秀和庞硕在论文集的收集和编选过程中做了大量的工作，感谢中国书籍出版社为我们提供了论文集出版的宝贵机会，感谢本书编辑安玉霞女士所做的细致工作。

《汉语测试、习得与认知研究》编委会
2015 年 5 月 30 日

目 录

HSK（初、中等）阅读理解测验无共同题等值研究 …………………… 耿　岳　1
第二语言阅读理解测试题型比较研究 ………………………………… 田　禾　24
模糊评分法在HSK（高等）写作评分中的应用 ……………………… 卿逢桥　40
汉语口语考试面试官话轮中的话语标记 ……………………………… 吴晨曦　57
英语背景留学生因果复句习得研究 …………………………………… 曾　颖　68
基于口头叙述常模的留学生与母语者语言产出对比分析 …………… 刘春艳　81
留学生"把"字句运用中的回避现象考察 ……………………………… 师盼瑶　94
韩国留学生汉语动词猜词策略的实证研究 …………………………… 杨春丽　100
基于HSK口语考试的日本中高级留学生汉语语音音段偏误分析
　………………………………………………………………………… 张　秀　112
汉语音节邻居对二语学习者语音感知的影响 ………………………… 李梅秀　128
基于HSK动态作文语料库的美国学生汉字书写错误研究 …………… 王东旭　142
"把"字结构句法框架对动词的选择倾向性及其习得研究 …………… 王君懿　150
儿童生造词与留学生偏误合成词对比分析 …………………………… 吴芳妍　160
母语者—二语者会话中的话轮交接初探 ……………………………… 徐　阳　180
留学生"是……的"句偏误分析 ………………………………………… 张　婷　194
汉语表达动作行为意图性特征考察 …………………………………… 韩　超　204
《飘》汉译本中的"把"字句考察
　——兼谈对相关研究的印证 ………………………………………… 郭雅静　215
趋向动词"开"的虚化与限制认知动因 ………………………………… 孙鹏飞　224
平衡图式对汉语等量语法单位的制约作用
　——以助动词"配"为例 ……………………………………………… 邓莹洁　234

"V+了+时量成分+（的）+N"中"的"的隐现规律 …………… 姬新新 248

跨方言视角下的现代汉语虚词"了₃"研究 …………………… 苏若阳 257

播客在对外汉语教学中的应用
　——以 iMandarinPod 为例 ………………………… Daniel S. Worlton 270

留学生对汉语教材中常见练习题型的接受程度调查 …………… 吴　佩 285

初中级对外汉语教材中的文化因素考察
　——基于《尔雅中文》的分析 ……………………………… 赵　月 297

HSK（初、中等）阅读理解测验无共同题等值研究

北京语言大学汉语水平考试中心　耿　岳

摘　要　本文采用有共同组考生的实测数据为两份 HSK（初、中等）试卷的阅读理解测验第二部分进行非共同总体下的无共同题等值研究。研究分为两部分，第一部分利用规则空间模型为 HSK（初、中等）阅读理解试题构建属性层级关系，然后对作答两份试卷的考生进行分类，将其归入不同的最近理想点。第二部分将两组中可归入同一理想点的考生视为来自同一总体，利用各理想点数据构造模拟共同组，再应用随机组设计下的线性等值方法进行等值，得出等值关系式，并与我们设定为参照标准的共同组等值进行比较，依据等值误差判断等值效果。

本文的研究结果包括两点：一是成功归类作答 X 卷考生 515 人，作答 Y 卷考生 797 人，成功归类比率分别达到了 93.3% 和 95.3%，超过了 90% 的临界标准，证明属性提取及层级关系构建恰当，为下一步的等值提供了前提条件；二是由理想点数据构造出的模拟共同组等值与真实共同组等值相比，误差值无明显差异，证明该等值方法可进一步尝试。

关键词　规则空间模型　测验等值　共同组设计

一、引言

测验等值是将测验不同版本的分数统一在一个量表上的过程，也就是将测量考生同一特质的各个不同版本的测验分数转换成相同标尺的分数，以使得不同版本的分数具有可比性。

传统的等值设计包括单组设计、平衡单组设计、随机等组设计、共同题非等组设计、共同组设计等，大致可分为单组、基于共同总体和基于非共同总体（共同题或共同组）三类。现在的大型测验一般多采用共同题非等组设计方法进行测验等值，但无论是外置共同题还是内置共同题都存在一定的缺陷。外置共同题难

以保证考生的高动机性，内置共同题则可能带来由于共同题多次曝光造成的失效问题。另外，在某些情况下，共同题的编制难度大和参数漂移等现象也给共同题非等组设计带来了较大困难。

中国汉语水平考试（HSK）是为测试母语非汉语者的汉语水平而设立的标准化考试。从创立至今，其等值方法经历了一系列的改进，先是使用 Tucker 线性模型的共同题等值设计，然后在共同题等值设计中同时采用 Tucker 线性模型、Levine 观察分数线性模型、Levine 真分数线性模型和等百分位模型等 4 种不同的等值模型，互相参照。后来又出现 IRT 等值法，共同组设计的线性等值法，分半组卷等值法等。上述等值方法均采用共同题或共同组设计方法，存在试题安全风险大和操作成本高等问题。

规则空间模型是一种基于 IRT 和统计分类的认知诊断模型。该模型分析测验所包含的知识或者认知过程，结合受测者的作答模式，在考虑了考生在实际作答过程中的猜测和失误等误差因素的基础上引入个人拟合指标 ζ，可对受测者的知识状态进行准确分类和诊断。

本文的研究意在探索一种新的等值思路，即使用基于规则空间模型（RSM）的非共同题等值方法来实现汉语水平考试的等值。本文为 HSK（初、中等）两份试卷的阅读理解第二部分编制了相同的 A 矩阵和 Q 矩阵，利用规则空间模型对作答两份试卷的考生进行分类。在将可归入同一理想点的两组考生视为来自同一总体的假设下，利用各理想点数据构造模拟共同组，再应用随机组设计下的线性等值方法进行等值，并与通过实际共同组计算出的等值关系进行比较，依据等值误差判断优劣。

二、研究意义与研究内容

2.1 研究意义

2.1.1 理论意义

本研究尝试利用规则空间模型的方法对考生进行分类，构建共同组进行等值，希望实现非共同总体下的无共同题测验等值，是对已有等值方法的扩展和补充，是将认知科学与测量学相结合的一种新型等值思路。

2.1.2 实践意义

实践中存在对共同题质量、数量要求较高，共同题易曝光、易发生参数漂移,有些试卷的不同题本间无法设置共同题,招募共同组成本过高,共同组短时间内作答两份或多份试卷存在顺序效应等诸多问题,因此共同题等值或共同组等值在操作中都有一定的困难。若本研究较为成功,一方面有助于减少整个施测过程的成本,另一方面为由于试卷公开目前暂不设置共同题的 C.TEST 提供一种将来等值的方向。

2.2 研究内容

采用实测数据,尝试进行 HSK(初、中等)阅读理解测验的非共同总体下无共同题测验等值,建立等值关系式,并与等值标准进行比较。

三、实验研究

3.1 研究设想

本研究的主体思路分为两大部分,前一部分是利用规则空间模型对考生进行分类,得出考生所属的最近理想点;后一部分将两组中可归入同一理想点的考生视为来自同一总体,利用各理想点数据构造模拟共同组,再应用随机组设计下的线性等值方法进行等值,计算等值关系。最后与已有的等值标准进行比较,计算等值误差。

第一阶段:

1. 确定待等值和作为标杆卷的两份 HSK(初、中等)阅读理解测验试题的认知属性及层级关系。

2. 通过 A 矩阵、R 矩阵、Q 矩阵等一系列转换,得出理想被试的理想反应模式 IRP。

3. 估计出参加 X 卷和 Y 卷的实际被试与理想被试的能力值与个人拟合指标,根据马氏距离最小原则,将被试归入特定的最近理想点。

第二阶段:

4. 设两份试卷分别有 X_1 和 Y_1 名考生进入 AMP_1 模式,X_2 和 Y_2 名考生进入 AMP_2 模式……X_n 和 Y_n 名考生进入 AMP_n 模式。我们将可以归入同一 AMP 模式(掌握属性相同,知识结构相同)的作答两份试卷的考生认为来自同一总体。再结合两份试卷各自的作答总体人数为每一 AMP 模式进入模拟共同组中的人数设置权重分配。在确定模拟共同组总人数后,对每一 AMP 模式下作答 X 卷和 Y 卷的考生进行随机抽取，进入构建出的共同组。再使用共同组等值方法计算等值关系式。

5. 以经过筛选后的 X 卷和 Y 卷的实际共同组线性等值作为比较标准，判断该方法优劣。

3.2 研究材料

3.2.1 试题

两份 HSK（初、中等）试卷，M06N03X 卷（以下称为 X 卷）和 J332 卷（以下称为 Y 卷）的阅读理解第二部分，其中 X 卷为待等值的试卷，Y 卷为标杆卷。每份试卷为 30 道四选一性质的多项选择题，两份试卷之间没有共同题。

两份试卷的描述性统计信息如下：

表1 X卷

平均数（标准误）	方差	标准差	最小值	最大值	全距	偏度（标准误）	峰度（标准误）
16.98（0.229）	28.943	5.38	3	29	26	0.122（0.104）	-0.732（0.208）

表2 Y卷

平均数（标准误）	方差	标准差	最小值	最大值	全距	偏度（标准误）	峰度（标准误）
19.31（0.212）	37.434	6.118	0	30	30	-0.389（0.085）	-0.604（0.169）

3.2.2 被试

参加 X 卷考生 552 人，参加 Y 卷考生 836 人，两组考生中有 401 名共同组考生。施测地点均为北京语言大学。施测时间为 X 卷：2006 年 4 月 23 日上午；Y 卷：2006 年 4 月 23 日下午。

3.2.3 数据处理工具

1. 采用江西师大的 ANOTE 软件估计被试的能力值；
2. 采用自编程序 I 和 II 分别估出个人拟合指标和计算马氏距离；
3. 采用 SPSS 进行用于等值的数据处理。

3.3 研究步骤及结果

根据我们提取的两份试卷的阅读理解属性及层次，可以得到一个 7*7 的邻接矩阵 A。

表 3　A 矩阵

属性	属性						
	A1	A2	A3	A4	A5	A6	A7
A1	0	1	0	0	0	0	0
A2	0	0	0	1	0	0	0
A3	0	0	0	1	0	0	0
A4	0	0	0	0	1	1	1
A5	0	0	0	0	0	0	0
A6	0	0	0	0	0	0	0
A7	0	0	0	0	0	0	0

进而推出可达矩阵 R。

表 4　R 矩阵

属性	属性						
	A1	A2	A3	A4	A5	A6	A7
A1	1	1	0	1	1	1	1
A2	0	1	0	1	1	1	1
A3	0	0	1	1	1	1	1
A4	0	0	0	1	1	1	1
A5	0	0	0	0	1	0	0
A6	0	0	0	0	0	1	0
A7	0	0	0	0	0	0	1

因为有 7 个属性，所以在不考虑属性层级关系的情况下，共有 $2^7 - 1 = 127$ 种可能的题目类型，在删去违背层级关系的题目类型之后，剩余 37 种可能的题目类型，构成 Q_r 矩阵如下：

表 5　Q_r 矩阵

属性	可能的题目类型																		
	1	2	3	4	5	6	7	8	9	10	11	12	13	14	15	16	17	18	19
A1	1	0	1	1	0	1	1	1	0	0	0	1	1	1	1	1	1	1	0
A2	0	0	1	0	0	1	1	0	0	0	0	1	1	1	1	0	0	0	0
A3	0	1	0	1	1	1	0	1	1	1	1	1	0	0	0	1	1	1	1
A4	0	0	0	0	1	0	1	1	1	1	1	1	1	1	1	1	1	1	1

续 表

	可能的题目类型																	
A5	0	0	0	0	0	0	0	0	1	0	0	0	1	0	0	1	0	1
A6	0	0	0	0	0	0	0	0	0	1	0	0	0	1	0	0	1	1

表6 Q_r 矩阵（续）

	可能的题目类型																	
属性	20	21	22	23	24	25	26	27	28	29	30	31	32	33	34	35	36	37
A1	0	0	1	1	1	1	1	1	1	0	1	1	1	1	1	1	1	1
A2	0	0	1	1	1	1	0	0	0	0	1	0	1	1	1	1	1	1
A3	1	1	1	1	1	0	0	1	1	1	0	1	0	1	1	1	1	1
A4	1	1	1	1	1	1	1	1	1	1	1	1	1	1	1	1	1	1
A5	1	0	1	0	0	1	1	1	1	1	0	0	1	1	0	1	1	1
A6	0	1	0	1	0	1	0	1	0	1	1	1	1	1	1	0	1	1

将 Q_r 矩阵倒置，得到典型属性矩阵 E_a 矩阵：

表7 E_a 矩阵

	属性						
理想被试	A1	A2	A3	A4	A5	A6	A7
1	1	0	0	0	0	0	0
2	0	0	1	0	0	0	0
3	1	1	0	0	0	0	0
4	1	0	1	0	0	0	0
5	0	0	1	1	0	0	0
6	1	1	1	0	0	0	0
7	1	1	0	1	0	0	0
8	1	0	1	1	0	0	0
9	0	0	1	1	1	0	0
10	0	0	0	0	0	1	0
11	0	0	1	1	0	0	1
12	1	1	1	1	0	0	0
13	1	1	0	1	1	0	0
14	1	1	1	0	1	0	0

续 表

	属性						
15	1	1	0	1	0	0	1
16	1	0	1	1	1	0	0
17	1	0	1	1	0	1	0
18	1	0	1	1	0	0	1
19	0	0	1	1	1	1	0
20	0	0	1	1	1	0	1
21	0	0	1	1	0	1	1
22	1	1	1	1	1	0	0
23	1	1	1	1	0	1	0
24	1	1	1	1	0	0	1
25	1	1	0	1	1	1	0
26	1	1	0	1	1	0	1
27	1	0	1	1	1	1	0
28	1	0	1	1	1	0	1
29	0	0	1	1	1	1	1
30	1	0	1	1	0	1	1
31	1	1	0	1	0	1	1
32	1	0	1	1	1	1	1
33	1	1	1	1	1	1	0
34	1	1	1	1	0	1	1
35	1	1	1	1	1	0	1
36	1	1	1	1	1	1	0
37	1	1	1	1	1	1	1

结合 E_a 矩阵和 Q_r 矩阵,得出 37 名被试的理想反应模式 (37 * 37):

表 8 理想反应模式

Id	I1	I2	I3	I4	I5	I6	I7	I8	I9	I10	I11	I12	I13	I14	I15	I16	I17	I18	I19
1	1	0	0	0	0	0	0	0	0	0	0	0	0	0	0	0	0	0	0
2	0	1	0	0	0	0	0	0	0	0	0	0	0	0	0	0	0	0	0
3	1	0	1	0	0	0	0	0	0	0	0	0	0	0	0	0	0	0	0
4	1	1	0	1	0	0	0	0	0	0	0	0	0	0	0	0	0	0	0

续 表

Id	I1	I2	I3	I4	I5	I6	I7	I8	I9	I10	I11	I12	I13	I14	I15	I16	I17	I18	I19
5	0	1	0	0	1	0	0	0	0	0	0	0	0	0	0	0	0	0	0
6	1	1	1	1	0	1	0	0	0	0	0	0	0	0	0	0	0	0	0
7	1	0	1	0	0	0	1	0	0	0	0	0	0	0	0	0	0	0	0
8	1	1	0	1	1	0	0	1	0	0	0	0	0	0	0	0	0	0	0
9	0	1	0	0	1	0	0	0	1	0	0	0	0	0	0	0	0	0	0
10	0	1	0	0	1	0	0	0	0	1	0	0	0	0	0	0	0	0	0
11	0	1	0	0	1	0	0	0	0	0	1	0	0	0	0	0	0	0	0
12	1	1	1	1	1	1	1	0	0	0	1	0	0	0	0	0	0	0	0
13	1	0	1	0	0	0	1	0	0	0	0	1	0	0	0	0	0	0	0
14	1	0	1	0	0	0	1	0	0	0	0	0	1	0	0	0	0	0	0
15	1	0	1	0	0	0	1	0	0	0	0	0	0	1	0	0	0	0	0
16	1	1	0	1	1	0	0	1	1	0	0	0	0	0	0	1	0	0	0
17	1	1	0	1	1	0	0	1	0	1	0	0	0	0	0	0	1	0	0
18	1	1	0	1	1	0	1	0	0	1	0	0	0	0	0	0	0	1	0
19	0	1	0	0	1	0	0	0	1	1	0	0	0	0	0	0	0	0	1
20	0	1	0	0	1	0	0	0	1	0	1	0	0	0	0	0	0	0	0
21	0	1	0	0	1	0	0	0	1	0	0	0	0	0	0	0	0	0	0
22	1	1	1	1	1	1	1	1	0	0	1	1	0	0	1	0	0	0	0
23	1	1	1	1	1	1	0	1	0	1	0	1	0	0	1	0	0	0	0
24	1	1	1	1	1	1	0	0	1	1	0	0	1	0	0	0	1	0	0
25	1	0	1	0	0	0	1	0	0	0	0	1	1	0	0	0	0	0	0
26	1	0	1	0	0	0	1	0	0	0	0	1	0	1	0	0	0	0	0
27	1	1	0	1	1	0	0	1	1	0	0	0	0	0	1	1	0	1	1
28	1	1	0	1	1	0	0	1	1	0	1	0	0	0	0	1	0	1	0
29	0	1	0	0	1	0	0	0	1	1	0	0	0	0	0	0	0	0	1
30	1	1	0	1	1	0	0	1	0	0	0	0	0	0	0	0	0	0	0
31	1	0	1	0	0	0	1	0	0	0	0	0	0	1	1	0	0	0	0
32	1	1	0	1	1	0	0	1	1	0	1	0	0	0	0	1	1	1	1
33	1	0	1	0	0	0	1	0	0	0	0	1	1	0	0	0	0	0	0
34	1	1	1	1	1	1	1	0	1	1	1	0	1	0	1	0	1	1	0
35	1	1	1	1	1	1	1	0	1	1	1	0	1	0	1	0	1	1	0
36	1	1	1	1	1	1	1	1	0	1	1	0	1	1	0	1	1	0	1
37	1	1	1	1	1	1	1	1	1	1	1	1	1	1	1	1	1	1	1

续　表

Id	I20	I21	I22	I23	I24	I25	I26	I27	I28	I29	I30	I31	I32	I33	I34	I35	I36	I37
1	0	0	0	0	0	0	0	0	0	0	0	0	0	0	0	0	0	0
2	0	0	0	0	0	0	0	0	0	0	0	0	0	0	0	0	0	0
3	0	0	0	0	0	0	0	0	0	0	0	0	0	0	0	0	0	0
4	0	0	0	0	0	0	0	0	0	0	0	0	0	0	0	0	0	0
5	0	0	0	0	0	0	0	0	0	0	0	0	0	0	0	0	0	0
6	0	0	0	0	0	0	0	0	0	0	0	0	0	0	0	0	0	0
7	0	0	0	0	0	0	0	0	0	0	0	0	0	0	0	0	0	0
8	0	0	0	0	0	0	0	0	0	0	0	0	0	0	0	0	0	0
9	0	0	0	0	0	0	0	0	0	0	0	0	0	0	0	0	0	0
10	0	0	0	0	0	0	0	0	0	0	0	0	0	0	0	0	0	0
11	0	0	0	0	0	0	0	0	0	0	0	0	0	0	0	0	0	0
12	0	0	0	0	0	0	0	0	0	0	0	0	0	0	0	0	0	0
13	0	0	0	0	0	0	0	0	0	0	0	0	0	0	0	0	0	0
14	0	0	0	0	0	0	0	0	0	0	0	0	0	0	0	0	0	0
15	0	0	0	0	0	0	0	0	0	0	0	0	0	0	0	0	0	0
16	0	0	0	0	0	0	0	0	0	0	0	0	0	0	0	0	0	0
17	0	0	0	0	0	0	0	0	0	0	0	0	0	0	0	0	0	0
18	1	0	0	0	0	0	0	0	0	0	0	0	0	0	0	0	0	0
19	0	0	0	0	0	0	0	0	0	0	0	0	0	0	0	0	0	0
20	1	0	0	0	0	0	0	0	0	0	0	0	0	0	0	0	0	0
21	0	1	0	0	0	0	0	0	0	0	0	0	0	0	0	0	0	0
22	0	0	1	0	0	0	0	0	0	0	0	0	0	0	0	0	0	0
23	0	0	0	1	0	0	0	0	0	0	0	0	0	0	0	0	0	0
24	0	0	0	0	1	0	0	0	0	0	0	0	0	0	0	0	0	0
25	0	0	0	0	0	1	0	0	0	0	0	0	0	0	0	0	0	0
26	0	0	0	0	0	0	1	0	0	0	0	0	0	0	0	0	0	0
27	0	0	0	0	0	0	0	1	0	0	0	0	0	0	0	0	0	0
28	1	0	0	0	0	0	0	0	1	0	0	0	0	0	0	0	0	0
29	1	1	0	0	0	0	0	0	0	1	0	0	0	0	0	0	0	0
30	0	1	0	0	0	0	0	0	0	0	1	0	0	0	0	0	0	0
31	0	0	0	0	0	0	0	0	0	0	0	1	0	0	0	0	0	0

续 表

Id	I20	I21	I22	I23	I24	I25	I26	I27	I28	I29	I30	I31	I32	I33	I34	I35	I36	I37
32	1	1	0	0	0	0	0	1	1	1	1	0	1	0	0	0	0	0
33	0	0	0	0	0	1	1	0	0	0	0	1	0	1	0	1	0	0
34	0	1	0	1	1	0	0	0	0	1	1	0	0	1	0	1	0	0
35	1	0	1	0	0	1	0	1	0	1	0	0	0	0	0	0	1	0
36	0	0	1	1	0	1	0	1	0	0	0	0	0	0	0	0	1	0
37	1	1	1	1	1	1	1	1	1	1	1	1	1	1	1	1	1	1

对于在所有题目上全部答对或答错的被试和所有被试均答对或答错的题目类型，我们无法估计出相应的被试能力参数和题目参数，需要删去。所以删去第37号理想被试和第37种题目类型，将剩余36名理想被试在36种题目类型上的理想反应模式放入江西师大 ANOTE 软件中估计能力值，再利用自编程序 I 估出个人拟合指标，结果如下：

表9 36名理想被试的能力值和个人拟合指标

理想被试序号	能力值	答对概率均值	个人拟合指标
1	-1.3699	0.0710	0.3492
2	-1.2476	0.0769	0.8509
3	-1.2968	0.0744	-0.5182
4	-0.6051	0.1194	-0.0699
5	-0.8357	0.1016	0.5007
6	-0.1844	0.1631	-0.1437
7	-1.2301	0.0778	-1.1943
8	0.0631	0.1986	-0.9405
9	-0.6522	0.1155	0.4597
10	-0.6520	0.1155	0.4600
11	-0.6462	0.1160	0.4716
12	0.4701	0.2749	-1.6783
13	-1.0382	0.0884	-0.8674
14	-1.0381	0.0884	-0.8672
15	-1.0379	0.0884	-0.8667
16	0.3808	0.2564	-0.9302
17	0.3809	0.2564	-0.9306

续　表

理想被试序号	能力值	答对概率均值	个人拟合指标
18	0.4681	0.2745	−0.7714
19	−0.3485	0.1439	0.6197
20	−0.3628	0.1424	0.5611
21	−0.3437	0.1445	0.6307
22	0.7892	0.3494	−1.6399
23	0.7893	0.3494	−1.6409
24	0.8028	0.3529	−1.6635
25	−0.7399	0.1086	−0.1808
26	−0.7397	0.1086	−0.1802
27	0.8171	0.3566	−0.4302
28	0.8237	0.3583	−0.5316
29	0.0942	0.2037	1.5055
30	0.8308	0.3601	−0.4586
31	−0.7396	0.1086	−0.1799
32	1.5261	0.5571	0.7465
33	−0.3849	0.1401	0.7750
34	1.4027	0.5217	0.0313
35	1.3972	0.5201	−0.0168
36	1.3918	0.5185	0.1081

采用类似方法，根据552名参加X卷考试的考生和836名参加Y卷考试的考生的实际作答情况，估出每位考生的能力值 θ、个人拟合指标 ζ 和马氏距离 D^2，各随机选取5名考生的数据列举如下。

表10　参加X卷考试考生的能力值、个人拟合指标等（部分）

考生考号	能力值	答对概率均值	个人拟合指标	马氏距离值	最近理想点
101448200107	−0.9088	0.385	0.0891	0.512	31
101501200388	0.0908	0.5952	−1.6463	1.4853	12
101501200480	−0.9085	0.385	0.2659	0.3396	5
101510100045	1.6067	0.83	1.4228	1.8254	32
101510100200	0.0116	0.5792	1.0658	0.8224	29

表 11　参加 Y 卷考试考生的能力值、个人拟合指标等（部分）

考生考号	能力值	答对概率均值	个人拟合指标	马氏距离值	最近理想点
101448200107	-1.064	0.3925	2.2118	11.6457	33
101448201352	-0.048	0.6707	0.2455	0.7488	6
101501200388	-0.375	0.5889	1.3053	1.2452	33
101501200480	-0.223	0.6282	-0.6888	1.0363	8
101510100200	0.3221	0.7487	-0.1506	1.6186	18

由于规则空间具有正交的分类空间的特性，根据卡方分布值表，在 0.05 的显著水平上，$D^2 < 5.99$ 为可接受区域（刘慧，2006）。鉴于此，我们认为，若某一个待分类点到某一个纯规则点的马氏距离（D^2）值小于 5.99，那么这个待分类点就被划入该规则点。根据这一标准，X 卷中可归入理想点的有 515 人，不能归入理想点的有 37 人，成功归类比率约为 93.3%；Y 卷中可归入理想点的有 797 人，不能归入理想点的有 39 人，成功归类比率约为 95.3%。

徐式婧（2007）提到衡量规则空间模型是否得到成功应用的重要标准是：将被试划分到属性掌握模式中的比率（Tatsuoka & Tatsuoka，1997）。这一归类比率决定了所确定的属性能否成功地解释被试在测验中的表现。一般认为，归类比率若能达到 90% 以上（Tatsuoka & Tatsuoka，1997），也就是说，能够将 90% 以上的被试归入已确定的属性掌握模式中，那么这一研究结果是成功的。据此结论可以基本判断出笔者为 HSK（初、中等）阅读理解试题第二部分划分的属性及层次是合适的，且对作答两份试卷的考生归类也是较为准确的。这是我们下一步进行等值的基础。

对 X 卷和 Y 卷中可归入不同理想点的考生人数进行统计，按大小顺序排列，列表如下：

表 12　X 卷各理想点人数

理想点	人数	理想点	人数	理想点	人数
8	51	25	18	20	5
6	42	12	18	9	5
7	36	15	14	22	5
18	34	28	14	34	5
33	27	5	13	30	4
27	26	36	12	16	3
32	26	13	11	24	2

续 表

理想点	人数	理想点	人数	理想点	人数
29	25	17	11	14	1
4	19	1	10	19	1
21	19	3	8	10	0
35	19	31	7	23	0
2	18	11	6	26	0

表 13　Y 卷各理想点人数

理想点	人数	理想点	人数	理想点	人数
6	81	12	27	16	10
8	63	35	25	22	8
29	62	36	24	31	8
27	47	4	22	9	6
32	47	20	22	24	5
7	39	15	18	11	4
33	36	13	17	23	1
18	34	3	15	34	1
21	34	5	15	10	0
2	31	28	14	14	0
25	29	17	13	19	0
1	27	30	12	26	0

　　我们认为可归入同一理想点的两组考生有着近似的能力，可看作来自同一总体。然后根据每个理想点在两份试卷中各有多少人算出各理想点人数在两卷中的比例。再根据两卷的总体人数赋予这两个比例以不同的权重，构造和两卷总体分布较一致的模拟共同组。再根据实际的每个理想点人数反推出构造出的共同组可有人数，最后从中选择一个最小的模拟共同组人数，按比例得出从每个理想点随机挑选的样本人数。

　　具体的操作及解释，我们将通过下表进行详细说明：

表14　模拟共同组数据

理想点	x卷人数	在x卷中的比例	y卷人数	在y卷中的比例	在共同组中的比例	理想点人数	可有的共同组人数	实际各理想点选用人数
8	51	0.0990	63	0.0790	0.09	51	566	9
6	42	0.0816	81	0.1016	0.09	39	433	9
7	36	0.0699	39	0.0489	0.06	34	566	6
18	34	0.0660	34	0.0427	0.05	34	680	5
33	27	0.0524	36	0.0452	0.05	27	540	5
27	26	0.0505	47	0.0590	0.06	26	433	6
32	26	0.0505	47	0.0590	0.06	26	433	6
29	25	0.0485	62	0.0778	0.07	22	314	7
4	19	0.0369	22	0.0276	0.03	19	633	3
21	19	0.0369	34	0.0427	0.04	19	475	4
35	19	0.0369	25	0.0314	0.03	19	633	3
2	18	0.0350	31	0.0389	0.04	18	450	4
25	18	0.0350	29	0.0364	0.04	18	450	4
12	18	0.0350	27	0.0339	0.03	18	600	3
15	14	0.0272	18	0.0226	0.02	14	700	2
28	14	0.0272	14	0.0176	0.02	14	700	2
5	13	0.0252	15	0.0188	0.02	13	650	2
36	12	0.0233	24	0.0301	0.03	12	400	3
13	11	0.0214	17	0.0213	0.02	11	550	2
17	11	0.0214	13	0.0163	0.02	11	550	2
1	10	0.0194	27	0.0339	0.03	10	333	3
3	8	0.0155	15	0.0188	0.02	8	400	2
31	7	0.0136	8	0.0100	0.01	4	400	1
11	6	0.0117	4	0.0050	0.01	6	600	1
20	5	0.0097	22	0.0276	0.02	5	250	2
9	5	0.0097	6	0.0075	0.01	5	500	1
22	5	0.0097	8	0.0100	0.01	1	100	1
34	5	0.0097	1	0.0013	0.00	5	0	0
30	4	0.0078	12	0.0151	0.01	4	400	1
16	3	0.0058	10	0.0125	0.01	3	300	1
24	2	0.0039	5	0.0063	0.01	2	200	1

第一列为理想点名称，根据我们的属性层级划分，共有36个理想点。但是第10、14、19、23、26这5个理想点，在x卷或者y卷或者两卷中都找不到可归入的考生，故删去，保留其余的31个理想点。第二、四列分别为可归入该理想点的x卷和y卷考生人数。第三、五列分别为x卷中该理想点人数与总人数之比和y卷中该理想点人数与总人数之比。因为x卷中可归入理想点的有515人，y卷中可归入理想点的有797人，所以两卷的总人数分别以515人和797人来计算。第六列在共同组中的比例，指根据两卷总人数的权重为该理想点设置在模拟共同组中的比例。对于x卷，515/（515+797）≈0.4，对于y卷，797/（515+797）≈0.6，所以某理想点在模拟共同组中的比例=该理想点在x卷中的比例*0.4+该理想点在y卷中的比例*0.6。以理想点8为例，x卷中可归入理想点8的人数为51人，在x卷中的比例为51/515≈0.0990，y卷中可归入理想点8的人数为63人，在y卷中的比例为63/797≈0.0790，所以在模拟共同组中的比例为0.0990*0.4+0.0790*0.6≈0.09。第七列的理想点人数，取每一个理想点在x卷和y卷的人数中人数较少的一个，如理想点8在x卷中有51人，在y卷中有63人，则我们取51人。因为我们的假设是这51人和63人来自同一总体，所以51人在x卷上的分数和63人在y卷上的分数可以进行随机组等值，但只能获得51组成对数据。第八列的可有的共同组人数由某一理想点的实际人数除以该理想点在模拟共同组中的比例算出，如对于理想点8，理想点人数为51人，它在模拟共同组中的比例为0.09，所以可有的共同组人数=51/0.09≈566。按照这种方法算出每一个理想点可有的共同组人数，选取最少的100人作为我们实际使用的模拟共同组人数。最后一列的实际各理想点选用人数=100*该理想点在共同组中的比例。如理想点8的实际选用人数=100*0.09=9人。由于四舍五入等误差原因，各理想点的实际选用人数总和为101人，不是最初设置的100人，不过对于结果基本没有影响。

根据实际各理想点的选用人数，我们对30个理想点（第34个理想点实际选用人数为0）在SPSS中进行了随机抽样，构造出了一个101人的共同组，算出$\mu(x)=17.0792$，$\mu(y)=19.3861$，$\sigma(x)=5.0787$，$\sigma(y)=5.7619$。根据线性等值关系式$ly(x)=y=\frac{\sigma(y)}{\sigma(x)}x+\left[\mu(y)-\frac{\sigma(y)}{\sigma(x)}\mu(x)\right]$，计算出等值关系$y=1.1345x+0.0097$。

两份试卷有401名共同组考生，但是我们认为，对于实际获得的共同组数据应该进行一定的筛选，删除在两份试卷中得分差距过大的考生，将剩下的考生作为有效共同组参与运算。我们设置的标准是：当两份试卷的分数之差在 10 分或 10 分以上，即认为是异常数据，从而将该考生剔除出共同组。根据这个标准，我们共删除了 20 位考生，有效共同组人数变为 381 人。删除考生的具体信息列表如下：

表 15　原始共同组中删去的 20 名考生的作答数据

共同组考生考号	X 卷得分	Y 卷得分	两卷分数差值
101520100427	12	26	14
101523100311	9	19	10
101523100383	7	18	11
101523200050	13	23	10
101523200051	13	24	11
101523200115	12	23	11
101523200121	13	25	12
101523200166	19	29	10
101523200207	13	23	10
101523200239	11	22	11
101523200303	16	6	10
101523200374	15	25	10
101523200411	16	26	10
101523200465	12	25	13
101523200530	13	23	10
101523200531	13	0	13
101523200556	20	8	12
101529200081	12	22	10
101529200085	17	7	10
101610200102	13	24	11

对于有效实际共同组考生，我们使用同样的方法算出 = 17.4672，= 19.3622，= 5.1832，= 5.9165，等值关系式为 $y = 1.1415x - 0.5766$，作为我们的等值参照标准。

计算每一个等值关系式对于共同组 381 人的平均误差，具体计算方法如下：

1. 对于每一名共同组考生，根据其在 X 卷上的得分，利用等值关系式算出他在 Y 卷上的得分，记为 Y（计算）；

2. 因为共同组考生同时作答了 X 卷和 Y 卷，所以有一个 Y 卷上的真实得分，记为 Y（实际）；

3. 等值对于每一名共同组考生的误差为：

$$e = y（计算） - y（实际）^2 \quad\quad （式4-1）$$

4. 等值平均误差为：

$$\quad\quad （式4-2）$$

根据此方法算出的实际共同组与模拟共同组的等值平均误差分别为：

表16 两组等值关系的等值平均误差

实际共同组误差	模拟共同组误差
3.5974	3.6164

数值越小，表明误差越小，即该等值关系也越精确。从表中数据可看出，两组共同组的等值误差值基本相当。

四、综合讨论

焦丽亚（2009）提出等值检验标准的确定是等值方法比较研究中最困难的问题。以往研究中主要通过循环等值、模拟等值、大样本标准以及稳定性标准等几种途径来确立等值检验的标准。循环等值、模拟等值和大样本标准均由 Harris & Crouse（1993）提出。循环等值指的是将测验 A 等值到测验 B，再将测验 B 等值到测验 C，再将测验 C 等值到测验 A 的过程，既可用于随机组设计，也可用于共同题非等组设计。模拟等值是通过使用测量模型定义真实的等值，然后生成数据来模拟这种模型，以这种真实的等值作为等值标准。而大样本标准是使用很大的样本容量来代表总体，然后抽取小样本，把结果和大样本的结果进行对照。稳定性标准是说如果一种等值方法被应用于多个独立样本时得到的等值结果比较一致和稳定，就可以认为这种方法较好，反之，则认为这种方法不好。

但这几种标准不仅有着本身固有的缺陷，而且也不适用于本研究的情况。循环等值的缺点有两点，一是该范式常使用恒等等值。研究表明，采用这种等值检验标准，预测参数较少的等值方法比预测参数多的要好；二是当应用于共同题非等组设计时，比较的结果取决于使用哪种测验形式开始循环。不适用于本研究的地方在于，虽然可以用于共同组设计的等值情况，但建立在共同组先后作答了三份试卷的基础上。一般来说，共同组在间隔很短的时间内作答两份试卷会出现因疲劳、练习等顺序效应带来的等值误差，作答三份试卷，误差将会进一步增大。

另外，本文只有两份试卷，因而无法选用循环等值标准。

模拟等值的缺点在于结果的有用性取决于所生成的数据和真实的测验项目中数据的相似性。一些实验采用模拟数据的原因主要是无法得到真实数据或者得到真实数据有较大困难，本研究一方面可以得到真实考试数据，另一方面很难判断模拟数据能否反映真实数据的特性，故不选用此标准。

大样本标准也有着与模拟等值标准类似的问题，即大样本考生组的组合方式与实践中考生组合情况的相似程度决定着等值的好坏。另外实践中很难找到大量的考生群体，这也正是本文无法采用该标准的原因。根据共同组算出的等值关系式，样本量不到500，而根据由理想点构造出的模拟共同组算出的等值关系式，样本量仅100，均不属于大样本，所以不能做到用小样本的结果与大样本的结果进行对照。

至于稳定性标准，需要施测于多个独立性样本，且结果稳定有可能是误差稳定而不一定能证明该方法好，故本研究不采用。

综上所述，已有的研究中并未给出一个明确且量化的等值检验标准的判定方法，现在所做的利用两种等值方法所得出的等值关系式优劣比较只是一个相对的比较，而不是一个绝对的比较，即我们只能根据误差大小说等值关系式 A 比等值关系式 B 更精确，但无法说出等值关系式 A 和 B 精确到了何种地步，或者说，我们无法判断等值关系式 A 和 B 是否达到了可以被接受的程度，是否做到了成功等值。如果说只有等值关系 A 优于 B 这一个条件，则等值 A 成功、等值 B 不成功，等值 A 和 B 都不成功，等值 A 和 B 都成功这三种可能性都存在。

只有相对比较没有绝对比较是本研究面临的困境之一。困境之二是以共同组作为等值参照标准的问题。现在的等值几乎都采用共同题非等组设计进行等值，而不采用共同组进行等值，主要是共同组难以获取，成本较高，且存在顺序效应所带来的等值误差。但若能够选取到共同组，且安排合理，在等值实践中一般认为共同组线性等值是较为可靠的参照标准，且汉考中心也是用该方法计算两份试卷的等值关系式的。田清源（2010）提到"基本的等值方法有三种：对于共同组设计，使用经典测量理论的线性等值"。出于这样的考虑，本研究将共同组等值关系式作为其他四组关系式的参照标准。

但笔者的疑问是，该标准是否可靠。正像田清源（2010）所说："等值研究参照的标准有待商榷。过去的研究中，把共同组设计的等值结果视为最优结果，以它为参照标准对其他方法进行比较。实践中，共同组设计时，同一批考生参加两份试卷的考试，因为两次考试之间有一定的疲劳效应和练习效应，以及有另外一次考试作为保底,本次考试可以不认真对待等心理作用的影响(国外的研究中统称为顺序效应),两次考试的考生虽然相同,但表现可能不同。因此,这种等值方法存在误差,有时还可能存在很大的误差,视这种等值方法的结果为精确值来做参照是否合理,需要进一步研究。"笔者发现,有些共同组考生在 Y 卷上的实际得分和根据等值关系式计算出的得分有着较大差距,如考号为 101520100427 的考生,X 卷得分为 12,Y 卷计算得分为 13.2505,Y 卷实际得分为 26;考号为 101523200531 的考生,X 卷得分为 13,Y 卷计算得分为 14.4159,Y 卷实际得分为 0;考号为 101523200556 的考生,X 卷得分为 20,Y 卷计算得分为 22.5737,Y 卷实际得分为 8。这三位考生在 Y 卷上的实际分数与根据共同组等值关系计算出的期望分数有较大差距,所以笔者考虑,第一,共同组等值作为标准也许从整体上来说可靠,但从个体上来说未必可靠;第二,共同组也需要筛选,若两份试卷的分数差距过大,该共同组考生可能出现了问题,如缺考(考号为 101523200531 的考生可能为此情况)、之前恰好做过 Y 卷的类似题目(考号为 101520100427 的考生可能为此情况)、考 Y 卷时突然身体不适或遇到突发状况导致发挥失常(考号为 101523200556 的考生可能为此情况),该类问题考生会给最终的等值关系式以及等值平均误差带来影响。这正是笔者对 401 位原始共同组考生进行筛选,并最终留下 381 位有效共同组考生的原因。

笔者同时对原始共同组和筛选后的有效共同组分别进行分布分析。

表17　原始共同组在 x 卷上的分布

平均数(标准误)	方差	标准差	最小值	最大值	全距	偏度(标准误)	峰度(标准误)
17.27(0.258)	26.736	5.171	3	28	25	0.036(0.122)	-0.729(0.243)

表18　原始共同组在 y 卷上的分布

平均数(标准误)	方差	标准差	最小值	最大值	全距	偏度(标准误)	峰度(标准误)
19.39(0.301)	36.313	6.026	0	30	30	-0.434(0.122)	-0.562(0.243)

表19　筛选后的有效共同组在 x 卷上的分布

平均数(标准误)	方差	标准差	最小值	最大值	全距	偏度(标准误)	峰度(标准误)
17.47(0.266)	26.865	5.183	3	28	25	-0.022(0.125)	-0.721(0.249)

表20　筛选后的有效共同组在 y 卷上的分布

平均数(标准误)	方差	标准差	最小值	最大值	全距	偏度(标准误)	峰度(标准误)
19.36(0.303)	35.005	5.917	6	30	24	-0.333(0.125)	-0.745(0.249)

从数据结果来看，原始共同组和筛选后的有效共同组都与两份试卷中总体的分布形态比较接近，可以看作是对总体有着良好代表性的两个共同组样本。这样看来，共同组似乎并不需要筛选而可直接使用，但前文提到的诸多问题又确实存在。所以笔者认为出现这一情况的原因可能是共同组中的异常数据较少，所以对整个共同组的分布形态没有起到实质性的影响。因而对共同组考生进行检查筛选仍是我们在使用共同组等值方法时需要做的第一步工作。

五、结论及余论

5.1 结论

结论一：根据笔者构建的HSK（初、中等）阅读理解属性层级关系，可成功归入作答X卷考生515人，作答Y卷考生797人，成功归类比率分别达到了93.3%和95.3%，超过了90%的临界标准，证明该层级关系是恰当的，可利用规则空间模型进行下一步的等值。

结论二：利用理想点构建的模拟共同组得出的等值关系式为$y = 1.1345x + 0.0097$，误差为3.6164。与实际有效共同组的等值误差值3.5974相比没有太大差异。在已有样本量的基础上可以大致判断笔者所用的利用规则空间模型进行无共同题等值的方法是可以进行尝试的。

5.2 余论

第一，本文所使用等值方法的主要不足之处在于，规则空间模型本身具有较大的主观性，使用主观的方法却要得出一个客观而较为精确的等值结果，结果的可信度和逻辑的合理性值得商榷。主要指的是在属性提取和层级构建上，不同的人根据不同的理论基础可以构建出不同的属性层级关系，进而得出不同的理想点个数和考生分配方法，以及不同的模拟共同组和等值关系式。所以无共同题等值是在两份试卷既无共同题又无共同组，而又需要等值情况之下的无奈之举。

第二，笔者这次选用的两份试卷只有共同组没有共同题，以后在有条件的情况下可以选择有共同题，或者既有共同题又有共同组的两份试卷乃至多份试卷进行多重比较和判断，提高结论的可信度和说服力。

第三，笔者选取两份试卷的共同组只有401人，筛选后只剩下381人，再分到36个理想点中，每个理想点分到的共同组人数就很少了。所以以后进一步的研究，笔者认为可以大量增加共同组的人数，也可通过改良属性层级模型，适当减少理想点的个数。若能保证每个理想点的样本数在100以上应该是比较理想的情况。

第四，等值误差的大小比较和等值优劣的判断还需要在以后的研究中找到一个明确的量化标准。

参考文献

包佩佩、张菊芬（2004）大学生英语阅读能力结构和发展的研究，《绍兴文理学院学报》第2期。

陈　芳（2007）阅读与阅读测试研究概述，《商丘职业技术学院学报》第6期。

丁慧明（2012）《HSK（初、中等）考生听力理解的诊断性评价研究》，北京语言大学硕士学位论文。

高慧健（2011）《基于规则空间模型对非共同总体下无锚题测验等值的研究》，北京师范大学硕士学位论文。

高慧健、辛涛、李峰（2011）基于RSM对Q矩阵相同的无锚题测验的等值，《心理科学》第34期。

何晓群（2004）《多元统计分析》，北京：中国人民大学出版社。

侯　磊（2009）论留学生的汉语阅读能力及培养，《山东师范大学学报（人文社会科学版）》第2期。

黄海峰（2010）《基于融合模型的汉语作为第二语言阅读之认知诊断研究》，北京语言大学博士学位论文。

焦丽亚（2009）测验等值研究综述，《中国考试》第6期。

李　峰（2009）《无锚题测验的链接——规则空间模型的途径》，北京师范大学博士学位论文。

李淑琼（2010）英语阅读心理与阅读能力结构分析，《当代教育论坛（教学研究）》第11期。

林　椿（2009）《三种阅读理解题型在考查阅读微技能方面的效度研究》，湖南大学硕士学位论文。

林　可（1999）汉语作为第二语言的阅读·阅读课·阅读测试，《广西大学学报（哲学社会科学版）》第2期。

刘　慧（2006）《规则空间模型在留学生汉语颜色词掌握模式诊断中的应用》，北京语言大学硕士学位论文。

田清源（2010）考试等值改进的分析——以汉语水平考试为例，《湖北招生考试》第30期。

王丹丹（2011）《初级汉语阅读微技能教学方法研究》，华中师范大学硕士学位论文。

王　静（2008）《C. TEST阅读理解测验的诊断性评价研究》，北京语言大学硕士学位论文。

武尊民（2002）《英语的测试与实践》，北京：外语教学与研究出版社。

谢小庆（1998）关于 HSK 等值的试验研究，《世界汉语教学》第 3 期。

谢小庆、任杰（2006）HSK 等值方法的改进，《对外汉语教学的全方位探索——对外汉语研究学术讨论会论文集》，北京：商务印书馆有限公司。

徐式婧（2007）《C. TEST 听力理解测验的诊断性评价研究》，北京语言大学硕士学位论文。

闫　蕾（2007）《高等汉语水平考试及其阅读测试研究》，吉林大学硕士学位论文。

闫　彦（2010）《应用融合模型对 C. TEST 阅读理解测验的诊断性评价研究》，北京语言大学硕士学位论文。

约瑟夫·M. 瑞安（2011）基于经典测量理论和项目反应理论的等值与连接——项目反应理论等值程序，《考试研究》第 3 期。

周　健（1999）探索汉语阅读的微技能，《华文教学与探究》第 3 期。

Angoff, W. H., & Cowell, W. R. (1986) An examination of the assumption that the equating of parallel forms is population – independent. *Journal of Educational Measurement*, 23, 327 – 345.

Baker, F. B., & Al – Karni, A. (1991) A comparison of two procedures for computing IRT equating coefficients. *Journal of Educational Measurement* 28, 147 – 162.

Birebaum, M., Kelly, A. E., Tatsuoka, K. K. (1993) Diagnosing knowledge states in Algebra using the rule – space model. *Journal of Research in Mathematics Education*, 24 (5): 442 – 459.

Buck, G., & Tatsuoka, K., & Kostin, I. (1997) The subskills of reading: rule – space analysis of a multiple – choice test of second language reading comprehension, *Language Learning* 47: 3.

Carroll, J. B. (1993) *Human cognitive abilities*. Cambridge: Cambridge University Press.

Davis, F. B. (1986) Research in comprehension in reading. *Reading Research Quarterly* 3: 499 – 545.

Grabe, W. (1991) Current developments in second language reading research. *TESOL Quarterly* 25 (3): 375 – 406.

Hanson, B. A., & Béguin, A. A. (2002) Obtaining a common scale for item response theory item parameters using separate versus concurrent estimation in the common – item equating design. *Applied Psychological Measurement*, 26 (1), 3 – 24.

Harris, D. J., & Kolen, M. J. (1986) Effect of examinee group on equating relationships. *Applied Psychological Measurement*, 10, 35 – 43.

Holland, P. W. &Dorans, N. J. (2006) Linking and equating, In Roberts Brennan (Eds) *Educational Measurement* (4ed), (187 – 220), WestPort: Greenwood.

Hughes, A. (1989) *Testing for language teachers*. Cambridge: Cambridge University Press.

Hung, P., Wu, Y., & Chen, Y. (1991) IRT item parameter linking: Relevant issues for the purpose of item banking. *Paper presented at the International Academic Symposium on Psychological Measurement*, Tainan, Taiwan.

Kim, S. – H., & Cohen, A. S. (1992) Effects of linking methods on detection of DIF. *Journal of Educational Measurement*, 29 (1), 51 – 66.

Lennon, R. T. (1962) What can be measured? *Reading Teacher*, 15, 326 – 337.

Lord, F. M., & Wingersky, M. S. (1984) Comparison of IRT true – score and equipercentile observed – score "equatings." *Applied Psychological Measurement*, 8, 452 – 461.

Michael J. Kolen & Robert L. Brennan (2004) *Test Equating, Scaling, and Linking: Methods and Practices*. New York: Springe.

Min – Young Song (2008) Do divisible subskills exist in second language (L2) comprehension? A structural equation modeling approach, *Language Testing* 25: 435.

Ogasawara, H. (2000) Asymptotic standard errors of IRT equating coefficients using moments. *Economic Review*, Otaru University of Commerce, 51 (1), 1 – 23.

Ogasawara, H. (2001a) Least squares estimation of item response theory linking coefficients. *Applied Psychological Measurement*, 25 (4), 3 – 24.

Ogasawara, H. (2001b) Marginal maximum likelihood estimation of item response theory (IRT) e-quating coefficients for the common – examinee design. *Japanese Psychological Research*, 43 (2), 72 – 82.

Ogasawara, H. (2002) Stable response functions with unstable item parameter estimates. *Applied Psychological Measurement*, 26 (3), 239 – 254.

Tatsuoka, K. K. (1983) Rule Space: an Approach for Dealing with Misconceptions Based on Item Response Theory. *Journal of Educational Measurement*, 20 (4): 345 – 354.

Tatsuoka, K. K. (1995) Architecture of Knowledge Structures and Cognitive Diagnosis: A Statistical Pattern Recognition and Classification Approach. In P. D.

Tatsuoka, K. K., & Tatsuoka, M. M. (1997) Computerized Cognitive Diagnostic Adaptive Testing: Effect on Remedial Instruction as Validation. *Journal of Educational Measurement*, 34 (1): 3 – 20.

Way, W. D., & Tang, K. L. (1991) A comparison of four logistic model equating methods. Paper presented at the annual meeting of the American Educational Research Association, Chicago.

Weir, C. (1993) Understanding and Developing Language Tests. Prentice Hall international English Language Teaching.

第二语言阅读理解测试题型比较研究

北京语言大学语言科学院　田　禾

摘　要　本文以汉语水平考试为主要研究对象，同时兼顾英语、日语、韩语、德语、法语、西班牙语作为第二语言的水平测试，共 7 种语言，共收集 26 套考试题。对其阅读部分进行调查分析，得到每种考试的题型使用情况以及每种题型被使用的频率排序，分别为多项选择、完形填空、填空、意义选择、排序、找语病、简答、概要总结、插入、翻译、确定信息出处和判断。同时，本文结合前人的研究成果依次探讨了每种题型的特征及优劣。最后对 20 位一线的语言教师进行问卷调查，从信度、效度、命题难度、反拨作用和适用层次五个角度对 11 种常用的题型进行评估，得出整体效果较好的 7 种题型以及初级、中级、高级分别适合何种题型。

本文希望对第二语言阅读测试的题型问题做一个广泛全面的调查研究，为汉语及其他语言水平考试的命题者以及语言教学中需要对阅读进行命题工作的教师们提供一些可以参考的数据。

关键词　第二语言阅读测试题型　测试评价

一、引言

在关于第二语言水平测试的研究之中，阅读一直是讨论的热点。Bachman 在 1990 年提出了交际语言水平在内的一系列影响语言测试成绩的因素，而题型是其中的重要因素之一。

中国汉语水平考试（HSK）是以汉语作为第二语言的外国人、华侨和少数民族汉语学习者为对象，以语言学及应用语言学、心理测量学、计算机科学等学科为基础，以科学评价汉语学习者一般语言水平为目标的测量工具。关于汉语水平考试的研究，尤其是针对阅读测试的研究，虽然已经有了一定的成果，但是仍然不足。本文以汉语水平考试为主要研究对象，同时兼顾其他语言的水平测试，对其阅读部分进行大规模的调查分析，得到每种题型的使用情况，并分析其特征及优劣，最后对一线的语言教师进行问卷调查，对常用的题型进行效度、信度、命题难度、反拨作用以及适用层次五个方面的评估。本文希望对第二语言测试的阅读题型问题做一个广泛全面的调查研究。

二、题型使用情况调查

2.1 调查目的

本文针对现行的以及曾使用过的汉语水平考试进行一次大规模的调查研究，同时兼顾其他语言作为第二语言的水平测试。拟解决的问题是：

这些考试题真正使用了哪些题型？

什么样的题型被使用得多，什么样的题型被使用得少？

本实验调查希望通过解决以上问题，对语言测试的题型进行更加全面系统的分类和评价。

2.2 调查对象

本研究搜集了国内几乎所有汉语为目的语的语言水平测试，包括正在使用的和曾经使用过的，也搜集了英语、日语、韩语、德语、法语、西班牙语为第二语言的官方水平测试，共7种语言，15种测试。部分测试又选取了2-3种不同级别的考试题，共计26套。情况如下：

1. 原版HSK（基础、初中等、高等三个级别的三套样题）。
2. HSK改进版（初级、中级、高级三个级别的样卷）。
3. 新HSK考试（四、五、六级的样题）。
4. C. TEST（2006年真题）。
5. 雅思考试（模拟试题）。
6. 托福考试（《ETS新托福考试官方指南：第三版》中的阅读练习题）。
7. 大学英语考试（2013年6月的CET-4真题和2012年6月的CET-6真题）。
8. 专业英语考试（2013年的TEM-4真题和2012年的TEM-8真题）。
9. 全国外语水平考试（PET英语五级考试样卷，NNS日语样卷）。
10. 日语等级考试（2011年7月N1日语能力真题）。

11. 韩国语能力考试（2009年的第15届初级的试题，2011年的第24届中级的试题以及2013年的31届高级的试题）。

12. 高校德语水平考试（样卷）。

13. 法语TEF考试（模拟试题）。

14. 法语TCF考试（模拟题）。

15. 西班牙语DELE考试（C1级样卷）。

2.3 调查方法与结果

本调查的第一步是将每套试题中和阅读有关的题目分离出来；第二步是对抽离出的阅读题目进行定性和归类。结合专家学者们以往在讨论题型时所用的题型名称，我们将题型做了如下分类：

1. 多项选择（一篇文章后有若干问题，每个问题下设置三或四个选项）。

2. 排序：

句子排序（每题有三或四个打乱顺序的句子，要求排顺序）。

词语排序并书写（每题有若干打乱的词语或短语，要求排序并书写）。

选项式句子排序（每题有四个句子，选项是四种排序方法）。

3. 意义选择（每题有一个句子或段落，和四个选项，要求选择意义符合的一项）。

4. 完形填空：

分题选项式完形填空（一段文字内有若干词语处为空，每个空有三或四个选项）。

设定搭配完形填空（每题一段文字，其中有四或五个词语处为空，下设四个选项，提供不同的词语搭配）。

集库式完型填句（每题一篇短文，文中若干个句子处为空，文后提供若干句子，要求分别填入每个空中）。

集库式完形填空（一篇短文中有若干词语处为空，文后提供若干词语，要求分别填入每个空中）。

开放式完形填空（每篇短文中有若干个词语处为空，无选项）。

5. 找语病：

选择句子（每题四个句子，选择有语病的一句）。

选择位置（每题一个句子，句中有四处划线，选择有语病的一处）。

改错（一篇短文内有若干个错误，找出并写出正确的）。

6. 插入（一段文字中设置四个位置，以及一个句子，要求选择该句子适合的位置）。

7. 简答（每篇文章后有若干个问题，无选项）。

8. 确定信息出处（一篇文章后有若干个问题，找出文中谈论每个问题的段落序号）。

9. 判断（一篇文章后有若干句子，根据文意判断其说法是否正确，或者未提及）。

10. 填空：

分题选项式概要填空（一篇短文后有一段概要，其中设置若干个空，每个空有四个选项）。

开放式概要填空（一篇短文后有一段概要，其中有若干个空，无选项）。

句子填空（一篇短文后有若干句子，每个句子中有一个空，无选项）。

开放式图表填空（一篇文章后有一个图表，图表中有若干空，无选项）。

集库式图表填空（一篇文章后有一个图表，其中有若干个空及若干词语，要求选择词语完成图表）。

11. 翻译：

句子翻译（每题一个句子进行部分翻译）。

文段翻译（每篇短文内部分内容划线，翻译划线部分）。

12. 概要总结：

书写式概要总结（一篇较长文章，要求阅读后进行缩写）。

选项式概要总结（一篇文章后，选择全文或某段文字的大意，有选项）。

口述式概要总结（一篇文章，要求阅读后口头表达大意）。

最后将26套试题的题型使用情况制成表格，见表1。第一行为题型名称，第一列为各个考试题的简称，数字表示在大的题型类别下，每种试题使用了几种小的类别。

表1 各考试题型使用情况统计

	多项选择	排序	意义选择	完形填空	找语病	插入	简答	确定信息出处	判断	填空	翻译	概要总结	共计
新HSK四级		1	1										2
新HSK五级	1		1	1									3
新HSK六级	1			2	1							1	5
C. TSET	1												1
原HSK（基础）	1			1									2
原HSK（初中）	1			2									3
原HSK（高等）	1						1						2
HSK改（初级）	1												1
HSK改（中级）	1			1	1					1			4
HSK改（高级）	2			1									3
雅思	1					1	1	1		4		1	9
托福	1				1					1	1		4
CET4	1			2						1	1		5
CET6	1			1			1			1	1		5
TEM4	1			1									2
TEM8	1				1						1		3
PET英语	1			2						1			4
NNS日语	1			2									3
日语等级	1			1									2
韩国语（初）	1	1	1			1							4
韩国语（中）	1	1	1										3
韩国语（高）	1	1	1										3
德语DSH							1	1	1				3
法语TEF	1	1	1			1							4
法语TCF	1												1
西语DELE	2			2				1				1	6
共计	25	5	6	18	4	3	4	3	2	9	3	3	

三、题型使用情况及特征分析

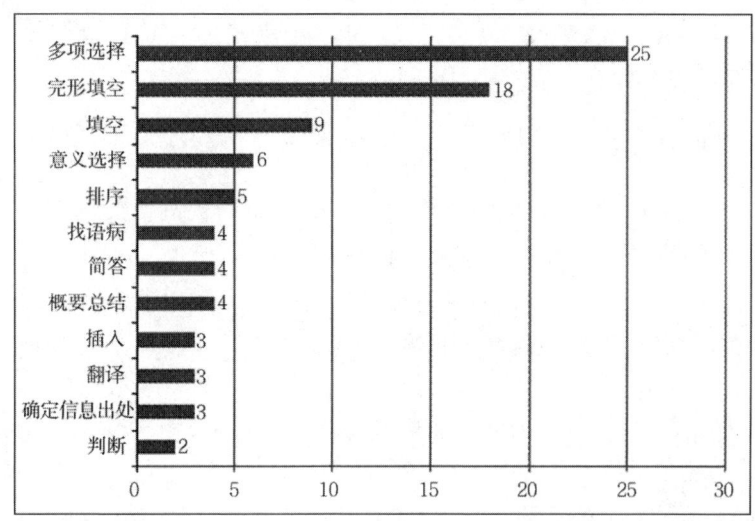

根据表1的数据,可以得到各题型使用频度排序,见图1,显示在本研究中

```
多项选择    25
完形填空    18
填空         9
意义选择     6
排序         5
找语病       4
简答         4
概要总结     4
插入         3
翻译         3
确定信息出处  3
判断         2
```

图1 题型使用频度排序

12个大类的题型被使用的多少。从图1可知,考试中使用最多的依然是传统的多项选择题,且明显高于其他的题型,而在相关研究中多次被讨论的简答、判断和配对题其实被使用得很少。

下面按照使用频度从高到低的顺序,依次分析每种题型的使用情况及特点。

3.1 多项选择

多项选择题是指在一篇较长的文章后,有多个小题对文章内容进行提问,每道题后一般有三个或四个选项,要求考生在理解文章的基础上,选择每个问题最恰当的答案。

在所调查的26套考试中,采用该方法的有24套。

多项选择题的优势在于:

1. 信度高;
2. 覆盖面广;
3. 考察能力多样;
4. 可控性强;

5. 易于预测。

学者们对多项选择题的缺点也进行了广泛的讨论：

1. 效度低；

2. 反拨作用不理想；

3. 真实性差；

4. 题目设计困难。

3.2 完形填空

完形填空（Cloze）指的是将一篇短文根据一定的规则或要求删去其中一些词，让学生根据上下文填出删去词的一种测试方法。

在所考察的26套考试中，使用完形填空题型的共有12套。

完形填空变体情况出现较多，具体分为：

A. 开放式完形填空

该题型指的是一篇文章中挖去若干个空后，不提供选项，要求考生自己根据上下文及语言知识填写。

B. 分题选项式完形填空

该题型是在文章挖空的基础上，给每个空提供四个选项，供考生选择。

C. 集库式完形填空

该题型也叫作 Banked Cloze，所有的删除的词语都放在一起，考生需要选择合适的放入所挖的空中。

D. 设定搭配完形填空

该题型指的是给文段内的每个空处安排不同的词语，并进行几组搭配，要求考生从已设定好的搭配中选择正确的一组。

E. 集库式完形填句

该题型在集库式完形填空的基础上，将"空"里挖去的词变成了句子，所有挖去的句子放在一起，互为干扰项，由考生来选择每个空应填的句子。

整体来说，完形填空题型具有如下的优势：

1. 效度高；

2. 可以测试多种语言能力；

3. 易于编写；

4. 评分方便。

但也有研究表明，完形填空并不像想象的那么完美，如：

1. 信度较低；
2. 效度疑问；
3. 真实性差；
4. 另外一些研究则显示，完形填空只能测量考生理解低层次信息的能力。

3.3 填空

填空题与完形填空题的区别是，完形填空属于阅际测试，在所阅读的材料里挖去诸多空，请考生还原，而填空题属于阅后测试，先阅读一篇完整的材料，然后根据材料内容来填写问题中所缺失的信息。

在所考察的 26 套测试题中，共有 6 套使用了填空题。

根据填空题中问题的特征，可以分为如下的几种：

A. 开放式概要填空

该题型是在一篇文章后提供一个概要文段，其中挖去若干个空，要求考生填写，无选项。

B. 分题选项式概要填空

该题型又被称为"概要完形填空（summary cloze）"，是在一篇文章后提供一个概要总结，而概要中挖去若干个空，每个空有四个选项供考生进行选择。

C. 开放式图表填空

该题型指的是一篇文章后，若干问题以图片或表格形式出现，但是不提供选项，由考生自己来写空出的答案。

D. 集库式图表填空

将文中的信息或内容变成图画或表格的形式，其中挖去若干空，并将答案放在一起，供考生选择，即为集库式图表填空。

E. 句子填空

该题型指的是在一篇文章之后，根据文意给出若干句子，每个句子里挖去一个空，由考生来填充，无选项。

填空题的优势在于：

1. 评分客观。

缺陷在于：

1. 难以引导考生写出预期的词语；
2. 人工阅卷，效率低。

3.4 排序

排序题要求考生对所给的几个句子重新排列顺序，使之变成有逻辑的符合语言习惯的连贯整体。排序题的关键在于，学生理解字面意思以后，需要判断各个部分之间的关系，以此来确定先后顺序。

在所考察的考试中，使用排序题的考试有 5 个。

该题型的优势在于：考察阅读能力的连贯性、整体文本组织能力和复杂语法能力。

缺陷则为：

1. 很难设计得让人满意；
2. 评分的难度。

3.5 意义选择

意义选择题型指的是先给出一段文字，要求学生根据其意义选择答案。不同于多项选择，意义选择的每段话后仅有一个问题。"意义选择"的名称为笔者为了区别与普通的多项选择而暂时命名的。

在所考察的 26 套考试中，使用该题型的有 6 套。

关于该题型的研究还处于空白阶段。除了具有普通客观题的特征之外，笔者认为，其优势在于：

1. 考生的阅读负担较小；
2. 使用的材料涵盖了各个领域各种文体；
3. 反拨作用好。

3.6 找语病

"找语病"题型一个最大的特征是，考生所阅读到的文本是不正确的文本，需要运用语法及词汇等知识识别出错误。

在所考察的 26 套考试题中，使用该题型的有 4 套。

根据是否需要对找到的语病进行改正，该题型又可以分为如下两类：

A. 找出语病

该题型要求考生在阅读的文段或句子中，找到有语病的地方。

B. 找出语病并改正

该题型又被称作"改错（editing test）"，要求考生不仅要找出语病所在之处，还要将其改成正确的形式才能得分。

该题型的优势在于：

1. 考生输出量少；
2. 效度较高；
3. 接近生活中真实的任务——校对。

3.7 简答

简答题是一种传统的测试方法，在一篇阅读材料之后，设置若干问题，而要求考生根据自己的理解用尽可能简练的语言回答问题。

在所考核的26套考试中，使用简答题型的共有4套。

虽然简答题的适用范围并不广，但是在研究中经常被讨论，优点如下：

1. 任务真实性和表面效度较高；
2. 可以测试各种精读能力和速读能力；
3. 内容效度和理论效度较高，适用于各种测试条件和考生层次；
4. 简答题能够测试考生宏观理解的能力；
5. 猜对的可能性低；
6. 评分员可以通过学生的回答来了解其是否真的理解了文本；
7. 给了学生回答时更多的自由度；
8. 正向反拨作用大。

简答题的主要缺点是：

1. 评分效度低；
2. 构想效度低；
3. 信度不易确定；
4. 难于设计。

3.8 概要总结

该题型考察考生在阅读文本之后对文章大意的理解，又可分为书写式概要总结、口述式概要总结、选项式概要总结。

A. 书写式概要总结

该题型要求学生阅读完一篇文章之后，用书写的方式将概要表达出来。

B. 口述式概要总结

要求考生在阅读一篇文章之后，用口述的方式将文章的概要表述出来。

C. 选项式概要总结

要求考生在阅读一段文字之后，从提供的几个选项中选择概要吻合的一项或几项。

该题型的优势在于：

1. 考查学生概括大意的能力；
2. 评分容易。

3.9 翻译

翻译题指的是考生用一种语言来表达另一种语言的意思。此题型的使用前提是所有被测考生都具有相同的母语背景，否则无法测试。

在所调查的所有的考试中，使用翻译题型的有3种。

在近20年里，翻译成为测试方法中最具争议的一种。其优势如下：

1. 命题简单；
2. 不具有猜测的成分。

缺点在于：

1. 不能测试对材料整体的阅读理解；
2. 评分困难；
3. 成绩不仅仅反映阅读能力。

3.10 插入

插入题指的是在一个文段中提供多个位置，选择给出的句子应该插入的地方。

使用该题型的考试为托福、韩国语初级和法语TEF考试。

笔者认为该题型优势在于评分信度高，而缺陷是真实性较低。

3.11 确定信息出处

确定信息出处题表面上看类似简答题，但该题型不问具体细节是什么，而是问给出的细节出自哪个段落。

使用该题型的有雅思、德语DSH和西语DELE考试。

Alderson（2010）认为该题型的优势为评分客观，避免考生猜蒙，表面效度高。

3.12 判断

判断题又称"正误选择题",或"是非题",要求考生对所给句子或一个命题做出对或错、是或非、正确或不正确判断的一类题。通常会先给一篇文章,在文章内容的基础上有几个陈述,由考生来判断正误。

使用该题型的有雅思和德语 DSH 考试。

该题型的优点如下:

1. 易于编写;
2. 评分简单客观;
3. 覆盖面大。

而判断题的缺点也十分明显:

1. 猜对题的概率太大;
2. 只适宜于相对简单的行为目标,如识记和理解;
3. 区分度较低。

四、教师评价问卷调查

本研究设计的第二个调查,对不同题型做相同的处理,以问卷的方式获得语言教师对各种题型的评价。

4.1 调查对象

参加本问卷调查的人员为 20 位从事过第二语言教学的教师,包括英语、汉语、法语作为第二语言的教师。

4.2 调查内容

问卷中共出现 11 种题型,此 11 种题型为本文第三节题型统计结果中出现 3 次以上的具体题型。问卷要求教师在不考虑何种语言、文章长短、词汇难易等因素的前提下,仅对 11 种题型的差异进行评估。每种题型都有相同的五个问题,要求教师从效度、信度、命题难易、教学反拨作用及适用对象五个不同的角度来回答。问题为:

您认为该题型能否真实地测出学生的阅读能力?

您认为,两次使用该题型来测试,同样的学生是否可能得到不同的分数?

您认为,对于命题者来说,设计此类试题难度如何?

您认为,考试中使用该题型能否很好地促进教学?

您认为该题型适合测试什么水平的学生?

前四个问题均有五个选项,按程度由低到高排列。第五个问题有初级、中级、高级以及都不合适四个选项。

4.3 调查结果

本调查共发放了 20 份问卷,全部有效。对每种题型的前四个问题的答案进行量化,可得到每个教师关于各个题型在效度、信度、命题难度、反拨作用四个方面的评估结果。

对前四题求出所有教师评分的平均值,第五题选取出现最多的字母,可以得到 11 种题型在四个方面的不同评价分数以及不同的适合层次,见表 2。

表 2　教师评价统计表

题型	效度评分	信度评分	命题难度评分	反拨作用评分	适合层次
多项选择	3.9	2.5	3	3.7	B
完形填空	3.65	2.05	2.35	3.65	BC
意义选择	3.6	3.05	3.15	3.55	A
排序	3.7	2.45	2.75	3.7	C
简答	4.1	2.25	2.7	3.85	C
插入	3.5	2.55	2.6	3.65	BC
确定信息出处	3.8	3.1	3.25	3.5	B
翻译	3.25	2.2	3.05	3.35	BC
完形填句	3.9	2.5	3.1	3.6	C
图表填空	3.75	2.75	2.55	3.75	ABC
句子填空	3.45	2.35	2.6	3.3	C

4.4 结果分析

教师评价调查结果与第三节中总结的各题型的利弊略有出入。例如对于多项选择题,学者们研究的结论为:效度低,反拨作用不理想,命题难。而在教师评价结果中,其效度较高,反拨作用也较好,命题比较容易。其中也有一致的地方,如学者们的研究证明简答题信度低,反拨作用好,图表填空题适合各种考生层次,完形填空信度较低,确定信息出处题表面效度较高,翻译题命题容易但效度低，这些都与教师评价结果相吻合。还有很多题型如意义选择、插入等在其他学者的实验中没有涉及过，因而也无从参考实证研究的结论。

我们将四个维度的分值相加，结果见表3。

表3 题型综合评分及适合层次排名表

题型	总分	适合层次
确定信息出处	13.65	B
意义选择	13.35	A
多项选择	13.1	B
集库式完形填句	13.1	C
简答	12.9	C
集库式图表填空	12.8	ABC
排序	12.6	C
插入	12.3	BC
翻译	11.85	BC
句子填空	11.7	C
完形填空	11.7	BC

每个题型的整体分值越高，证明该题型在效度、信度、命题难易、反拨作用上的综合效果越理想。由表3的结果，可以对第二语言阅读测试的题型使用提出一些建议：

1. 确定信息出处、意义选择、多项选择、完形填句（集库式）、简答、图表填空（集库式）以及排序题是比较理想的阅读题型。

2. 初级阅读测试可以考虑使用意义选择和图表填空（集库式）两种题型。

3. 中级阅读测试可以考虑使用确定信息出处、多项选择和图表填空（集库式）三种题型。

4. 高级阅读测试可以考虑使用完型填句（集库式）、简答和图表填空（集库式）三种题型。

五、结语

5.1 结论与建议

本研究从汉语水平考试和其他第二语言水平考试中使用的题型入手，选取了共 26 套语言能力测试题，通过观察描写和统计，得到各题型的使用频度排序表，并探讨了每种题型的利与弊。又针对第二语言教师进行了问卷调查，得到其对各题型的各个方面的评估结果。

通过本研究，我们得到如下结论：

1. 考试中所使用的题型为 12 个大类，按照被使用的频度由高到低，依次为：多项选择、完形填空、填空、意义选择、排序、找语病、简答、概要总结、插入、翻译、确定信息出处、判断。在一般的题型研究中经常被讨论的配对、判断等题型，考试中并没有广泛使用。

2. 在教师的评估中，确定信息出处、意义选择、多项选择、完形填句（集库式）、简答、图表填空（集库式）以及排序题是比较理想的阅读题型，在效度、信度、命题难度及反拨作用四个方面的综合效果较理想。

3. 初级阅读测试建议采用意义选择和图表填空（集库式）两种题型；中级阅读测试可建议采用确定信息出处、多项选择和图表填空（集库式）三种题型；高级阅读测试建议采用完型填句（集库式）、简答和图表填空（集库式）三种题型。

5.2　余论

在本研究中发现，一些在实际中使用较多的题型，如确定信息出处、意义选择、插入等，在其他学者的研究中还没有出现过，其效度、信度、命题难度等方面究竟如何，还有待于进一步深入研究。

参考文献

北京语言学院汉语水平考试中心（1995）《汉语水平考试研究论文选》，北京：现代出版社。
李佳楠（2012）《新汉语水平考试（HSK）阅读理解题型试题的研究与教学》，黑龙江大学硕士学位论文。
刘建达（1998）测试方法对阅读测试的影响，《外语教学与研究》第 2 期。
刘镰力主编（1998）《汉语水平测试研究》，北京：北京语言大学出版社。
刘庆华（2003）《浅探阅读测试的两种题型——多项选择和简答题》，东华大学硕士学位论文。
刘润清、韩宝成编著（2000）《语言测试和它的方法（修订版）》，北京：外语教学与研究出版社。
吕　祥（1996）阅读测试题型概述，《外语教学与研究》第 1 期。
舒运祥（1999）《外语测试的理论与方法》，上海：世界图书出版社。

王海军（2004）《题型与阅读能力》，西南交通大学硕士学位论文。

王晓娜（2009）《不同应答形式和题型对阅读理解测试分数的影响》，北京语言大学硕士学位论文。

张　凯（2002）《语言测验理论与实践》，北京：北京语言文化大学出版社。

周庆艳（2005）《使用简短回答题型测试阅读理解的可行性研究》，上海外国语大学硕士学位论文。

Alderson, J. C.（2010）*Assessing Reading*, Cambridge：Cambridge University Press.

Bachman, L. F. and Palmer, A. S.（1996）*Language Testing Practice*, Oxford：Oxford University Press.

Brown, J. D. and Hudson, T.（2002）*Criterion - referenced Language Testing*, Cambridge：Cambridge University Press.

Grabe, W. and Stoller, F. L.（2005）*Teaching and Researching Reading*, Beijing：Foreign Language Teaching and Research Press.

Grabe, W.（1991）*Current Developments in Second Language Reading Research*, TESOL Quarterly.

Heaton, J. B.（1990）*Classroom Testing*, London：Longman Group UK Limited.

Hughes, A.（2000）*Testing for Language Teachers*, Cambridge：Cambridge University Press.

Weir, C. J.（1990）*Communicative Language Testing*, New York：Prentice Hall.

模糊评分法在 HSK（高等）写作评分中的应用

北京语言大学汉语水平考试中心　卿逢桥

摘　要　本研究在模糊理论与模糊评分法的已有理论基础上采用新的解模糊的方法——中心平均解模糊法求取精确分数，将其应用到 HSK（高等）写作评分中，探讨其在汉语作为第二语言的写作能力测试中的可行性，并对比了总体模糊评分法和分项模糊评分法。通过实证研究发现：相较于等级评分，模糊评分法可以更好地区分水平相近的被试，并且具有更理想的信度和效度；总体模糊评分法与分项模糊评分法相比，操作简单且具有更优的评分员信度，但是在效标关联效度上略低于分项模糊评分法。二者各有长短，应该视实际情况需要选用。

关键词　写作能力　测试模糊理论　模糊评分法

一、引言

现行的许多标准化考试的写作能力测试采用等级评分法进行评分。等级分数拥有较好的信度，但是由于其等级有限，不能很好地区分水平相近的被试。

模糊评分法由张文忠、郭晶晶（2002）提出，它将模糊理论与测试评分方法相结合，让评分员对被试的表现作出模糊评价。再经过模糊评判和解模糊，得到一个接近被试真实水平的分数。本研究采用新的解模糊方法——中心平均解模糊法——求取分数，并通过实证研究探索模糊评分法在 HSK（高等）写作评分中的可行性，为写作能力测试的评分提供新的参考。

二、文献综述及理论基础

2.1　写作和写作能力

写作是写作能力的表现形式。写作能力是语言能力的一个重要组成部分，是语言的输出能力，通过写作活动表现出来，是语言水平的一个重要标志。对于写作能力，学界并没有统一的看法。叶丽新（2005）提到，由于写作活动本身的复杂性，很难得出一个"标准"的"写作能力结构要素框架"。写作能力测试通过对被试的写作活动进行测评获得其写作能力水平。

2.2 写作测试及写作测试评分方法

2.2.1 写作测试

写作测试的主要类型有两种，一种是主观性写作测试，即作文；一种是客观性写作测试，主要通过客观选择题及由此衍生出来的客观题型为主。辛平（2007）指出，作文考试属于直接测试考生语言使用能力的题型，与任何间接测试语言能力的题型相比，它具有无可争议的语言测试效度。本文以下所涉及的写作测试均指主观性写作测试。

2.2.2 写作测试的评分方法

李清华、孔文（2011）指出，写作能力测试的评分方法主要有：关键属性评分法、总体评分法和分项评分法。第一种方法主要用于母语写作，在二/外语写作中极少使用。总体评分法是评分员根据对被试表现的整体印象给出一个分数，分项评分法则是对被试表现的不同方面分别给分，然后将各方面的分数处理后相加即为总分。

总体评分法和分项评分法的优劣在学界争论已久。任春艳（2004）在对二者进行比较时认为，总体评分法速度快，许多大规模考试就是采用的这种方法。但由于作文内在的复杂因素及评分员的主观性，不同评分员的注意点也常常不同，实施标准不一致，因此缺乏信度。分项评分法重视被试亚技能发展的不平衡性，各技能分项评分也让分数更具有可靠性。

2.3 写作测试评分的影响因素

Christine Coombe（2010）指出写作测试评分是语言测试领域最具不确定性的部分之一。影响写作评分的要素主要有：评分员、评分标准和被试表现。

2.3.1 评分员

评分员被普遍认为是影响评分的最重要的因素，关系着写作评分的信度。李清华、孔文（2011）指出评分员之间以及评分员自身存在的不一致性和不稳定性会导致评分存在误差，这种现象被称为评分员效应。评分员效应产生的原因很多，包括专业背景、评分员自身的特性、阅卷经验、对评分标准的把握等。

鉴于评分员对评分的重大影响，学者对如何提高评分员的信度做了大量研究。朱正才、杨惠中（2005）提到，提高作文阅卷的信度就是要保证评分过程中的一致性。包括阅卷员本人的一致性、阅卷员之间的一致性，要采取一定的控制措施减少和滤除阅卷员的主观性对分数的影响。他所提出的措施包括，相对稳定的阅卷员队伍、明确的评分标准、准确选择的参照卷、认真的评分员培训以及质量抽查。

2.3.2 评分标准

评分标准是评分员对被试表现进行判断的依据，是影响测试信度和效度的重要因素。Tim McNamara（2003）指出，写作测试的评分标准是考试的理论依据，反映的是测试研发者认为该测试对写作技能的考察重点。评分标准能够指导评分员的评分行为和过程，因此应当充分反映写作能力的各个方面，具备较强的操作性。

2.3.3 被试表现

被试表现是被试基于测试任务做出的能动反应。在写作能力测试中，被试表现即作文。被试表现是被试写作能力的载体，是评分员评分的基础。在评分的过程中，评分员通过被试表现对被试能力进行评价，被试表现的一些细节也会对评分员产生作用，比如汉字的书写、文章的整洁度等。

2.4 模糊理论及模糊评分法

2.4.1 模糊理论简介

"模糊"一词来源于英文"Fuzzy"。模糊理论（Fuzzy Theory）是指用到了模糊集合的基本概念或连续隶属度函数的理论。一般认为，"模糊理论"的奠基人为美国学者加利福尼亚大学著名教授Lotfi. A. Zadeh。他于1965年在 *Information and Control* 杂志上发表了名为 *Fuzzy Sets* 的文章，首次提出了使用隶属度函数来解决模糊概念表达的问题。

2.4.2 模糊理论的重要概念

模糊理论的主要概念有模糊数学、模糊概念、模糊集合、隶属度函数和解模糊。

模糊理论的基础是模糊数学。模糊数学是用数学方法研究和处理具有"模糊性"现象的数学。该"模糊性"主要是指客观事物差异的中间过渡中的"不分明性"，如冷与热，高个子和矮个子等。

一个清晰的概念，它的外延是一个清晰集合，但实际上客观世界的许多概念都是模糊的。为了实现模糊概念的清晰化，Zadeh引进了模糊集合。模糊集合提出了"某种程度上隶属于"的概念。模糊集合的隶属度函数在［0，1］之间任意取值，是一个连续函数，隶属函数越接近 0，说明对象隶属于集合的程度越小，反之越大。隶属度函数的应用，第一次成功地用数学方法描述了模糊概念。

解模糊即利用解模糊器获得精确数值的过程。王立新（2003）根据言之有据、计算简便和连续性的准则，认为中心平均解模糊器是最好的解模糊器。本研究即使用中心平均解模糊器。

2.4.3 模糊系统与模糊评分法

纯模糊系统的工作过程如下图所示：

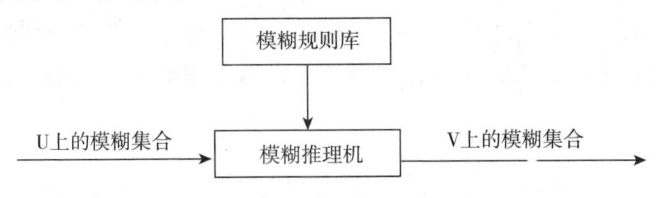

图 1　纯模糊系统的工作过程

将需要处理的问题 U 输入模糊推理机，模糊推理机根据模糊规则库的规则进行推理，得出最后的结论 V。纯模糊系统因其输入量和输出量均为模糊集合，不能得到更精确的数值。为了解决这个问题，可在输入端加入一个模糊器，输出端加入一个解模糊器。如下图：

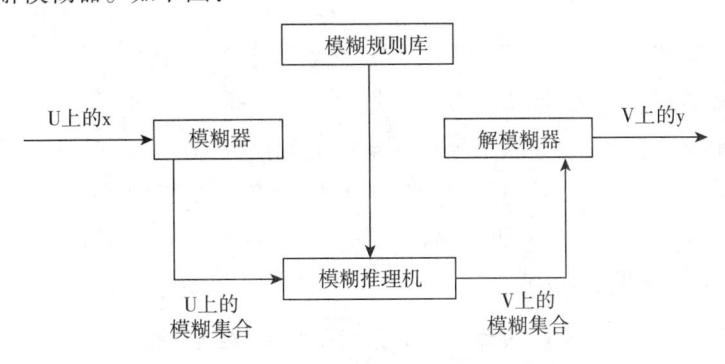

图 2　带模糊器与解模糊器的模糊系统

从某种程度上讲，评分员评分的过程就是模糊系统工作的过程。被试表现即为"输入量 U"，评分标准相当于"模糊规则库"，评分员为"模糊推理机"，等级分数为"输出量 V"，且输入量和输出量均为模糊集合。

模糊评分法加入了"模糊器"和"解模糊器"，是拥有"模糊器"和"解模糊器"的模糊系统。"模糊器"即为将被试表现分解成若干个评价对象的过程，如语言、结构和内容。"解模糊器"采用中心平均解模糊法，将由模糊推理机——评分员做出的评价进行解模糊而得到精确分数。

2.4.4 模糊评分法的特点

在等级评分过程中,评分员只能选择一个最接近被试水平的分数,在结果表述上等级分数也不能很好地区分被试的水平。模糊评分法只要求评分员在"优、良、中、及格、不及格"等评价等级上给出模糊评价,且其采用的隶属度评分,并不局限于等级评分中有限的几个等级,可以让评分员更灵活地进行判断。

2.4.5 模糊评分法在语言测试中的应用

模糊评分法的研究相对较少,自张文忠、郭晶晶提出模糊评分法后,金檀(2008)将其应用在汉语口语考试中,蔡晶晶(2009)则将模糊评分法应用于英语口语考试进行了研究。在汉语作为第二语言的写作测试中,模糊评分法的研究尚为空白。

三、模糊评分法在写作能力测试中的方法设计

将模糊理论与总体评分及分项评分相结合,可形成总体模糊评分法和分项模糊评分法。二者的步骤基本相同。

3.1 建立模糊评价对象因素集 U

在写作测试中,考生的作文即为评价对象,作文的内容、书写等即为评价对象因素,反映在评分标准中即为项目因素。比如,依据 HSK(高等)和 HSK(高级)的写作评分标准,可将项目因素概括为语言、内容和结构,因此评价对象因素集 U =(语言,内容,结构)。而对象因素集 U 中的各项只是一级指标,还可以再细分为二级指标,如"内容"的评价因素集 U =(内容的相关性,内容的充分性)。具体见下表:

表1 写作能力测试中评价对象的组成因素

项目要素(一级指标)	项目内涵(二级指标)
语言	准确性
语言	丰富性
内容	充分性
内容	相关性
结构	条理性
结构	连贯性

3.2 确定各评价对象的权重 A

各评价对象因素对评价对象的影响是不一样的，根据其影响程度需确定为不同的权重。本研究的权重确定方法将采用主观赋权法，以前人的研究为基础，划分各评价对象因素的权重。

3.3 建立模糊评价等级集 V

评价等级即根据评分标准产生的反映评价对象水平的评判等级，如优、良等。模糊评分法中的模糊评价等级集 V =（优，良，中，及格，不及格）。

模糊评分法虽然采取的是模糊评价等级，但是经过解模糊最终能得到精确分数。为此我们需要对模糊等级的分数跨度进行划分。如下表所示：

表 2　模糊评分法中评价等级的分数跨度

评价等级	优	良	中	及格	不及格
跨度	100—85	90—75	80—65	70—55	60—0

由于相邻的评价等级并没有绝对的区分，因此分数跨度有所交叉。由此可以看出，模糊评价等级集合里的每一个等级都是一个模糊集合。

3.4 建立模糊评判矩阵，确定隶属度 e

模糊评价等级集合中的任一评价等级都是一个模糊集合，隶属度 e 是确定评价对象因素是否在模糊评价等级上的判定。e 的取值范围为 $[0,1]$。当 $e=1$ 时，表明该对象因素完全属于该模糊评价等级；当 $e=0$ 则表示完全不属于该等级；当 $0<e<1$ 时，表示该评价对象不完全属于该等级。

评价对象因素相对于评价等级的隶属关系的确定：在模糊评分法中，当评分员给出评价后，评价对象因素和模糊评价等级会产生隶属度 e。

在分项模糊评分法中，评分员在对二级指标做出评判后，评分经过隶属关系转化可形成由评价对象因素（二级指标）集 U 到模糊评价等级集 V 的模糊矩阵 (R_{ij}) n*m，n≥1，m≥1。利用公式，隶属度集合 E = R * A，R 为隶属关系的集合，即二级指标相对于模糊评价等级的隶属度集合。经过矩阵计算得出各一级指标的隶属度，再次利用公式 E = R * A，即可得出评级对象相对于评价等级的隶属度集合 E。

3.5 解模糊得到精确分数

在上一步骤中，经过计算可获得评价对象相对于评价等级集的隶属度。为了得到精确分数，还需要进行解模糊，即清晰化。

中心平均解模糊器的计算公式如下：

$$y^* = \frac{\sum_{l=1}^{M} \bar{y}^l w_l}{\sum_{l=1}^{M} w_l}$$

图3　中心平均解模糊器的计算公式

其中，y*为模糊集合并的中心横坐标，$\bar{y}^l$为第l个模糊集合的中心的横坐标，w_l为其高度（纵坐标），即隶属度。M为模糊集合的个数。

在模糊评分法中，模糊集合的横坐标为具体分数，纵坐标为隶属度。根据评价等级的分数跨度和隶属度，我们可以得到下图：

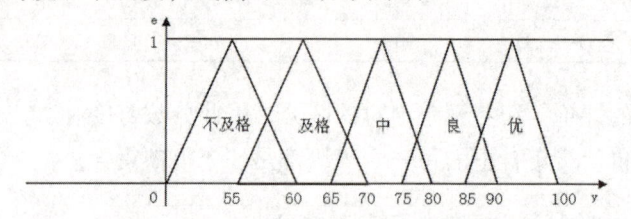

图4　评价等级的分数跨度及隶属度函数值

根据中心平均解模糊器各评价等级构成模糊集合的中心的分别是："优"的中心横坐标为 y=92.5，"良"的中心横坐标为 y=82.5，"中"的中心横坐标为 y=72.5，"及格"的中心横坐标为 y=62.5，"不及格"的中心横坐标为 y=30。

假设某评价对象相对于评价等级集的隶属度集合 E = (0.4, 0.2, 0.2, 0.2, 0)，根据中心平均解模糊器得：

$$y^* = \frac{0.4 \times 92.5 + 0.2 \times 82.5 + 0.2 \times 72.5 + 0.2 \times 62.5 + 0 \times 30}{0.4 + 0.2 + 0.2 + 0.2 + 0} = \frac{80.5}{1} = 80.5$$

四、模糊评分法在HSK（高等）写作评分中的应用实验

4.1 研究目的

本实验以 HSK（高等）的作文为材料，将模糊评分法应用于 HSK（高等）

写作评分中。本实验的目的是：

1. 探索模糊评分法在汉语作为第二语言的写作评分中的可操作性；
2. 比较总体模糊评分法和分项模糊评分法的优劣；
3. 探讨模糊评分法的不足。

本实验的假设是：

1. 相较于 HSK（高等）写作测试的等级评分，模糊评分法能更准确地评价、区分被试的水平；
2. 总体模糊评分法比分项模糊评分法更易于操作，且评价结果优于分项模糊评分法，因而更具有可推广性。

4.2 研究方法

本实验采取实证研究，以 HSK（高等）写作考试的作文为材料。第一阶段将样本等分为 A、B 两组，并分别使用总体模糊评分法和分项模糊评分法对其进行评分；第二阶段（45 天后）使用等级评分对两组样本进行评分，并将 A 组的等级评分结果作为总体模糊评分法的比较组，B 组的等级评分结果作为分项模糊评分法的比较组。

4.3 实验材料

本实验的材料为 2011 年 4 月 HSK（高等）的作文，是以"朋友之交"为题目的限制性命题作文。

本次实验的材料为 360 份。其中 80 份为评分员试评的材料，280 份为正式评分的材料。该 280 份材料平分为 A、B 两组。A 组采用总体模糊评分法评分，B 组采用分项模糊评分法评分。

4.4 数据处理工具

本实验的数据处理工具为 Microsoft Office Excel 2007 以及 SPSS 13.0。

4.5 评分员

本次实验的 2 名评分员背景基本一致，包括性别、性格、专业背景、接受培训次数、阅卷次数等。

4.6 评分标准

本实验的评分标准以 HSK（高等）和 HSK（高级）写作的评分标准为参考，

借鉴了多位专家和学者的研究成果及其关于评分标准的建议（辛平、张厚璨、刘远我、高冬玲、刘倩娣、张凤英等）。

4.7 评分方法

模糊评分法评分规则：对于评价对象，评分员在评价等级里（优、良、中、及格、不及格）选择两个评价等级（不局限于相邻的评价等级）进行隶属度分配，隶属度之和为1，隶属度精确到小数点后两位数，如优0.75，中0.25。

HSK（高等）写作评分规则：HSK（高等）写作评分采用1、2−、2+、3−、3+、4−、4+、5−、5共十二个等级计分。评分员根据对作文的整体印象，以评分标准为依据进行评分。

4.8 实验过程

4.8.1 评分员培训

评分员的培训主要是以模糊评分法的评分标准对评分员进行强化培训并试评。

4.8.2 干扰因素的控制

为减小评分员带来的影响，本次研究的两位评分员拥有相近的背景，如年龄、性别、专业、HSK写作评分的培训和阅卷经历。本实验通过不断提醒评分员和准时休息等方式来克服顺序效应、疲劳等的影响。

考虑到题目取样误差，本次研究选取的作文主题为"朋友之间"，该主题具有普适性，让所有考生都"有话可写"。

为避免复习效应，评分员在使用模糊评分法45天后，再使用HSK（高等）写作评分方法对同一批实验样本进行评分。

4.8.3 评分

在实验的第一阶段，两位评分员采用模糊评分法分别对A、B组的试卷进行评分。评分员1采用总体模糊评分法对A组试卷进行评分，评分员2采用分项模糊评分法对B组试卷进行评分。评分结束后，评分员交换试卷并采用另一种评分方法，即评分员1采用分项模糊评分法对B组试卷进行评分，评分员2采用总体模糊评分法对A组试卷进行评分。

在实验的第二阶段（45天后），评分员使用HSK（高等）写作等级评分方法对上述样本进行评分。

4.9 实验结果及数据分析

4.9.1 描述性统计

使用 SPSS13.0 对总体模糊评分法、分项模糊评分法以及等级评分的结果分别进行描述性统计。整理如下：

表3　实验结果的描述性统计

	评分法	分数个数	有效样本	平均数	中位数	标准差	方差	全距	最小值	最大值	总和
A组	总体模糊评分法	64	140	74.7795	76.2500	9.99218	99.844	62.00	30.00	92.00	10469.13
	等级评分	10	140	66.4375	65	10.46145	109.442	49.00	46.00	95.00	9301.00
B组	分项模糊评分法	138	140	79.0874	80.0020	7.40574	54.830	35.83	56.39	92.22	11072.23
	等级评分	10	140	66.3643	65	10.20312	104.104	55.00	40.00	95.00	9291.00

4.9.2 正态性检验

使用偏度—峰度值检验方法对总体模糊评分法的结果进行正态性检验，其偏度为 -1.087，峰度为 2.544，数据分布右偏。直方图和正态曲线也显示数据不呈正态分布。

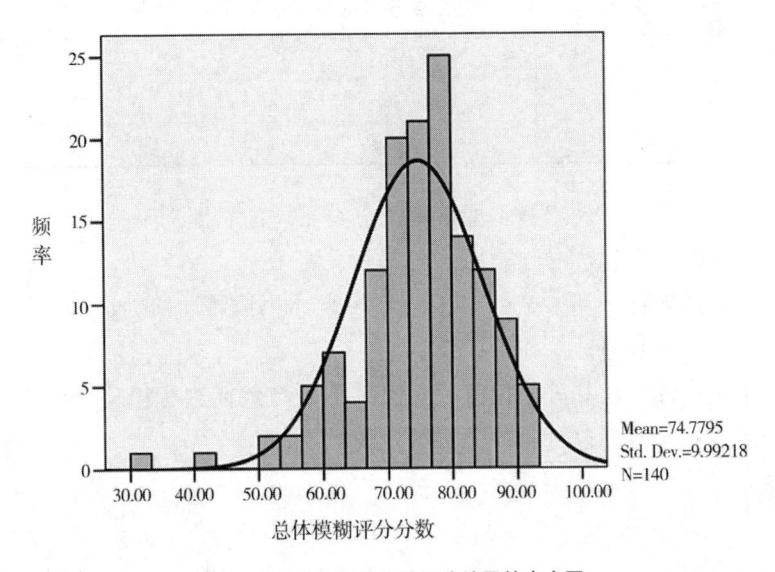

直方图

图5　总体模糊评分法的评分结果的直方图

使用偏度—峰度值检验方法对分项模糊评分法的结果进行正态性检验,其偏度为 -0.561,峰度为 0.243,数据分布右偏。直方图和正态曲线也显示数据整体右偏。

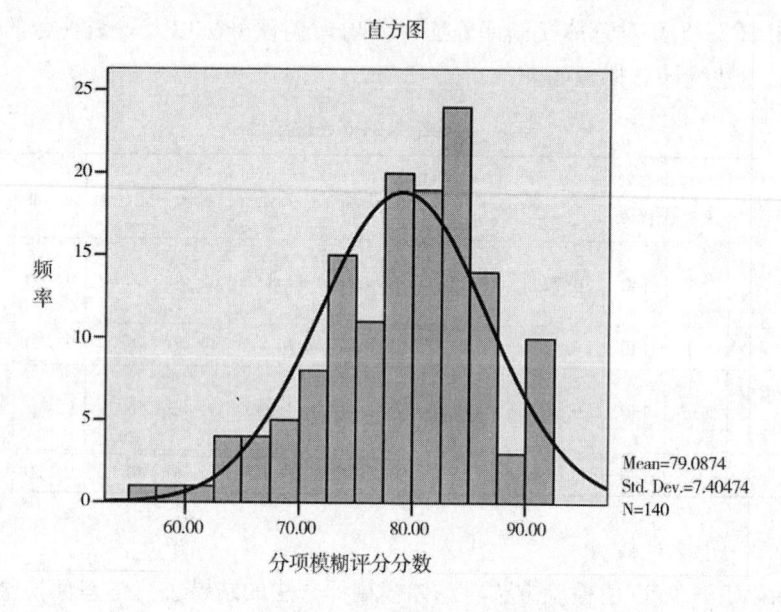

图6　分项模糊评分法的评分结果的直方图

对 A、B 两组样本的等级评分结果进行偏度—峰度值分析结果如下:

表4　A、B 两组样本等级评分结果的偏度—峰度值

	A 组	B 组
偏度	.408	.290
峰度	$-.406$	$-.254$

由表中可以看出,两组样本的等级评分结果均向右偏,不呈正态分布。

4.9.3　效标关联效度检验

本次实验的效标采用被试的 HSK（高等）口语成绩、听力成绩、综合表达、阅读成绩和以上各项总成绩作为效标。

将总体模糊评分法和分项模糊评分法的结果与效标进行相关分析得表5。将等级评分的结果与效标进行相关分析得表6。

表 5 两种模糊评分法的效标关联效度检验

		阅读成绩	听力成绩	综合表达成绩	口语成绩	各项总成绩
A组总体模糊评分作文成绩	斯皮尔曼相关	.461**	.377**	.469**	.455**	.587**
	显著值（双尾检验）	.000	.000	.000	.000	.000
	样本容量	140	140	140	140	140
B组分项模糊评分作文成绩	斯皮尔曼相关	.483**	.484**	.517**	.573**	613**
	显著值（双尾检验）	.000	.000	.000	.000	.000
	样本容量	140	140	140	140	140

注：**表示相关在0.01水平上显著（双尾检验）

表 6 A、B 两组等级评分的效标关联效度检验

		阅读成绩	听力成绩	综合表达成绩	口语成绩	各项总成绩
A组等级评分成绩	斯皮尔曼相关	.406**	.340**	.393**	.464**	.480**
	显著值（双尾检验）	.000	.000	.000	.000	.000
	样本容量	140	140	140	140	140
B组等级评分成绩	斯皮尔曼相关	.377**	.320**	.417**	.465**	.425**
	显著值（双尾检验）	.000	.000	.000	.000	.000
	样本容量	140	140	140	140	140

注：**表示相关在0.01水平上显著（双尾检验）

4.9.4 评分员信度检验

由于数据不服从正态分布，本实验采用斯皮尔曼相关检验评分员信度。总体模糊评分法中，评分员间相关为0.734；分项模糊评分法中，评分员间相关为0.597；A组等级评分中，评分员间相关为0.546；B组等级评分中，评分员间相关为0.568。

五、综合讨论

5.1 模糊评分法与HSK（高等）写作测试的等级评分比较

5.1.1 模糊评分法与等级评分在数据分布上的差异

将模糊评分法及等级评分的评分结果进行整理，得到下表（同表3）：

表7 实验结果的描述性统计

	评分法	分数个数	有效样本	平均数	中位数	标准差	方差	全距	最小值	最大值	总和
A组	总体模糊评分法	64	140	74.7795	76.2500	9.99218	99.844	62.00	30.00	92.00	10469.13
A组	等级评分	10	140	66.4375	65	10.46145	109.442	49.00	46.00	95.00	9301.00
B组	分项模糊评分法	138	140	79.0874	80.0020	7.40474	54.830	35.83	56.39	92.22	11072.23
B组	等级评分	10	140	66.3643	65	10.20312	104.104	55.00	40.00	95.00	9291.00

上表显示，总体模糊评分法和分项模糊评分法的方差均小于等级评分，说明模糊评分法的评分结果分布较集中；在每组140个样本里，总体模糊评分不同分数的个数是64，分项模糊评分法为138，均高于等级评分的10，说明模糊评分法对于水平接近的被试也可以很好地区分出来。

可见，模糊评分法相较于等级评分，既能够保证评分结果分布相对集中，又能够提供更多的分数可能，从而更准确地区分水平接近的被试。

5.1.2 模糊评分法与等级评分在效标关联效度上的差异

将A、B两组样本的模糊评分法及等级评分法的评分结果与效标进行相关分析，整理后得下表。

表8 A、B两组样本的模糊评分法及等级评分的效标关联效度

		阅读成绩	听力成绩	综合表达成绩	口语成绩	各项总成绩
A组总体模糊	斯皮尔曼相关	.461**	.377**	.469**	.455**	.587**
	显著值（双尾检验）	.000	.000	.000	.000	.000
	样本容量	140	140	140	140	140
A组等级评分	斯皮尔曼相关	.406**	.340**	.393**	.464**	.480**
	显著值（双尾检验）	.000	.000	.000	.000	.000
	样本容量	140	140	140	140	140
B组分项模糊	斯皮尔曼相关	.483**	.484**	.517**	.573**	613**
	显著值（双尾检验）	.000	.000	.000	.000	.000
	样本容量	140	140	140	140	140
B组等级评分	斯皮尔曼相关	.377**	.320**	.417**	.465**	.425**
	显著值（双尾检验）	.000	.000	.000	.000	.000
	样本容量	140	140	140	140	140

注：**表示相关在0.01水平上显著（双尾检验）

从表中可看出，A 组样本中，总体模糊评分法的结果与阅读、听力、综合表达以及以上各项总成绩的相关都高于等级评分与上述各项的相关，只有在与口语成绩的相关中略低于等级评分；B 组样本中，分项模糊评分法结果与各效标的相关都高于等级评分与效标的相关。并且，除总体模糊评分法与听力成绩的相关只有 0.377 以外，模糊评分法与其他效标的关联均达到了较显著的水平，即 0.4 以上；而 A、B 两组样本的等级评分与各效标的相关中，有 4 个低于 0.4。因此，模糊评分法在效标关联效度上优于等级评分，即能更大程度测量到被试的写作水平。

5.1.3 模糊评分法与等级评分在评分员信度上的差异

对模糊评分法以及等级评分的评分员信度分析结果进行整理，得下表：

表 9　A、B 两组样本的模糊评分法及等级评分的评分员信度

评分法	评分员信度（斯皮尔曼相关）
A 组总体模糊评分	.734（＊＊）
A 组等级评分	.546（＊＊）
B 组分项模糊评分	.597（＊＊）
B 组等级评分	.568（＊＊）

注：＊＊表示结果在 0.01 水平上显著（双尾检验）

从表中可以看出，总体模糊评分法和分项模糊评分法的评分员信度均高于等级评分，总体模糊评分法的评分员信度更是达到了 0.734 的显著相关。该结果说明，模糊评分法更容易让评分员取得一致的评价。

5.1.4 模糊评分法与等级评分的比较结果

综合前面的分析及讨论发现，模糊评分法的评分结果在数据分布上更集中，分数更具多样性，在保持稳定的同时，可以很好地区分水平相近的被试；模糊评分法的效标关联效度总体上优于等级评分，可以更好地测量被试的写作能力；模糊评分法在评分员信度检验上，优于等级评分，在评分结果上更可靠。因此，相较于等级评分，模糊评分法在写作能力测试中可以取得更好的效果。

5.2　总体模糊评分法和分项模糊评分法的比较

模糊评分法分为总体模糊评分法和分项模糊评分法。我们的假设是总体模糊评分法比分项模糊评分法更易于操作，且评价结果优于分项模糊评分法。下面我们根据实验结果进行讨论。

5.2.1 总体模糊评分法和分项模糊评分法在效标关联效度上的差异

将总体模糊评分法和分项模糊评分法的效标关联效度检验结果进行整理，得下表：

表10 总体模糊评分法和分项模糊评分法的效标关联效度

		阅读成绩	听力成绩	综合表达成绩	口语成绩	各项总成绩
A组总体模糊评分作文成绩	斯皮尔曼相关	.461**	.377**	.469**	.455**	.587**
	显著值（双尾检验）	.000	.000	.000	.000	.000
	样本容量	140	140	140	140	140
B组分项模糊评分作文成绩	斯皮尔曼相关	.483**	.484**	.517**	.573**	613**
	显著值（双尾检验）	.000	.000	.000	.000	.000
	样本容量	140	140	140	140	140

上表显示，分项模糊评分法的效标关联效度均高于总体模糊评分法。这可能是因为，分项模糊评分法的评分标准相较于总体模糊评分，更加细致，便于评分员掌握，并且更能解释写作能力。使用分项模糊评分的结果，能更大程度测量到被试的写作能力水平。

5.2.2 总体模糊评分法和分项模糊评分法在评分员信度上的差异

总体和分项模糊评分法的评分员的相关分别为0.734和0.579。总体模糊评分法的评分员信度高于分项模糊评分法。

以上结果，可能是因为：相较于总体模糊评分法，分项模糊评分法的维度较多，评分员不好掌握；分项模糊评分法需要作出的判断多于总体模糊评分法，评分员容易产生疲劳而导致判断钝化；由于总体模糊评分法判断得出的数据较少，在解模糊的过程中，得到相同或相近的分数的概率也大一些。

5.2.3 总体模糊评分法与分项模糊评分法的比较结果

根据实验结果，我们发现：

1. 相同样本数的情况下，使用分项模糊评分法产生的结果，分数个数上多于总体模糊评分法，且数据分布更集中，即分项模糊评分法能更有效地区分水平相近的被试。（见表3）

2. 总体模糊评分法在效标关联效度上不如分项模糊评分法高，即分项模糊评分法能更大程度地测量到被试的写作能力。

3. 评分员信度上，总体模糊评分法高于分项模糊评分法，即总体模糊评分法更容易让评分员取得一致结果。

因此，总体模糊评分法和分项模糊评分法各有长短，可根据实际需要选择。

六、结论

6.1 主要研究结论

本研究主要结论如下：

1. 将模糊理论与评分方法结合，形成模糊评分法，并在总体评分和分项评分的基础上，划分为总体模糊评分法和分项模糊评分法。

2. 将新的解模糊方式——中心平均解模糊应用到模糊评分法中。

3. 验证了模糊评分法的可行性。实验发现，模糊评分法能够比较有效地反映被试的写作能力，并且能更准确地区分被试的水平。

4. 通过实证研究和数据对比发现，模糊评分法的效标关联效度和评分员信度都优于 HSK（高等）写作采用的等级评分，并且能有效区分水平相近的考生。

5. 比较了总体模糊评分法和分项模糊评分法。总体模糊评分法简便易行，但是效度不如分项模糊评分法；分项模糊评分法能详细反映被试的优缺点，并具有较好的效度，但是在评分员信度上不如总体模糊评分法，且耗时较长。

6.2 研究的不足

模糊评分法是一个新的有待深入开发和研究的领域。它有自身的优点，但是也还有很多的不足，比如测量和报告的范围不能完整覆盖 0－100，分项模糊评分法工作量大，中心平均解模糊器虽然简便易行，但是会遗漏一些信息等。希望有越来越多的人能够关注这个领域，将其不断完善，为语言测试评分方法开拓新的思路。

参考文献

蔡晶晶（2009）基于模糊综合评价法的大学英语口语测试评分，《河北理工大学学报》第 9 卷第 6 期。

高冬玲（2010）第二语言写作试题设计与评分标准的确定，《和田师范专科学校学报》第 66 期。

金 檀（2008）《口语测试模糊评分方法研究》，上海交通大学硕士学位论文。

李清华、孔文（2010）中国英语专业学生写作能力构念研究，《专家和评分员的视角·外语教学》第 5 期。

刘倩娣、张凤英（2010）国内外著名英语写作评分等级量表的对比分析，《网络财富》第6期。

聂　丹（2009）汉语水平考试（HSK）写作评分标准发展概述，《云南师范大学学报》第7卷第6期。

任春艳（2004）HSK作文评分客观化探讨，《汉语学习》第6期。

王立新《模糊系统与模糊控制教程》，北京：清华大学出版社。

辛　平（2007）基于语言能力构想的作文评分标准及其可操作性研究，《暨南大学华文学院学报》第3期。

张厚璨、刘远我（1998）概化理论在作文评分中的应用研究，《心理学报》第30卷第2期。

张文忠、郭晶晶（2002）模糊评分：外语口语测试评分新思路，《现代外语》第1卷。

诸　静等（1999）《模糊控制原理与应用》，北京：机械工业出版社。

Christine Coombe（2010）Assessing Foreign/Second Language Writing Ability, *Cultivating Real Writers*.

Tim McNamara（2003）*Language Testing*. 上海：上海外语教学与研究出版社。

Zadeh. L. A.（1965）Fuzzy Sets. *Information and Control*, vol. 8.

汉语口语考试面试官话轮中的话语标记

北京语言大学国际汉语教学研究基地　吴晨曦

摘　要　在 C. TEST 口语面试中，面试官的话轮上会出现一些话语标记。这些话语标记在话轮上的分布呈现一定的规律性，主要分布在应试者的话轮中、应试者与面试官话轮的交接处以及面试官自己的话轮中。通过观察发现，这些话语标记的功能随着分布位置的不同而变化。本文将探讨面试官的 15 个话语标记在话轮上的分布规律和功能特点。

关键词　C. TEST 口语面试　面试官话语　话语标记

一、引言

C. TEST 面试型汉语口语考试（简称 C－口语面试）是以面试官与应试者一对一交谈为形式的测试。在面试的过程中，面试官时常有一些不经意的表达，比如"啊""呃""这个""就是"等。这些可以通过重音、停顿从上下文语境中分辨出来，不与相邻单位构成任何更大的句法单位的成分，就是话语标记。话轮（turn）是会话结构分析（analysis of conversational structure）中的基本单位。简单地说，话轮就是说话人的话从开始到结束（索振羽，2011：185）。通过观察发现，面试官的话语标记都是黏着在话轮之上的。下面，本文将探讨汉语口语考试面试官话轮中话语标记的特征、位置和功能。

二、语料概况及 C－口语面试性质

本文所使用的是 2008 年韩国某驻华公司员工在 C－口语面试中实况录像的资料，由北京语言大学 2009 级硕士研究生冯佼佼、马玉红、王保利转写。应试者均为男性，分别于 2008 年 4 月 21 日和 10 月 27 日两次参加 C－口语面试。面试官共 8 人，均来自北京语言大学。其中男性面试官 4 位，女性面试官 4 位。录像资料共47份,每场测试时间为10–20分钟。分为初、中、高级三个水平,初级水平资料16份、中级水平资料13份、高级水平资料18份。

本文采用国际通用的会话分析转写方法对录像资料进行转写,全部字数约17万字。这里列举几个常用的转写符号:

=	表示等号前后说的话语没有间隔
(.)	表示0.2秒内的极短停顿
(0.0)	表示以秒为单位的停顿。
: :: :::	表示前面语音的延长,冒号越多表示延长得越厉害
?	表示语调上升
。	表示语调下降
(……)	表示根本听不清
(xxxxx)	表示听不确切的话
//	表示两个以上的人同时说话

另外,面试官的话轮用"T"表示,应试者的话轮用"S"表示。语料中出现的姓名、单位等涉及应试者个人信息的内容,均以"×××"代替,这里随举一例:

T:欢迎你参加今天的(·)面试,//呵呵呵//。(3.0)
S://呵呵呵。//
T:呃,先请你简单介绍一下自己,//你:叫什么名字//,然后呢,你:在哪儿学的汉语,学了多长时间。(13.0)
S:我叫×××。(以下省略)

会话分析不仅研究日常会话,还研究各式各样的机构性会话(institutional talk)。日常会话与机构性会话之间有很大差别,这里主要说明的是日常会话和C–口语面试中面试官、应试者之间会话的区别。日常会话是自然发生的会话,参与会话的人数随意,会话时间的长短随意,会话的进程也是随意的。所以在日常会话中常常出现话轮抢夺、多人同时说话、指定下一位说话人、无人说话等情况。但是在C–口语面试中,参与会话的人数只有两个,会话时间在10分钟到20分钟之间,会话进行的顺序一般是面试官—应试者—面试官—应试者。只有在特殊的情况下才会出现应试者抢夺面试官话轮,或者面试官打断应试者话轮的现象。也就是说,C–口语面试的会话与自然会话相比,在形式上简单化、程式化了。

三、面试官话语标记的主要特征

首先，面试官的话语标记是一些通常只在口语中才会出现的成分。"口语和书面语的差别是由表达媒介的不同决定的，它们是同一种语言的不同的风格变体。"（叶蜚声、徐通锵，2011：185）。在 C-口语面试过程中，面试官会持有有关测试话题的书面材料。这些书面材料确实具有书面语的特点，但是 C-口语面试对面试官的要求是尽量以接近日常交流的方式完成测试任务。通过视频资料也能够发现，面试过程中面试官虽然以书面材料中的话题作为基本测试内容，但是面试官接近日常会话的测试方式使得面试官的话语带有明显的口语特点。

其次，话语标记是一些黏着在话轮之上的成分，具有一定的超句性。这主要表现在话语标记不与周围其他的句法成分组成更大的句法单位。虽然也有部分话语标记出现在了某些具体的句子当中，但是一般情况下这些话语标记不会起到重要的句法作用。换句话说，话语标记通常都是可以删除的。

这里值得注意的一点是，句子当中存在某类词和我们研究的话语标记是同形异质的关系。这主要表现在这类词在句子中能够起到某种句法作用，并能够与相邻的句法成分构成更大的句法单位，比如"这个"，通过观察发现，在面试官的话语中出现了很多"这个"。但是有些"这个"是起到句法作用的，比如"咱们通常说叫国民生产、生产总值的这个指数，GDP 等等"中的"这个"；有些则是明显的话语标记，比如"这个：我们说这是国王"中的"这个"；还有些处于句子平面和话语平面之间，比如"不丹，在那个中国的这个西藏这一带"中的"这个"。对于这类同形异质词语，本文采取的处理办法是：以句子为参照点，看看将它们去掉之后句子的结构是否完整、句子的真值语义是否受到影响。那些删除之后影响句子表达的，则不是话语标记。

再次，话语标记功能上的特点。主要是话语标记对话轮起到了什么作用。目前来看，面试官话语标记在话轮中所起到的作用主要有三个：一是对对方信息的反馈和回应，保证对方话轮的持续进行。二是在对方话轮结束部分和自己话轮起始部分起到连接作用，并有效地启动自己的话轮，促使说话人顺利转换。三是保证自己话轮内部的连贯。

最后，话语标记在意义上接近虚无。与句法意义和词汇意义相比，话语标记体现的更多的是语用意义。在这里举一个反例，以便更好地说明话语标记意义虚无的问题。刘丽艳（2011：34）认为现代汉语口语中的"不是"有话语标记的用法。当"不是"作为话语标记的时候，意义已经虚化，只是在话轮上起到一定的语用功能。虽然会话中出现的"不是"也满足我们上面提到的三个条件：只在口语中出现、不与周围其他的句法成分构成更大的句法单位、在话语层面具备打断话轮的功能。但是在现有的47份语料中出现的两次"不是"，明显是因为应试者没有理解面试官所提出的问题，面试官对于应试者回答的硬性打断。这样的"不是"词汇意义具体，所以不能算在本研究的范围之内。

应该说明的是，我们在这里不能给面试官的话语标记下一个严格的定义，只能提出几个基本特征。因为面试官的话语标记是一个相对模糊的集合，有时候话语标记和体态语言的界限是模糊的，比如面试官表示接收信息的"嗯"和体态语的点头；还有上面提到过的，话语标记与句法成分界限模糊，比如"这个"；再者，话语标记与话语标记之间的界限也是模糊的。这主要表现在单音节话语标记发音上的模糊。但本文不再对这些单音节话语标记进行语音上的辨别：首先，由于发音模糊的单音节话语标记在话轮中的位置近似、功能近似，笼统来说可以归为一类，所以辨别的意义并不大；其次，这些话语标记之所以出现发音模糊的现象，一方面受制于录像条件，另一方面是因为这些话语标记的意义和功能本身就很模糊。

四、面试官话语标记的位置和功能

在本次研究中出现了很多变量。首先是面试官变量，语料中一共出现了8位面试官，每位面试官都有自己的面试风格；其次是应试者变量，从语言级别上可以将应试者分为初级、中级、高级和专业级，但事实上不止应试者的语言水平能够影响面试官的表达，其性格和考试状态也会对面试官的表达产生影响；再次是话题变量，有些话题应试者相对感兴趣，能够激发应试者表达的欲望，也有一些话题使得应试者采取了回避的态度，表示自己不想回答面试官的提问。这些变量很难控制，而且对话语标记的研究没有直接影响，所以本次研究忽略了这些变量。

虽然研究涉及到了很多变量，但是面试官话语标记的分布位置是固定的。我们统计出了47份语料中全部的面试官的话语标记，共15个。其中，"嗯"出现1746次、"啊"出现417次、"那"出现341次、"那么"出现237次、"哦"出现211次、"这个"出现196次、"好"出现188次、"哎"出现187次、"对"出现151次、"呃"出现86次、"好的"出现66次、"就是"出现57次、"然后"出现 48 次、"那个"出现 33 次、"就是说"出现 23 次。

这些话语标记分布在话轮的四个位置,即应试者的话轮中、应试者与面试官话轮的交接处、面试官自己的话轮中以及面试官自己话轮的结束处。因为分布在面试官自己话轮结束处的话语标记非常少,所以本文不做探讨。

4.1 分布在应试者话轮中的话语标记

这些分布在应试者话轮中的话语标记,在会话分析的研究中被称为"反馈项目",主要的功能就是信息反馈。也就是说,虽然在一段会话当中说话人发生了改变,但是说话人在本质上没有打断对方话轮的意图,只是表达"我在听呢""我很感兴趣""你继续说吧""我同意你的看法""你说的跟我想的一样""你说的我以前不知道""原来这样" 等意义(刘虹,2004:53)。下面是刘虹(2004:52)界定反馈项目的六个条件,她指出凡是有一个条件得不到满足,就不能称之为反馈项目:

(1) 由听话者发出;
(2) 客观上不打断当前说话者的话轮;
(3) 客观上没有索取话轮的意向,而是鼓励说话者保持话轮;
(4) 形式上比较简短;
(5) 内容上不提供新信息;
(6) 不充当对答结构的引发语。

从上面的界定中可以发现,反馈项目在会话分析的研究当中是一个相当狭隘的范畴,它只是会话过程中的非话轮成分。

在 C-口语面试中,面试官的反馈有以下三种情况。第一种情况是,面试官单纯重复应试者的部分会话。

例 1
T:你认为这个什么样的生活是最理想的?(4.0)
S:……那是、那是在韩国的是教书很难的。
T:很难的。
S:特别是哲学那一方面的事,大学毕业以后他将来教学,所以(……)有这些(……)竞争的话,但哲学系毕业的人,他教学的时候需要两、两百年。
T:两百年。
S:所以他教学退休。
T:退休。

S：这样的话，所以需要两百年。（以下省略）

第二种情况是，面试官组合式的反馈项目。面试官在重复应试者部分会话的同时，还会带有其他的话语标记。

例2

T：哦。每天，每天吗？（2.0）
S：呃：一个星期（·）三次。
T：三次，哦。
S：嗯。大概八点－晚上八点钟我回家。
T：哦，晚上八点。
S：下//－下班回家。（1.0）

第三种情况是，面试官单音节或单音节组合的反馈项目。即面试官不重复考生的会话，只有话语标记单独出现或组合出现。

例3

S：但是我我－联通（时刻）是中国联通。
T：嗯。
S：跟（0.0）SK电信合资的公司。
T：嗯。
S：因为我、我们六个人是从（0.0）韩国公司派来，
T：嗯嗯。
S：我我我们的职位。
T：嗯。
S：还要还要，我们职位（两个）（0.0）
T：嗯。
S：从韩国公司
T：嗯。
S：给的
T：嗯。
S：还中国公司给的。（0.0）
T：嗯。
S：不一样。

T：嗯。
S：现在联通（时刻）的职位是副总监、副总监。
T：嗯嗯。
S：对，韩国（0.0）
T：嗯。
S：公司的职位
T：嗯。
S：是（2.0）是（2.0）啊，啊，这个是 manager,
T：嗯。
S：经理，我有两个。（45.0）

本研究不关注面试官对应试者言语片段的重复，只研究那些单音节的话语标记。这里还需要说明一下应答和反馈的区别。应答和反馈是两种不同的言语行为，具有不同的交际地位，前者属于话轮构造单元，而后者属于非话轮构造单元。（熊子瑜，2003）本文判断应答和反馈的标准比较简单，就是看应答和反馈出现前的话轮是否有疑问或者确认的意思。如果在应试者的话轮中有疑问或者确认的意思，那么无论面试官的回应多么简短，我们都把它看作是应答。这些面试官的应答语，不在本研究的范围之内。

4.2 分布在应试者与面试官话轮交接处的话语标记

在每一次话轮交接的时候，就会出现一个话轮的"转换关联位置"（transition relevance place），简称 TRP。会话的过程是听话人不断猜测 TRP 的过程。如果交流双方都是同一种语言的母语者，或者交流双方对同一种语言有很丰富的语言经验，那么对 TRP 的猜测一般不会存在问题。即使出现问题，会话双方也会自然调整，以确保只有一个人说话。但是在 C－口语面试的会话中，面试官面对的是汉语作为第二语言的应试者，他们当中的多数人并没有丰富的汉语语言经验。于是，在应试者与面试官话轮交接处往往会出现一个话语标记堆积的区域，本文将这个区域称为"TRP 区"。

根据功能的不同，在"TRP 区"出现的话语标记可以进一步分为三类。第一类是具有回应功能的话语标记，具有这一功能的话语标记往往与反馈项目界限不清。第二类是具有话轮接续功能的话语标记。第三类是具有话轮启动功能的话语标记。为了更好地说明问题，这里首先举一些典型例子，分别说明这三类功能不同的话语标记。

第一类，具有回应功能的话语标记。在应试者回答完面试官的问题之后，面试官话轮的开端通常会出现这类话语标记。通常用于回应的话语标记包括一些语气词"对""好的""好"等。

例4

T：哦，出差回去，还（2.0）

例5

T：对，那你去度过假吗？

例6

T：哦：好的。（吸气）现在请你看一下这幅图，然后给我们说一说图上的内容。（5.0）

例7

T：好，嗯::好，我们开始正式地测试，（以下省略）。

第二类，具有话轮接续功能的话语标记。C-口语面试中话轮的接续与日常生活中话轮的接续不同，主要表现在面试官在整个测试的进程中占据绝对的主导地位。最常见的具有话轮接续功能的面试官的话语标记有"那""那么"等。

例8

T：=所以喜欢。（一起笑）那::你有没有在旅行过程当中遇到的有意思的事情，可不可以讲一件，或者是让你觉得很难忘的事情，嗯。（10.0）

例9

T：那么如果你、你是（1.0）部长，那么在工作中呢如果你的职员和你意见不一致，（7.0）

第三类，具有话轮启动功能的话语标记。在测试过程中面试官往往有一些话语标记黏着在话轮前面，既不表示对应试者信息的回应，也没有和前一个话轮的接续关系，只是话轮启动的标志。

例10

T：哎：我、我、我、我不记得你来北京多长时间了？（5.0）

例11

T：哎，有吗，今年？

例12

T：嗯，你在哪儿学习的汉语？（2.0）

事实上，在"TRP区"很少出现上面例子当中功能如此单一的话语标记。"TRP区"的话语标记往往大量堆积，而且功能界限模糊。如例13、例14。

例13

T：好，哎：那么就是现在，哎，你在中国就等于安家了，嗯，那么，哎：（9.0）

例14

T：丰富，好，好。呃::互联网跟书相比有没有什么缺点？你给我总结一下，行吗？（5.0）

因为我们研究的话语标记是8位面试官口头表述出来的，所以出现在面试官话轮启动之前的反馈项目也是五花八门。有些反馈项目比较典型，比如例15。有些反馈项目不太典型，比如例16。还有一些不能算作反馈项目，比如例17、例18和例19。例17和例18中黑体字的部分带有句调，除了可以表示反馈还有确认的意思。这种带有句调的表述很可能会成为对答结构的一部分，所以不能算作反馈项目。前面提到过，反馈和应答是两种不同的言语行为，具有不同的交际地位。所以，例19不是反馈而是应答。

例15

T1：哦，就是你是：就是特别害怕迟到，那么为什么会害怕迟到呢？（5.0）

例16

S：政治业务-0'34 [1]

T：=啊，政治，哦：方面的工作。（1.0）啊，在：中国多长时间了？0'41

例17

S：这两个公安。

T：**是公安**？哦::你开车的时候遇到过类似的事情吗？

例18

S：嗯：我-我应该先给：打电话，我告诉你（·）这样的情况，没有-没有问题。

T：**没有问题**？呃：那比如说，你们公司的人什么样的情况、什么样的行为，领导不肯原谅？

例19

S：遇－遇到？

T：遇到过的，对，开车的时候遇到过的。

4.3 分布在面试官话轮中的话语标记

分布在面试官话轮中话语标记的功能相对来说也比较单一。主要是起到延续话轮的作用。面试官使用具有接续功能的话语标记，主要是为了更有条理地组织语言，使用比较多的是"那么""然后""就是"等。

例20

T：呃，先请你简单对：介绍一下自己，//你：叫什么名字//，然后呢，你：在哪儿学的汉语，学了多长时间。

例21

T：我问的问题听明白了没有？就是，我再说一遍啊，就是你，嗯::工作的时候要和中国人打交道，对不对？那么有的时候你可能对中国有些情况不是很了解，那么可能会发生一些比较有趣的事情，就是有意思的事情，能给我们讲一讲吗？讲一个事情。(19.0)

也有些是面试官为了保持自己的话轮不被抢夺的填充物。

例22

T：请你先简单地介绍一下你自己的情况，姓名啊，哎:::工作情况啊，哎::；汉、学、学汉语的情况啊。(9.0)

C-口语面试中面试官和应试者之间的会话是典型的机构性会话。在相对简单和程式的会话形式下，面试官话语标记出现的位置也比较固定。这些话语标记主要分布在会话的三个位置，即应试者的话轮中、应试者与面试官话轮的交接处以及面试官自己的话轮中。通过观察发现，话语标记的功能是随着话轮中位置的变化而变化的。话语标记的出现是自然口语的正常现象，当删除大量话语标记之后，面试官话语会因缺乏口语的特点显得死板、严肃。在研究过程中发现，不同面试官在话语标记上的使用情况差别很大。我们猜测，这是由每位面试官个人的口语风格造成的。因此在后续研究中，我们将对面试官个人的口语风格做进一步探讨。

参考文献

刘　虹（2006）《会话结构分析》，北京：北京大学出版社。
刘丽艳（2011）《汉语话语标记研究》，北京：北京语言大学出版社。
索振羽（2011）《语用学教程》，北京：北京大学出版社。
熊子瑜（2003）《自然语句边界的韵律特征及其交际功能》，中国社会科学院研究生院博士学位论文。
叶蜚声、徐通锵（2011）《语言学纲要》，北京：北京大学出版社。

英语背景留学生因果复句习得研究

北京语言大学汉语进修学院　曾　颖

摘　要　本文关注英语背景留学生因果复句习得情况。通过语料对学习者因果复句的使用情况、关联词使用情况及偏误情况进行了统计分析。此外，还对现代汉语中的因果复句使用情况进行了统计，作为对留学生习得情况进行分析的参考材料。笔者发现现代汉语因果复句关系表达以意合法为主，较少依靠关联词，而学习者的因果复句尽管在使用频率上向现代汉语中的分布逐渐靠近，但使用时，由于受母语影响，过度依赖关联词。且由于对目的语知识的过度泛化，高频使用的关联词相对集中。因果复句的偏误主要表现为用词不当、中级成分残缺类偏误较多、高级成分冗余类偏误较多，其原因和学习者汉语水平及其内在中介语系统中语义、语法两方面的发展状况及其相互制约密不可分。

关键词　因果复句　习得　关联词

一、引言

因果关系是基本的逻辑关系，是表意说理过程中必不可少的一类逻辑关系。此外，和单句相比，因果复句无论是在内部意义还是在结构组成上都更为复杂，因而在汉语作为第二语言的教学中一直是教学重点，也是难点之一。在二语习得中母语背景会对习得产生影响，本文将关注英语背景留学生因果复句的习得情况。

习得研究中，董福升（2009）利用华中师范大学国际交流学院留学生语料对因果复句的习得情况进行了研究，研究考察了英语、韩语背景不同水平留学生共300例偏误语料，并将偏误归入语法、语义、语用三类进行偏误分析，探讨偏误产生的原因。此外，还通过关联词造句的纸笔测试对留学生因果复句的习得情况进行了考察，依据问卷的正确率推断了因果复句的习得顺序，并对教学提出了建议。李元熙（2012）利用HSK动态作文语料库对韩国留学生因果复句的习得情况进行了研究。以因果复句中的不同关联词作为关键词对语料进行检索并进行了偏误分析，对偏误原因进行了探讨，在此基础上提出了教学建议。杨萍萍（2013）对汉语印尼语因果复句的关联词位置、分句位置及分类情况进行了对比，并通过关联词位置、改错及翻译等题型对留学生因果复句的习得情况进行了统计，分析了偏误类型及成因，也提出了相应的教学原则。幸江涛（2002）通过语料和问卷对留学生复句整体习得情况进行了考察，问卷中还对多重复句及标点符号的使用情况进行了考察，幸江涛提出相应的教学原则，特别强调了标点符号的重要性。余敏（2012）对留学生复句及其下位句式的习得情况进行了考察，通过蕴含量表、习得区间法等较全面地对复句的难易度进行了推断，并对偏误进行了总结，结果表明关联词语的相关偏误是最多的。

综合来看，因果复句习得研究有较丰硕的成果。荣丽华（2011）在对因果复句研究进行综述时提到，大部分研究者都更重视有关联词作标记的因果复句而忽视了没有关联词的因果复句，而习得研究一般通过语料分析和问卷调查的方法对留学生使用表示因果关系的关联词的情况进行考察。出于研究可行性以及难度等各方面的考虑，研究者们忽视了没有关联词的因果复句。此外，还没有研究将汉语中因果复句的使用情况和留学生习得过程中因果复句的使用情况进行对比。而笔者希望在本文进行初步尝试。

二、研究方法

2.1 因果复句定义与分类

在黄伯荣、廖序东（2007）的两分系统中，因果复句属于偏正复句的一种，偏句说明原因，正句说明结果。在此基础上，因果复句还被进一步分为说明性因果复句和推断性因果复句两类。邵敬敏（2007）使用的是多分系统，其中因果复句同样分为两类，他强调说明性因果复句针对的是已知事实，而推断性因果复句针对的是未知事实。邢福义（2001）的三分系统中包括广义因果复句和狭义因果复句。广义因果复句包括因果句、推断句、假设句、条件句和目的句，而狭义因果复句仅指说明性因果复句。

由于在汉语母语教学语法系统和对外汉语教学语法系统中一般以两分系统为主，因而本文采用的是黄伯荣、廖序东的两分系统对因果复句的界定。本文主要是考察关联词的使用情况，故而未对因果复句的下位类型进行区分。

2.2 因果复句关联词

根据现代汉语教材以及《汉语水平等级标准与语法等级大纲》《对外汉语教学语法大纲》可以将因果复句关联词归纳为以下两类（如表1）：第一类为单用的因果关联词，共16个；第二类为合用的因果关联词，共3种类型。在第二类中1、2为说明性因果复句关联词，3为推断性因果复句关联词。

表1 因果复句中的关联词

单用
因为、由于、是因为、是由于、所以、因此、因而、故、以致、致使、从而、以至（于）、既然、既、就、可见
合用
1. 因为（因、由于）……所以（才、就、便、于是、因此、因而、以致）……
2. 之所以……是因为（是由于、就在于）……
3. 既然……那么（就、又、便、则、可见）……

在关联词的使用上，黄伯荣、廖序东（2007）认为因果复句中的关联词可能合用，也可能单用。合用以书面语为主而单用以口语为主。在具体使用上，如果单用表示原因的关联词，即是侧重对原因的说明，单用表示结果的关联词，则是突出结果。

2.3 研究过程

本文希望可以在以下两个方面做出初步尝试：一方面是希望可以对现代汉语因果关系复句的使用情况进行统计和分析，另一方面是希望可以对留学生因果复句的习得情况进行较全面分析，而不仅仅只考虑有因果关系关联词的复句的使用情况。

本文是基于语料库的统计研究。具体来看，笔者准备通过现代汉语研究语料库对汉语中因果复句的分布和使用情况进行考察，通过汉语中介语语料库对留学生复句的使用情况进行考察。由于母语背景可能对因果复句的使用情况产生影响，本文只关注母语背景为英语的留学生的因果复句使用情况。通过学习时间的长短将留学生分为初、中、高三个等级。由于高级留学生的语料相对不足，笔者加入了HSK动态作文语料库中的语料作为补充。

在对现代汉语研究语料库进行抽样时，笔者选择了随机抽样，从中抽取了1000个例句，逐一考察每个句子，标注其中单重复句中因果复句的使用情况。

由于多重复句内部语义关系过于复杂,没有纳入本文的考察范围。而对留学生的语料采用的是对语篇进行随机抽样的方法,在语料量上和现代汉语中的语料保持基本一致,均抽取了约1000句语料,观察其中因果复句的使用情况,对语料中使用的关联词进行标注,并在此基础上对因果复句的偏误进行归纳和分析。

三、现代汉语的因果复句

通过对随机抽取的现代汉语语料进行统计,得到的结果如下:在1000个句子中,共有25句因果单重复句,占到总句数的2.5%。其中没有使用关联词的因果复句占其中的80%,使用了关联词的因果复句仅占其中的20%。使用的关联词仅有"由于""因而""因"三个,其中"由于"使用了3次,"因而""因"都仅使用了1次。由此可见,在现代汉语中,母语者更倾向于不使用关联词而直接通过内在的语义联系将句子连接起来。

例如:而台湾的股市供给不能因市场需要而变化,主要症结在发行市场。

例句中前一分句为已有现象、结果,后一分句为现象产生的原因,而前后两个分句之间是由内在语义联系的。

四、英语背景留学生因果复句习得情况

在对语料进行整理以后,本文共抽取了初级语料1018例、中级语料1006例、高级语料1016例作为材料,对母语为英语的留学生汉语习得情况进行考察。

4.1 留学生因果复句使用情况

图1为因果复句在现代汉语及各级英语背景留学生抽样语料总量中所占的比例。通过标注笔者发现,在留学生作文语料中,初级水平留学生所使用的因果复句为68例,占总句数的6.7%;中级水平留学生使用64例,占总句数的6.4%;而高级水平留学生使用因果复句51例,占总句数的5%。由此可见,因果复句的使用比例整体呈下降趋势,逐步向现代汉语中因果复句的使用频率靠拢。然而,和因果复句在现代汉语中的使用情况相比,频率仍然偏高。

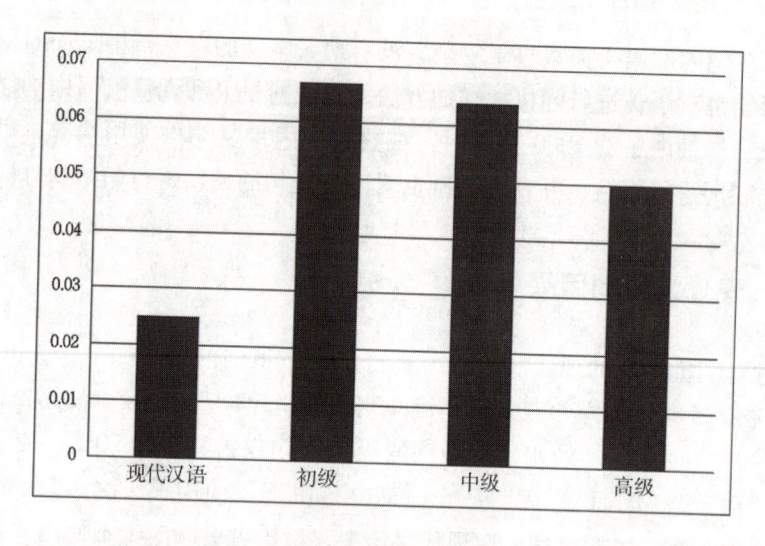

图 1　因果复句使用比例

4.2　关联词的使用情况

4.2.1　有无关联词

从因果复句关联词的使用情况（如图 2）来看，在现代汉语中，高达 80% 的因果复句在表达其逻辑关系时都没有使用关联词，仅有 20% 的因果复句使用了关联词。与之相反，在留学生的语料中，学生对关联词十分依赖。中级水平使用关联词的比例高达其语料总数的 81.2%，而不使用关联词的情况很少。即使到了高级阶段，这样的现象依然存在。

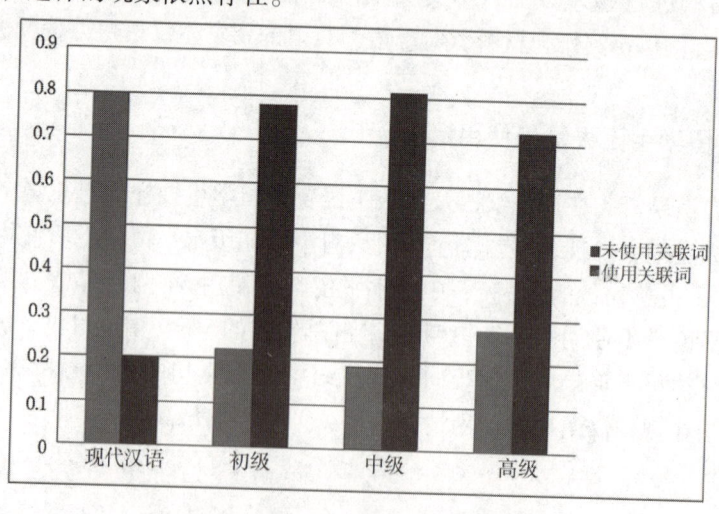

图 2　因果复句中关联词的使用比例

4.2.2 因果复句中的关联词

表2为现代汉语和不同汉语水平英国留学生因果复句的语料中关联词在有关联词的因果复句中的使用频率。由此可知，因果复句使用的关联词越来越丰富，由初级时的5种，发展到高级时的9种。此外，与现代汉语因果复句的使用情况相似，留学生在使用表示因果关系的关联词时也倾向于单用而非合用。在其使用的关联词中，"因为""所以"以及"因为……所以……"的合用形式均为使用频率较高的关联词，其中，"因为"的使用频率最高，在初、中、高级的使用频率都在40%以上。

表2 因果复句中的关联词及其使用频率

现代汉语		初级		中级		高级	
由于	60%	因为	42.30%	因为	59.6%	因为	48.6%
因而	20%	所以	42.30%	所以	21.1%	所以	18.9%
因	20%	因为 所以	11.50%	因此	7.7%	因为 所以	13.5%
		因为 以至	1.9%	由于	5.8%	因此	5.4%
		既然	1.9%	因为 所以	3.8%	之所以 是因为	2.7%
				多亏	1.9%	由于	2.7%
						因	2.7%
						之所以 是为了	2.7%
						幸好	2.7%

4.3 因果复句中的偏误

4.3.1 因果复句偏误率

从图3可以看出英语背景留学生在使用因果复句时存在较多偏误，从初级到高级，偏误率均在33%以上，即使在高级阶段，偏误也没有大量减少。此外，偏误的发展趋势呈现出从初级到中级逐渐减少，但从中级到高级又逐渐增多的现象。

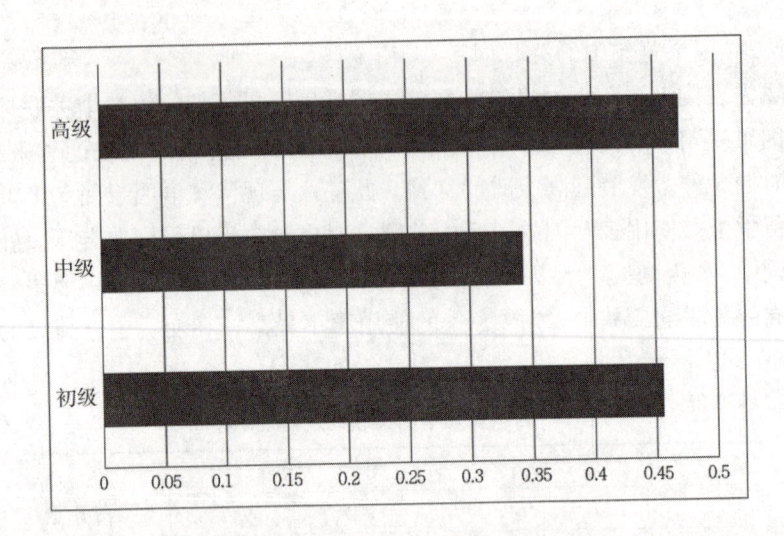

图3　不同汉语水平留学生因果复句偏误比例

4.3.2　使用关联词和未使用关联词的因果复句偏误

由图4可知,没有使用关联词的因果复句的偏误率仅为10%左右,远低于使用了关联词的因果复句。此外,无论是没有使用关联词的因果复句还是使用了关联词的因果复句,其偏误率都经历了从初级到高级先降低再升高的相似历程。

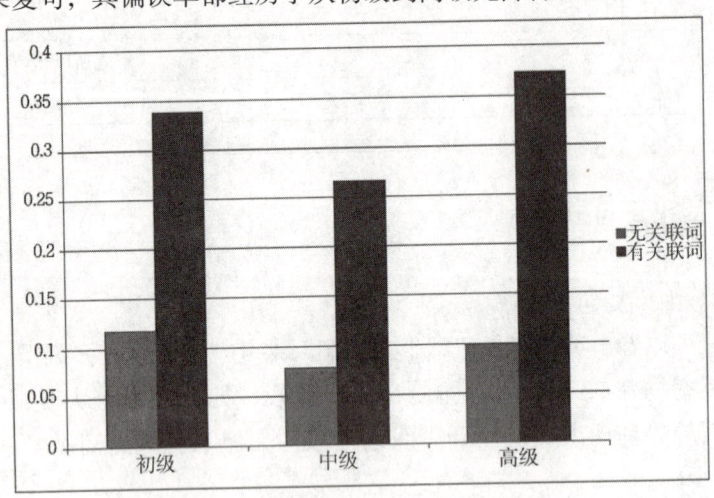

图4　使用和未使用关联词的因果复句偏误比例

4.3.3　偏误类型

通过对英语背景留学生因果复句偏误进行统计笔者发现,不论是有关联词语的因果复句的偏误还是无关联词语的因果复句的偏误都集中在用词不当上,即偏误大多以语义偏误为主。

（1）我应该珍重我的选择因为在世界上人不一定有这样的自由。（有关联词）

句中偏误主要是是学习者没有分清"珍惜"和"珍重"的差别造成的。

（2）散步以后我的心境好，我不着急。（无关联词）

句中偏误主要是将"心境"当成"心情"来使用。
但是从偏误的发展情况看，随着汉语水平的不断提高，留学生语义偏误逐渐减少。此外，成分残缺和成分冗余也是较为明显的偏误。成分残缺主要为语法类偏误，在中级阶段尤其突出。

（3）这也不能怪，因为我的主国是一个比北京小的岛国。（有关联词）

句中"怪"的宾语缺失了。

（4）尼古丁更是能永远无法离开它而上瘾。（无关联词）

此句需在"能"后加上"让人"才能完整表达准确意义。
和用词不当逐渐减少的情况相反，随着汉语水平的提高，成分冗余类的偏误增加了，特别是从中级阶段到高级阶段。

（5）我听"农村"就想到的是田园很大，所以那天一到"密云"我吃惊了。

句中"就想到"和"想到的是"语义重复冗余。

（6）据市政府称，这些措施被采取的原因是为了保持市容整洁。

句中"原因是……"和"是为了……"语义重复。
和以上偏误类型相比，关联词相关偏误并不十分显著。

五、综合讨论

5.1 现代汉语因果复句的特点

从现代汉语因果复句中关联词的分布情况来看，在现代汉语中，人们倾向通过分句间内部语义联系将前后分句联系起来，而非关联词这种外显的形式，倾向使用意合法（通过语序和内部语义关系联系分句，不使用关联词），而非形合法（通过关联词连接分句，组成复句）。首先，这符合语言的经济性原则，简洁、明了。此外，这一现象从侧面证明了，相较于其他注重形式的语言，汉语属于意合语言，更多时候，注重的是语义间的内在联系。

5.2 英语背景留学生习得情况分析

5.2.1 整体使用比例

从英语背景留学生因果复句的整体使用发展趋势可以发现，其关联词使用频率是在逐渐向现代汉语中的分布靠拢的，但是，仍然远高于母语者的使用频率。根据中介语理论，中介语是一种既不同于母语、也不同于目的语的语言，向目的语无限靠近，但是永远无法真正等同于目的语。这个现象正是和中介语理论相互呼应的。学习者对因果复句的过度使用会造成其他复句及单句的使用不足，从而影响整体的语言表达，使得其语言尽管接近目的语，但又存在明显差异。

5.2.2 关联词使用

从关联词使用来看，留学生使用关联词频率远高于现代汉语中因果复句关联词的使用频率，这一现象并没有因留学生水平的提高而发生太大变化。这很大程度上是受到了母语的影响。英语是一种形合语言，大部分英语因果复句需要通过表示因果关系的连词将分句连接起来，而不仅仅依靠意义上的联系。关联词从初级到高级逐渐丰富，这是和学习者汉语水平的发展一致的。在关联词单用与合用的选择上，英语背景留学生的使用情况是和现代汉语语料一致的。笔者认为，这是由于留学生母语中表因果关系连词的使用习惯对目的语习得产生了正迁移。英语中，因果关系量词的使用一般也是单用的。此外，高频因果关联词集中的现象主要是过度泛化造成的。在习得过程中，学习者倾向于使用自己已知的、熟悉的目的语知识，并由此推断未知的、不熟悉的知识。

5.2.3 偏误情况

留学生因果复句的偏误比例呈现出从初级到高级先降后增的趋势，笔者认为这是学习者使用的因果复句难度增加造成的。学习者由初学到逐步熟悉、较稳定的使用，然后在水平提高的基础上使用更复杂的词汇和语法知识更准确地表达自己的意思，因而出现偏误的可能性更大。

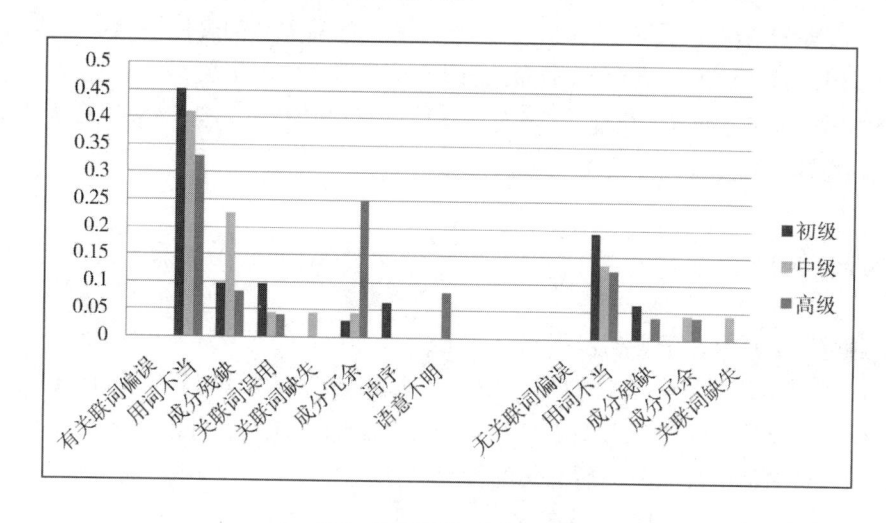

图5 偏误类型及其出现频率

此外，没有使用关联词的因果复句偏误率远低于使用了关联词的因果复句。但事实上，并不能据此做出留学生更好地习得了没有关联词的因果复句的推断。因为如图5所示，偏误率和使用率是密切相关的。无关联词的因果复句偏误率较低主要是因为使用频率较低的缘故，而有关联词的因果复句的使用情况正好与之相反，因而偏误率较高。

由图5可知，留学生因果复句的偏误类型主要是在用词不当的这类语义偏误上，然而从其频率随着水平的提高逐渐降低这一现象可以发现，留学生使用因果复句尽管存在问题，但情况在逐渐好转。

笔者认为这一类现象即使到高级阶段仍存在的原因是由于中介语系统的影响，留学生处在从母语到目的语的过渡中，但习得过程中仍部分受到两种语言的交互影响，而汉语词汇量大，难以完全掌握，因而在产出过程中会出现偏误。而中级阶段偏误集中在语法偏误上，主要是由于留学生语法意识有了一定的发展。初级阶段学到的词汇语法知识较少，随着水平的提高，语义表达的丰富，有限的语法支持不一定能支撑其在正确的语法框架下表达出意义，加之语法系统处于构建过程中，因而语法偏误较多。发展到高级阶段，学习者已经掌握了一定词汇、语法知识，因而成分冗余类偏误频率较高主要是由于语法和词汇知识的双重影响。一方面，学习者汉语水平提高，希望能在有限的句子中更准确、全面地表达自己的意思；另一方面，受到语法知识的限制，学习者在克服成分残缺类偏误时矫枉过正，尽可能完整地在中介语语法框架下进行语义产出，因而出现成分冗余类偏误较多的情况。而与此同时，许多研究者关注的关联词类偏误其实并没有太多的原因，笔者认为是受到英语母语的影响。英语中，因果关系的表达很大程度上需要因果关系连词进行连接，因而对于英语母语背景的留学生来说较为容易，仅在一些具体的关联词的使用上存在问题。

六、结论

通过以上研究，笔者初步得到以下结论：

1. 通过对现代汉语语料的统计分析，笔者认为汉语因果复句由于语言的经济性原则以及现代汉语意合型语言的特性，存在着倾向于使用意合法，即不通过关联词表达内部语义联系前后分句的特点。

2. 留学生因果复句系的情况。

从整体使用情况来看，随着汉语水平的提高，留学生因果复句的使用频率逐渐向现代汉语中的分布接近。

然而，由于受到母语影响，从关联词的使用比例来看，留学生在因果关系复句中使用关联词的比例远高于现代汉语中的使用比例。从初级到高级，留学生使用的关联词逐渐丰富。受到母语正迁移的影响，留学生使用的关联词也以单用为主。然而，对目的语知识的过度泛化使得留学生使用的高频关联词分布比较集中。

从偏误的角度进行观察，留学生因果复句整体偏误率经过了先降后升的过程，但这并不是由于汉语水平降低了，而是由于随着水平的提高留学生表意更为复杂所造成的。此外，由于受到学习者自身中介语语义、语法系统发展状况和目的语水平的共同影响，偏误呈现出以下特点：首先，用词不当类偏误为主要偏误；其次，中级阶段成分残缺类语义偏误较多，而高级阶段成分冗余类偏误较多。

七、对教学的建议

基于以上研究结果笔者认为，在因果复句教学中不能只关注因果复句关联词及其搭配的教学，因为不用关联词而用意合法才是现代汉语的常态。应该提供更多没有用关联词的例句并分析其内在语义联系，帮助学生真正习得汉语因果关系的表达方式。留学生使用因果复句常见的是用词不当类偏误、中级阶段的成分残缺类偏误及高级阶段的成分冗余类偏误，这些都应该成为教学过程中需要关注的问题。

八、有待进一步研究的问题

尽管本文在研究上采用了新的角度，有一些发现，但仍存在一些有待改进的地方：

1. 语料数量。尽管采用了随机抽样的方法，但是得到的因果关系例句数量仍然较少。如果能扩大语料数量，特别是现代汉语语料数量，会对因果复句进行更全面的观察，有更多发现，并且更好地为研究提供线索。

2. 调查方法。本文的语料均来自语料库，无法观察到学习者在本应使用因果复句时未用的情况。如果结合语料的研究，配合纸笔测试，则既有自然语料中因果复句的使用数据，又能通过实验进行较全面的验证。

3. 母语背景。本文仅考察了母语背景为英语的留学生的习得情况，无法推测其他语言背景的留学生在习得过程中是否会出现相同情况。因此可以选择几种母语背景的留学生调查其因果复句的习得情况，并对调查结果进行对比分析，以考察不同背景留学生的习得情况是否存在共性和个性。

参考文献

董福升（2009）《外国留学生汉语因果类复句习得研究》，华中师范大学硕士学位论文。
黄伯荣、廖序东（2007）《现代汉语》，北京：高等教育出版社。
李元熙（2012）《韩国学生汉语有标记因果复句偏误分析》，吉林大学硕士学位论文。
荣丽华（2011）汉语因果复句研究综述，《长春师范学院学报（人文社会科学版）》第30卷第
    5期：47–51。
邵敬敏（2007）《汉代汉语通论（第二版）》，上海：上海教育出版社。

王　还（1995）《对外汉语教学语法大纲》，北京：北京语言学院出版社
邢福义（2001）《汉语复句研究》，北京：商务印书馆。
幸江涛（2002）《留学生使用汉语复句的偏误研究》，暨南大学硕士学位论文。
杨萍萍（2013）《汉语和印尼语因果复句比较及偏误分析》，福建师范大学硕士学位论文。
余　敏（2012）《韩国留学生现代汉语复句习得及选择策略研究》，华东师范大学博士学位论文。
汉语水平考试部（1998）《汉语水平等级标准与语法等级大纲》，北京：高等教育出版社。

基于口头叙述常模的留学生与母语者语言产出对比分析

北京语言大学汉语进修学院 刘春艳

摘 要 本文以动态发展的视角研究汉语作为第二语言的学习者口头叙述的语言产出能力。通过四个参数对比分析初、中、高级留学生及母语者的 Cookie Theft 图片口头叙述情况。研究发现：口头叙述能力随学习时间的增长而加强，水平越高，掌握的汉语词语数及句子数的总体上量越多并且质越好，但在中级阶段平均句长出现了回归；即使是高水平二语学习者，与母语者在语法复杂度和词语丰富度上也存在差距，重点表现为词语的使用不够丰富，功能及意义的表达形式单一。

关键词 语言产出 对比分析 参数 常模

一、引言

语言是一个动态、复杂的系统，语言的发展也是一个动态的过程。这一观点在越来越多的第二语言习得研究者中达成共识（Ellis & Larsen – Freeman, 2006）。在此指引下，研究者更加关注学习者语言发展的个体模式及差异（De Bot, 2005）。现有研究也发现，第二语言习得不是一个线性或阶段性过程，它在很多情况下会表现出波动、变异以及回归（Larsen – Freeman, 2006）。

口头叙述是衡量语言使用者交际能力的重要指标，是语言学习者需要掌握的一项重要的言语技能。如何科学有效地测量出学习者口语能力的发展对于语言研究与教学有着重大的意义。运用复杂度、准确度和流利度（CAF）这三个参数来衡量第二语言学习者语言的发展近年来得到很多学者的关注，但考察这三个参数的现有研究却也主要集中在国外。如：二语学习者学习印欧语言（英法）时，口语及书面语能力的发展情况（Schultz, 1992；Henry, 1996；Hunt, 2001etc）。评测方式主要是写作和个体独白（Singer & Willett, 2003）。Rod. Ellis（2003）研究了在课堂测试的情境下，60 名英语第二语言学习者口语产出的发展情况，他运用平均句数（T-unit）、无错句长（W/EFT）、从句数、词类词频比率（Type-Token ratio）及平均停顿数作为CAF的评测数据，发现这些指标能比较科学地描述出学习者口语能力的发展情况，通过数据直观地表现其发展态势。Larsen-Freeman（2006）跟踪调查了五个英语第二语言学习者九个月内CAF的发展情况（内部衡量指标与Ellis大致相同），定量、定性分析后发现尽管这三个参数随着学习时间的延续，衡量的指标数据都呈现上升的态势，但是在学习的过程中，还是出现了波动以及指标内部的回归。

而就汉语作为第二语言的学习者口头语言产出的研究则较为少见，陈默（2007，2008）研究了韩国留学生口语独白产出，从流利度上对比二语者与母语者情况，发现在流利度上两者差异显著。陈默（2012）运用语料库研究方法考察了美国留学生口语产出的流利性，统计出八项汉语口语流利度特征，发现其发展的非线性过程及与母语者的显著差异。但是，上述研究都是分国别从一个角度来考察汉语口语产出的情况，从三个方面（CAF）通过测试来对比考察汉语二语学习者口头产出的研究，关注其发展的过程及与母语者相比的情况的研究则比较少见，本文即是从这个研究背景出发，展开调查及研究。

二、研究内容

本研究依托为汉语母语者Cookie Theft口头叙述常模（韩晓春，2012），该常模以Cookie Theft图片诱导母语者口头叙述话语产出。本文的研究者运用同样的施测方式，收集初、中、高三个水平各15名（共45名）汉语二语学习者口头叙述Cookie Theft图片的语料。我们借鉴Ellis（2003）提出的口头叙述能力衡量框架，同时也根据汉语的特点及测试手段，做出相应的调整。根据收集的语料分析并统计出Cookie Theft叙述框架的参数值，分四个类别：

Cookie Theft 图片

表1 四个参数情况

流利度	停顿数	句子数	平均句长
语法复杂度	复合句式数（包含关联词）		汉语特殊句式数
词语丰富度	词类及词频的比率	词项类别	功能情态词

流利度	停顿数	句子数	平均句长
准确度	完全吻合的句子所占比重		完全正确的句子所占比重

通过上述参量的分析，旨在研究：1. 汉语作为第二语言的学习者口头叙述能力的发展情况（包括其发展过程、不同水平之间哪些方面有提高、哪些方面存在不足、哪些方面会有一个回归或者再次建构的过程）；2. 各个水平二语者，特别是高级水平二语者与汉语母语者对比，哪些方面还存在距离，以此找出不足以提供教学改进。

三、测验

3.1 被试

45 名来自北京语言大学、北京航空航天大学、北京中医药大学的外国留学生参加此次测试，其中初级水平 15 名（学习汉语一个学期），中级水平 15 名（通过 HSK4 级），高级水平 15 名（来华在读研究生）。其中 27 名女性，18 名男性。母语背景在水平和人数上也做出相应的匹配。

3.2 测验材料

实验材料为 Cookie Theft 图片，该图片内容至少包含了 3 个场景，要求被试根据图片口头叙述产出话语。研究者根据研究目的，规定其中 6 组重点信息（洗盘子；水溢出来；完全没发觉；拿饼干；凳子歪了；兄妹都没发现危险）作为主要叙述参照。

3.3 测验过程

将叙述图片呈现在一张 A4 纸面上，分发给参与者，在安静的场所对每名参与者单独录音，研究者在旁协助进行，录音开始前，每名参与者有十分钟的准备时间，准备时可以提供字词查询和记录，询问准备完成后开始录音，录音设备是 Praat 语音软件，以 44100HZ 作为语音采样率，16 位单声道录音。每名参与者的产出时间要求 3 分钟以上。录音结束后，给予一定的报酬。

3.4 数据整理

将录音所得的语料转写成书面文字，运用分词软件 chinesec 完成分词及词性标注,所有参数变量由两名中文研究生运用 windows 办公软件 FoxPro9.0 完成,部分由人工校订完成。我们设定母语者常模中的各个构成量为满分(100 分),换算出三个水平各个构成量得分,四个参数的得分由各个参数构成量的得分加和得到。

3.5 测验预期

(1) 根据中介语发展理论,随着学习时间的加长,第二语言学习者第二语言系统以动态形式向目的语不断地靠拢。那么,第二语言学习者的口语能力总体上也将随汉语学习时间的提高而提高,但发展的过程是非线性的,可能在某些阶段或者某些能力上会出现回调。

(2) 第二语言学习者的话语产出和母语者将存在显著差异。母语者话语产出过程中的语言编码较为轻松和自动,而第二语言学习者的编码则需要大量的监控过程和时间。在话语产出过程中的言语编码及监控交际意图和输出的匹配会影响学习者口头叙述话语能力。

四、结果和分析

4.1 汉语第二语言学习者口头叙述话语产出流利度总体情况

表 2 流利度情况

汉语水平	人数	PJTDS	DF	PJJZS	DF	PJJC	DF	LLDDF
初级	15	32	0	6	46.1	5.1	69.9	116
中级	15	24	40	8	61.5	4	54.8	156.3
高级	15	18	80	12	92.3	6.4	87.7	260
母语者	15	15	100	13	100	7.3	100	300

(注:PJTDS = 平均停顿数,DF = 得分,PJJZS = 平均句子数,PJJC = 平均句长,LLDDF = 流利度得分)

从图 1 我们可以看出,在构成汉语第二语言学习者口语产出流利度的三个构成量上,总体的习得情况越来越好,其中平均停顿数随汉语水平的提高而降低,得分随之上升;平均句子数随汉语水平的提高,数量增多,得分也提高;高级水平汉语学习者的平均句长要好于中级和初级水平学习者,但是初级水平汉语学习者要好于中级水平学习者。因此得分线路图在初中级阶段出现了拐点。综合上述三个构成量得分,可以看到:流利度呈上升的发展趋势,水平越高,流利度越好。

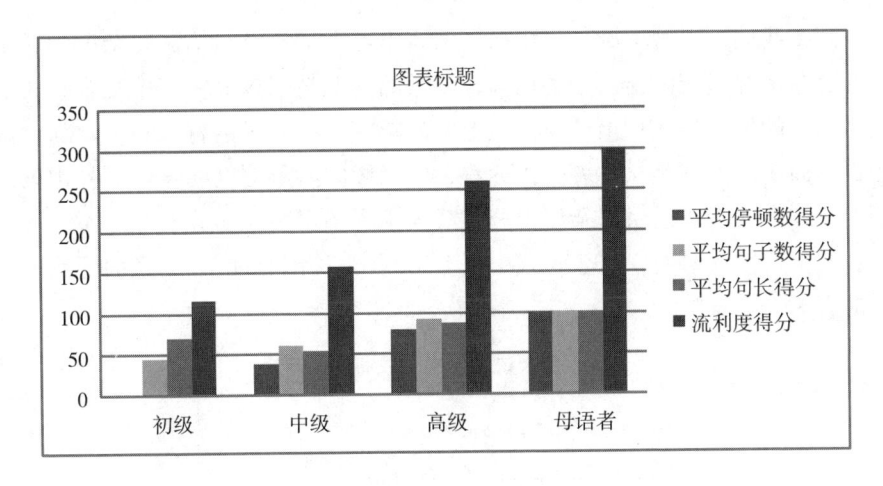

图 1　流利度线段图

4.2　汉语第二语言学习者口头叙述话语产出语法复杂度总体情况

表 3　复杂度情况

汉语水平	人数	FHJSS	FHJSSDF	HYTSJS	HYTSJSDF	YFFZDDF
初级	15	12	33.3	3	7.9	41.2
中级	15	19	52.8	16	42.1	94.9
高级	15	28	77.8	31	81.6	159.4
母语者	15	36	100	38	100	200

（注 FHJSS = 复合句式数（包含关联词），DF = 得分，HYTSJS = 汉语特殊句式，YFFZDDF = 语法复杂度得分）

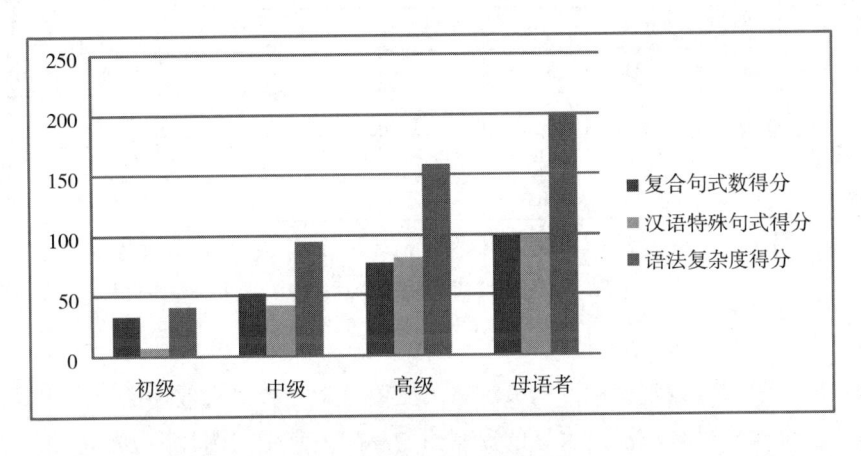

图 2　语法复杂度表现情况

从图2我们可以观察到：汉语第二语言学习者话语产出语法复杂度的两个构成量的总体情况随着汉语水平的提高，习得的情况越来越好。其中复合句式数随着汉语水平的发展呈线性上升，但是上升的幅度不大；汉语特殊句式数随汉语水平的提高而增加，但是从发展的幅度看，中高段的发展幅度明显好于初中段的发展幅度。综合来看，语法复杂度得分随汉语水平的提高，得分上升。

我们重点统计语料中复合句式中三个水平学习者和母语者关联词语的使用情况，见表6：

表4　复合句式中的关联词使用情况

汉语水平	可是	否则	可能	因为	所以	大概	一边……一边	然后	最后	虽然	但是	而且
初级	3	0	2	0	0	0	6	0	0	0	1	0
中级	2	0	3	2	3	2	2	2	0	1	2	0
高级	0	3	2	3	6	0	0	3	0	3	3	2
母语者	2	4	4	0	0	6	0	6	1	3	5	6

分析上表我们发现，母语者大量使用的"大概、然后、而且"，二语者使用较少，二语者"因为……所以"的使用则显著高于母语者（母语者使用为0）。这说明从把握复合句分句之间的关系来看，二语者还未能与母语者一致。

4.3　汉语第二语言学习者口头叙述话语产出词语丰富度总体情况

表5　丰富度情况

汉语水平	人数	CLJCPBL	DF	CXLB	DF	GNQTCS	DF	CYFFDDF
初级	15	4.33	52.4	2	33.3	8	17.8	103.5
中级	15	5.98	72.4	4	66.7	18	40	179.1
高级	15	6.74	81.6	4.5	75	29	64.4	221
母语者	15	8.26	100	6	100	45	100	300

（注：CLJCPBL = 词类及词频的比率：图片所出现的名词、动词、形容词三类词的 type 及 token 的比率；DF = 得分，CXLB = 词项类别：动词搭配数量，总数为6；GNQTCS = 功能情态词数：啊、呐等词的数量。）

从图3我们可以观察到，构成汉语第二语言学习者口头叙述话语产出词语丰富度的三个构成量是随汉语水平的提高而增高的。其中与图片内容密切相关的词类及词频所占比率和词项类别能够随着水平提高而增长。功能情态词数呈直线上

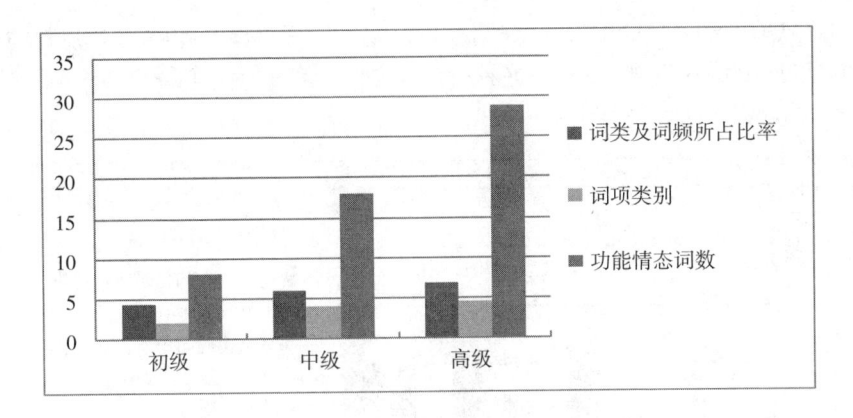

图3 词汇丰富度表现情况

升态,且增长幅度比较大。综合来看,词语丰富度得分随汉语水平的提高呈上升趋势。

我们重点统计出增长幅度较大的功能情态词数的使用情况,见表6:

表6 功能情态词数使用情况

汉语水平	啊	呀	呐	吗	哗哗	哎哟	啦	呢	稀里哗啦	咯咯
初级	3	0	0	2	0	0	0	3	0	0
中级	4	2	0	4	0	0	2	6	0	0
高级	4	3	5	5	0	0	2	10	0	0
母语者	3	2	9	4	7	6	1	3	4	6

分析上表我们发现,母语者使用最多的"呐、哗哗、哎哟、稀里哗啦、咯咯"等词二语者的使用相当少,有的几乎没有使用。功能情态词是口语色彩重的一类词,它能使话语表达更为生动形象(陆俭明,2000)。二语者与母语者使用数目和数量上的差异,正说明二语者的口头表达还未能达到地道表达的水平。

4.4 汉语第二语言学习者口头叙述话语产出准确性总体情况

表7 准确度情况

汉语水平	人数	WQWHJZSZBZ	DF	WQZQJZSZBZ	DF	ZQDDF
初级	15	0.43	46.7	0.47	48	94.7
中级	15	0.51	55.4	0.62	63.3	118.7
高级	15	0.69	75	0.82	83.7	158.7
母语者	15	0.92	100	0.98	100	200

（注：WQWHJZSZBZ = 完全吻合的句子所占的比重：每个汉语水平级被试的所有完全吻合图片所展示的场景的句子占句子总数的比重；WQZQJZSZBZ = 完全正确句子所占比重：每个汉语水平级被试的所有语法及语义正确的句子所占句子总数的比重。）

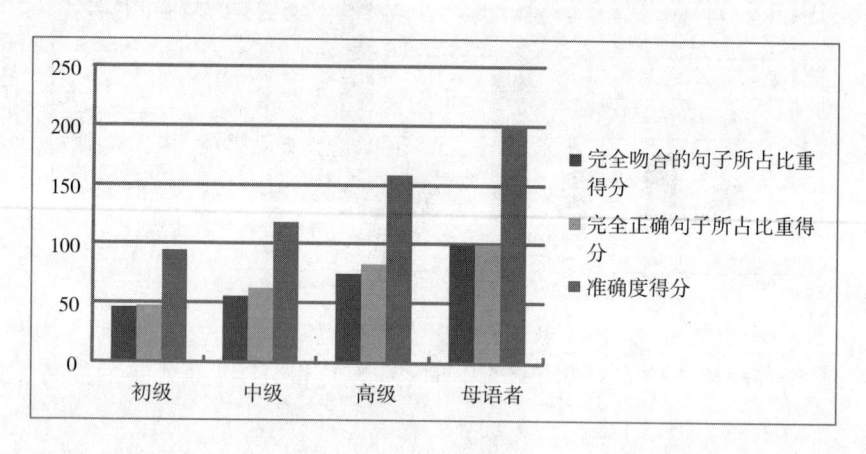

图4　复杂度线段图

从图4我们观察到，构成汉语第二语言学习者口头叙述话语产出准确度的两个构成量总体上随汉语水平的提高而增高，其中完全吻合的句子所占比重，中高段的增长幅度要大于初中段的增长幅度。而完全正确句子所占的比重则随汉语水平呈线性上升，增长幅度较为一致。综合来看：准确度随汉语水平的提高而呈上升趋势，但与汉语母语者相比，差距仍然较大。

五、讨论

本研究通过分析汉语第二语言学习者就 Cookie Theft 图片口头产出话语语料情况，从四个维度衡量第二语言学习者口头叙述话语产出的能力。我们发现：

（1）汉语作为第二语言学习者口头叙述话语能力随学习时间的增长而加强：流利度、语法复杂度、词语丰富度、准确度皆随汉语水平的提高而提高。水平越高，掌握的汉语词语数及句子数总体上量越多及质越好，但在中级水平平均句长上出现了回归。

（2）二语学习者与母语者在流利度、语法复杂度、词语丰富度及准确度上仍存在差距，重点表现在词语的使用不够丰富，功能情态词使用欠缺。复合句式的使用量小，回避使用汉语特殊句式，因此话语产出中句式使用较为单一。

研究结果与我们的测验预期较为吻合，随着汉语水平的提高，学习者口头叙述话语能力也在不断提高。

我们也必须注意到评价的四个维度是人为分类，在实际的语料中，它们是交织在一起的，有着 Skhen（2003）所认为的"权衡（trade – off）"的关系。从初级水平汉语学习者话语产出情况看，初级水平者由于汉语知识的欠缺，在口头叙述图片时，对于一些场景的描述出现理解和话语产出的不匹配现象，如：初级水平者无法正确地描述"凳子歪了要倒了"，"水池里的水满得溢出来了"。即时话语产出对初级水平者来说，他们缺乏话语产出所需要的充足的词汇知识、语法知识以及语音知识。没有这些知识，初级水平者在准备和匹配图片信息、用正确的语法形式转化成汉语语句并即时产出时遇到困难，因此，以词代句、大量犹豫和停顿、句子存在较多偏误。这些都影响了他们的流利度、准确度、语法复杂度和词语丰富度。也因为语言编码和解码的压力过大，大量地回忆词语和组织句子用去过多的精力，使其情感过于焦虑，而出现放弃尝试产出的情况。但是随着汉语学习时间的增长，学习者汉语知识不断地丰富，到了中高级阶段，他们所掌握的汉语句式逐渐增多、词汇量增大，对汉语的练习和使用使得他们的汉语能力不断增强，因此，他们能更为自动地编码所要产出的话语，为了描述图片的场景，他们也更为自然地使用语言策略——自我修正、语句重构、重复话语等，如："他们没有意识，不，我的意思是说：凳子就要倒了，他们没有发现危险，这是这个妈妈的错，因为他们还小，他们没有意识。你明白吗？"高水平汉语学习者由于内在汉语知识的丰富，他们对于即时话语产出也更有自信，使其不处于情感焦虑状态，适当的自我监控也帮助他们更好地产出，因此高水平汉语者话语产出从流利度、准确度、语法复杂度和词语丰富度上，较之初中水平学习者得到显著的提高。

平均句长在初级和中级汉语水平学习者中出现了回归，这显然和我们的实验预期和常识是不符的。我们分析语料后发现，在初级水平学习者断断续续的话语中，集中出现大量程序化或组块化的语言（formulaic speech），如"天气不冷也不热""房间干干净净整整齐齐""我很喜欢这个不大不小的房间"等等。在我们施测的15个学生中，10个学生出现了4句同样的语句。我们也在他们的汉语课本中发现了这些句子。这说明，在学习的初级阶段，学习者通过记忆一些来自课本的语句来帮助他们交流。当然，由于记忆的失误，他们也会将这些句子表达错误，如说成"天气不冷不热也"、无法回忆起"干干净净整整齐齐"等，从而加大他们句子的错误率。而中级水平学习者已经突破机械记忆的过程，他们已经内化学过的句子，可以较为自由地重构自己的语句。这当中也伴随着偏误的出现，如"他们在凳子上把饼干拿来""不小心，妈妈洗碗不小心，水这样流得太大了"。正如 McLaughlin（1990）认为：语言学习不是简单的线性发展和累积的过程，而是存在着断续或者跳跃的过程，有时甚至会倒退或磨蚀。这一现象表明，学习者在掌握某些形式后再遇到新形式时会对整个系统进行重构。这种重构使现有的形式—功能系统吸纳新的形式，所以学习者的中介语系统才能不断发展。另一方面，为了表达出一定的信息量，他们无法用简单而有效的词语造出合理的句子，只能运用迂回甚至冗余的句子来表达意思，如"这是他们的家，他的妈妈和她的妈妈，她的孩子"。而中级阶段，这样的句子则较为少见，"他们一家在厨房，有妈妈，女儿和儿子"。信息充足但句子却较为简短。但是从句子难度上看，汉语复合句式和特殊句式对于中级水平学习者来说，可能仍然是难点，所以他们倾向于大量使用简单句，从而使得平均句长在中级阶段出现了回归。

从第二语言汉语学习者和母语者的比较来看，实验结果也符合我们的预期。二语者在流利度、准确度、语法复杂度和词语丰富度上皆未能与母语者齐平，特别是在语法复杂度和词语丰富度上仍存在显著差异。通过分析各汉语水平汉语学习者和汉语母语者的语料我们发现，在对图片中"水满—水漫出来""凳子将倒"这两个场景的叙述中，绝大多数二语者能描述出的是"水流出来了""凳子快倒了"。而母语者则使用"水漫出来了、水溢出来了、水哗哗地满出来了"，"凳子都歪了、凳子都斜到一边去了"等等。而从我们的功能情态词数的具体统计上来看，一些母语者常用或者大量使用的功能词，二语者使用不足；而一些较为典型的但却不够精确的功能词则大量使用，存在着过度泛化的现象。同时在句式的使用上，对于汉语复合句和汉语特殊句的使用相比于母语者来说，使用更少。在关联词的选择上，也存在着关联词过度使用的情况，如将"因为……所以"代替其他关系词语的使用。

Skehan（1997）认为，口语输出很可能注重流利度而牺牲复杂度，对意义的注意会干扰对形式的注意。从高水平汉语学习者来看，他们在流利度上与母语者差异不显著，都能用汉语准确地表达出图片的内容，但对意义的准确把握是以牺牲词语的丰富度和语法的复杂度为代价的。他们往往最为宽泛地选择词语，能用"拿"绝不用"取"，能用简单句绝不用"复杂句"。从另一个方面来说，二语者在对准确度（意义）的自我监控上占用过多的大脑工作容量，所以存在着工作记忆分配不均衡的现象，以致口语输出的形式过于单薄。

根据上述的分析，我们认为，在第二语言课堂教学中，教师应该在保证学生准确表达的前提下，加大对输出形式的教学，提示学生对输出形式的注意。第二，要更加注意培养学生表达的精确性和形象性，特别是在高年级的学习阶段，要注重提高二语者与汉语者语言使用的共性，从语言的搭配使用上减小中介语与目的语的差距。正如邢红兵（2012）提出：从中介语和目的语（现代汉语）的搭配词语及其频度等是否重合以及重合度大小可以看出中介语系统中词汇搭配知识和目的语存在的差异。那么从汉语教学上，我们就要从此做出改进。

六、结论

本研究得到的主要结论有：

（1）汉语作为第二语言学习者口头叙述话语能力发展情况是口头叙述能力随学习时间的增长而加强；

（2）高水平二语学习者与母语者在语法复杂度和词语丰富度上仍存在显著差距。

（3）我们认为教师在要求学生准确表达的前提下，要加大对语言输出形式的教学，提示学生对输出形式的注意。要更加注意培养学生表达的精确性和形象性。

参考文献

陈　默（2007）韩国留学生汉语句子停延习得的实验分析，暨南大学华文学院学报第 2 期：18 – 22。

陈　默（2012）美国留学生汉语口语产出的流利性研究［J］. 语言教学与研究，第 2 期：17 – 24。

韩晓春（2012）建立 Cookie Theft 测验的中国常模，《中国康复理论与实践》18 卷第 8 期：743 – 747。

邢红兵（2012）第二语言词汇习得的语料库研究方法，《汉语学习》第 2 期：77 – 85。

Ellis, R. (2003) *Task – based Language Learning and Teaching.* Oxford University Press.

Ellis, R. (2008) *The Study of Second Language Acquisition (2nd edition).* Oxford University Press.

Foster, P. and P. Tavakoli. (2009) Native speakers and task performance: Comparing effects on complexity, fluency and lexical diversity. *Language Learning*, 59/4.

Halliday, M. A. K & R. Hasan. (1976) *Cohesion in English.* London: Longman.

Iwashita, N., A. Brown, T. McNamara and S. O'Hagan. (2008) Assessed levels of second language Speaking proficiency: How distinct? *Applied Linguistics*, 29: 24 – 49.

Kormos, J. and M. Dénes. (2004) Exploring measures and perceptions of fluency in the speech of second language learners. *System*, 32/2: 145 – 164.

Larsen – Freeman, D. (2006) The emergence of complexity, fluency, accuracy in the oral and written production of five Chinese learners of English. *Applied Linguistics*, 27/4: 590 – 619.

Levelt, W. (1989) *Speaking: From Intention to Articulation*. Cambridge, MA: MIT Press.

Levelt, W. (1999) Language production: Ablueprint for the speaker. in C. Brown and P. Hagoort (eds): Neurocognition of Language. Oxford University Press.

Muñz, C. (2006) *Age and the Rate of Foreign Language Learning*. Clevedon: Multilingual Matters.

Nation. I. S. P. (2004) *Teaching and Learning Words*. Cambridge, MA: MIT Press.

Norris, J. and L. Ortega. (2003) Defining and measuring SLA. in Doughty, C. and M. Long (eds).

Ortega, L. (2003) Syntactic complexity measures and their relationship to L2 proficiency: A research synthesis of college – level L2 writing. *Applied Linguistics*, 24: 492 – 518.

Polio, C. (2001) Research methodology in second language writing research: The case of text – based studies. in Silva, T. and P. K. Matsuda (eds.): *On Second Language Writing*. Mahwah, NJ: Lawrence Erlbaum.

Robinson, P. (2001) Task complexity, task difficulty, and task production: exploring interactions in a componential framework. *Applied Linguistics*, 22: 27 – 57.

Segalowitz, N. (2007) Access fluidity, attention control, and the acquisition of fluency in a second language. *TESOL Quarterly*, 41: 181 – 186.

Skehan, P. (1998) *A Cognitive Approach to Language Learning*. Oxford University Press.

Skehan, P. (2003) Task based instruction. *Language Teaching*, 36: 1 – 14.

Skehan, P. and P. Foster. (1999.) The influence of task structure and processing conditions on narrative retellings. *Language Learning*, 49: 93 – 120.

Skehan, P. (2009) Modelling second language performance: Integrating complexity, accuracy, fluency, and lexis. Applied Linguistics, 30: 510 – 532

Swain. W. & S. Lapkin. (1989) Problems in output and the cognitive processes they generate: A step towards second language learning. *Applied Linguistics*, 16: 371 – 91.

Tavakoli, P. and Skehan, P. (2005) Strategic planning, task structure, and performance testing. in R. Ellis (ed.): *Planning and Task Performance in a Second Language*. Amsterdam: Benjamins.

Towell, R., R. Hawkins and N. Bazergui. (1996) The development of fluency in advanced learners of French. *Applied Linguistics*, 17: 84 – 119.

Vermeer, A. (2000) Coming to grips with lexical richness in spontaneous speech data. '*Language Testing*, 17/1: 65 – 83.

WenYing Jiang. (2013) Measurements of development in L2 written production: The case of L2 Chinese. *Applied Linguistics*, 34: 1 – 24.

Wolfe-Quintero, K., S. Inagaki and H.-Y. Kim. (1998) *Second Language Development in Writing: Measures of Fluency, Accuracy, and Complexity.* Honolulu, HI: University of Hawai'i, Second Language Teaching and Curriculum Center.

Yuan, F. and R. Ellis. (2003) The effects of pre-task planning and on-line planning on fluency, complexity and accuracy in L2 oral production. '*Applied Linguistics*, 24: 1-27.

留学生"把"字句运用中的回避现象考察

北京语言大学语言科学院 师盼瑶

摘 要 本文是对留学生使用"把"字句回避情况的一个横向考察,在分别对"HSK 动态作文语料库"和"CCL 语料库"统计分析的基础上,对留学生"把"字句运用中的回避现象进行探讨。数据显示,在"HSK 动态作文语料库"中,留学生"把"字句的使用频率为 0.089%,在"CCL 语料库"中,母语者"把"字句的使用频率为 0.096%。留学生"把"字句的使用频率并不比母语者低很多,进而分析现象产生的原因,最后提出对"把"字句教学的一些启示,希望可以在一定程度上促进"把"字句的教学。

关键词 "把"字句 习得研究 回避

一、引言

对外汉语教学研究中,经常有人用回避策略来解释学习者言语行为中的使用不足(under-production)现象,但是留学生在学习汉语的过程中到底有没有回避或者回避的程度有多大还缺乏大量实证性的研究,而且通常认为越难学习的语言点回避现象越严重,因此,本文选用汉语语法中标记性强而且学习难度较大的"把"字句,立足两个语料库的检索与分析,来验证留学生在"把"字句运用中是否存在回避现象以及回避的程度。

二、相关研究综述

2.1 关于回避现象的定义

关于第二语言学习中的回避现象(avoidance phenomenon),Schachter(1974)首先在研究不同母语的英语学习者对限制性关系从句的处理时提出了这个问题。在研究过程中,她发现以汉语和日语为母语的学习者使用关系从句时所出现的错误,远比以波斯语和阿拉伯语为母语的学习者少。同时,她又发现前者使用关系从句的频率比后者要小。她把这一现象归因于学习者母语与英语之间的差异。并且认为回避现象是外语学习者消极地处置学习过程中的一些难点,主动放弃某些规则或词汇的使用,以求得语言的正确性的结果。

张宝林(2010)的《回避与泛化——基于"HSK 动态作文语料库"的"把"字句习得考察》提出了一些新的看法,认为回避不一定是学习者有意识的行为,而更倾向于认为是一种偏误。其研究以"HSK 动态作文语料库"为语料来源,在对语料进行统计分析的基础上,将外国人的"把"字句偏误概括为回避(该用而未用)、泛化(不该用而用)、其他偏误三大类,对回避与泛化的类型与产生原因进行了探讨。

刘颂浩(2003)在《论"把"字句运用中的回避现象及"把"字句的难点》中把回避现象分为"回避"和"回避倾向"两种,他认为严格意义上的"回避"是一种有意识的行为,"回避倾向"则是研究人员对学习者言语行为偏移的一种推测性解释。

可见学界并没有对"回避"这一概念达成一致的见解。本文认为,在讨论回避策略时,要区分"回避"和"回避倾向",回避是一种有意识的行为。对于"把"字句来说,回避的条件应该是:学习者具有一定的"把"字句的知识,并且在某个语境中,想到了要用"把",但觉得没有把握,所以最终放弃了。由此,即使在某个语境中,按照汉语语法不应使用"把"字句,但如果学习者曾试图运用"把"字句,但最终却放弃了,也要看作是回避。回避倾向是研究人员对学习者言语行为偏移(deviation)原因的一种推测性解释。确定回避倾向,首先要找到一个参照点,然后将学习者的表现与该参照点进行对比,如果两者差异显著并且这种差异不是因学习者语言知识欠缺所致,则是学习者采用了回避策略。

因此,回避倾向可以是有意的,这时它等同于真正意义上的回避;也可以是无意的。换句话说,确定回避倾向时,对学习者的心理过程不做要求。从第二语言习得研究的历史看,研究者关注的基本上是回避倾向。因为我们很难准确得知学习者的心理过程,只能在客观上对比分析。而本文的研究也定位在回避倾向上,而且也不过多涉及"把"字句的偏误问题。

2.2 关于"把"字句回避现象的相关研究

关于"把"字句回避现象的研究,有些研究者基于零星的观察得出结论,如李宁、王小珊（2001）、罗青松（2000）。另一些研究者的观察比较系统，如熊文新（1996）对留学生144万字的语料（源自"汉语中介语语料库"）进行了统计；余文青（2000）采用看情景表演，然后做短文填空（填写句子）的方法，对30名中级水平的留学生（日、韩和欧美各10人）使用"把"字句的情况进行了调查。学界的一个重要观点是，外国人对"把"字句采取了回避策略（参见罗青松，1999；刘颂浩，2003），"要么不用'把字句'，要么一用就错"（吕文华，1994）。这种看法由来已久，早在20世纪50年代，人们就已经注意到"学生躲着'把'字句说话"的现象。多年来"把"字句一直是"中外汉语学界的热门话题"（吕文华，1994）。

我们可以看出国内关于回避现象的系统研究并不多，因此试图通过本次的数据分析可以在一定程度上推进相关研究。

三、研究方法和过程

3.1 研究思路

本文立足于"HSK动态作文语料库"和"CCL语料库"对"把"字句的检索分析，希望通过真实语料中使用"把"字句的频率对比来说明留学生语言产出中的回避问题。

"HSK动态作文语料库"收集了自1992年至2005年的汉语水平高等考试中的部分作文答卷，共计11569篇、约424万字；从字、词、句、篇、标点符号等角度对全部语料中存在的偏误进行了穷尽性标注。从目前来看，不论是语料规模，还是标注的广度与深度，该语料库都居于汉语中介语语料库建设的领先地位。并且，参加汉语水平高等考试的考生应该不会缺乏"把"字句的语言知识，所以在该语料库中进行检索得出的数据具有很大的说服力。

同时，"CCL语料库"收录了大量现代汉语的语料，可以代表汉语母语者的使用和表达，该语料库总体规模4.77亿字，其中有现当代汉语364 454 631字。

3.2 "把"字句相关数据

首先，在"HSK动态作文语料库"（1.1版）中按"把"字检索，共有带"把"字的句子4225条，在语料库中分212页显示。考虑到"把"的不同词性问题，又对4225个带"把"的句子按词性进行了检索，专门检索"把"字作为介词的句子，得出的结果是 3784 条，所以我们可以得出"把"字句的使用率为 0.089%（分母为语料库的总字数），当然这些检索出的"把"字句有用错的情况，其偏误率为 15.46%，但是对于"把"字句的偏误问题，本文没有过多考虑。

其次，从汉语母语者使用"把"字句的情况看，在大约 3600 万字的"CCL 语料库"中，"把"字的检索结果为 374807 条，每页 50 条，共有 7497 页，但是只能查看 100 页，同样会考虑"把"的不同词性问题，因为"CCL 语料库"不能按词性直接检索，而全部每页都去人工检索的话工作量会很大，所以需要对检索结果进行随机抽样检查，在这 100 页中，每隔 5 页查看一页，共查看 20 页，查看了结果中的 20%，其中不是"把"字句的有 62 条。然后把结果再按相应的比例扩大，即共有 23560 条不是"把"字句，所以最后真正"把"字句的数量为 351247 条，除以该语料库的总字数可以算出"把"字句的使用率为 0.096%。虽然这样的随机抽样检查会降低所收集数据的准确性，但是从总体大量的前提来说，误差范围还是比较小的。

3.3 数据分析

由上述两方面的数据统计情况看，与中国人相比，外国学习者使用"把"字句的频率确实有些低，存在一定的回避现象，但是低得并不多，可以说差距很小。虽然本文没有做更为细致的分类统计，进行更深入的研究，例如按照国籍、学习者的现有语言水平进行一些数据分析也许会有更大的发现，但是至少可以从总体上说明留学生对"把"字句的回避程度没有我们想象中的大，我们在一定程度上夸大了留学生学习"把"字句的难度，这也是我们需要跨越的一个心理障碍。

之所以会有这样的数据统计结果，一是因为本文数据统计方法与之前的研究有所不同，张宝林的《回避与泛化——基于"HSK 动态作文语料库"的"把"字句习得考察》中的关于"HSK"动态作文语料库的"把"字句的收集是采用随机抽样的方法检索的，是有一定误差的，而本文采用的是利用"把"字句的词性直接检索，所以得到的"把"字句的使用率更精确。但是关于"CCL"语料库的数据收集还是采用的随机抽样的方法，因为这个语料库的规模太大，所以也是有一定误差的，本文前面已经说过。此外，本文认为比较重要的原因是所统计的两个语料库性质的差别。

具体来说，"HSK"动态作文语料库虽然是很有权威性的汉语中介语语料库，但是它收录的是留学生的考试作文，学生在考试状态下写出的作文难免没有自然状态下的语料真实自然，毕竟考试状态下的语言输出的心理过程比一般情况下复杂，一般来说考试时候会采取更多的回避策略，但是目前还没有一个更好的中介语语料库与之做比较，而且也有可能考生为了写出更好的句子而更多地使用"把"字句。总之受条件限制，还没能收集到更有价值的语料。

相反，"CCL"语料库收集的现代汉语语料是现代汉语面貌的真实体现，相比"HSK"动态作文语料库而言就更加自然，统计数据也就更能反映母语者的"把"字句的使用情况，

所以，把两个语料库的统计数据进行比较其实缺乏一定的科学性和缜密性，但是目前还没有更好的相对应的语料库来进行数据对比，因此我们只能靠这样的粗略统计来看大致的趋势，不过可以据此更深入地进行实证性的研究。

四、"把"字句教学的启示

4.1 适度重视

对外汉语教学界一向重视"把"字句的教学，将其视为最大的教学难点之一。但根据本文的考察，外国人使用"把"字句的偏误率约为 15.46%。可见"把"字句教学成绩是主要的，外国汉语学习者在大多数情况下是可以正确使用"把"字句的。以往确实把这一问题夸大了。因此在教学中，对"把"字句既要充分重视，又要全面认识。过分强调其难度，不但不符合教学实际，而且会造成误导，不利于该句式的教学。

4.2 适当淡化

对外汉语教学一向重视"把"字句的回避问题，一再强调"把"字句的重要性，鼓励学生使用"把"字句。这样有可能导致不仅没有真正解决学生心理上的畏惧和回避问题，反而容易走向另一个极端——泛化。泛化产生的原因是多方面的，教学中的过分强调也许就是原因之一。因此，应适当降低对"把"字句的强调程度，即避免向学生过度渲染"把"字句使用的广度与难度，而应适当采取"淡化"的教学对策。

五、结语

本文主要通过对"HSK"动态作文语料库和"CCL"语料库中的"把"字句语料进行统计分析,得出各自"把"字句的使用频率,然后利用频率数据的比较来说明留学生对"把"字句是否存在回避问题以及存在多大程度的回避。结果说明留学生中"把"字句的使用频率并不比母语使用者低很多。由于时间和条件限制,本文的研究存在一些不足,需要配合一定的实验研究才更有说服力,但是大致的数据还是能说明一些问题的,也希望能够给对外汉语教学一些启示和建议。

参考文献

何元建、王玲玲(2002)论汉语使役句,《汉语学习》第 4 期。

黄月圆、杨素英(2004)汉语作为第二语言的"把"字句习得研究,《世界汉语教学》第 1 期。

李大忠(1996)《外国人学汉语语法偏误分析》,北京:北京语言文化大学出版社。

刘丹青(2003)语言类型学与汉语研究,《世界汉语教学》第 4 期。

刘宏帆(2007)"把"字句的习得研究及其教学——基于中介语语料库的研究,载《第四届全国语言文字应用学术研讨会论文集》,成都:四川大学出版社。

刘颂浩(2003)"把"字句运用中的回避现象及"把"字句的难点,《语言教学与研究》,第 2 期。

陆俭明(2000)"对外汉语教学"中的语法教学,《语言教学与研究》第 3 期。

龙青然(1990)对外汉语语法教学的重点和难点,《汉语学习》第 3 期(总第 57 期)。

阮周林(2000)第二语言学习中回避现象分析,《外语教学》,第 21 卷 第 1 期。

张宝林(2010)回避与泛化——基于"HSK 动态作文语料库"的"把"字句习得考察,《世界汉语教学》第 24 卷第 2 期。

韩国留学生汉语动词猜词策略的实证研究

北京语言大学语言科学院 杨春丽

摘 要 本文采用有声思维法（think-aloud），对已达到高级汉语水平的韩国来华留学生在汉语动词学习过程中猜词策略的使用情况进行研究，借以总结被试的猜词策略清单，归纳与比较其常见策略和有效策略。结论：（1）常用策略依次为上下文简单利用、参考相关词释义、上下文复杂利用、语素联想、多次重复朗读生词、声音联想和意义联想。（2）有效策略按照猜对率从高到低依次为语素联想、参考相关词释义、上下文简单利用和上下文复杂利用。（3）二者的差异说明，二语词汇学习成功的关键不在于使用策略的频率，而在于有效且合适地使用策略。教学启示：（1）教师应有意识地引导学生总结和使用有效策略。（2）教师应关注韩语中的汉字词，帮助学生发挥其母语的正迁移作用。

关键词 汉语习得 韩国学生 词汇学习 学习策略 有声思维法

一、研究背景

在过去30年里，研究者研究第二语言词汇学习策略，大多以英语为目的语进行研究，以汉语为目的语的研究尚显空缺。汉语词汇具有自身显著的特点，其词汇系统复杂而多元。然而，目前国内在以汉语为目的语的外国留学生汉语词汇学习策略研究上，大多是不区分汉语词类和词性的宽泛研究，或是仅针对某一单个汉语词语的微观研究，比如说研究某个虚词，很少对留学生关于汉语某一具体词性的词汇学习策略进行研究。

随着汉语学习的不断升温，越来越多的外国学生选择汉语作为第二语言。在众多来华留学的汉语学习者当中，以韩语为母语的韩国留学生所占比例相当大，而其母语韩语又属于汉字文化圈，因此，同以英语为母语的来华留学生相比，韩国学生的汉语词汇学习策略存在自身的特点。人数上的广泛性和韩语本身的特殊性，都表明了研究韩国来华留学生的汉语学习策略具有实践意义。

此外，国内关于词汇学习策略的研究与国外相比，仍处于初级阶段。关于汉语词汇学习策略的研究起步更晚，迄今发展不足十年，相关的实证研究也是近几年才开始起步的，实证研究的方法一般还是传统的问卷调查与测试相结合的方式。

基于上述认识，本研究将采用"有声思维法"（think – aloud），以韩国来华留学生为研究对象，对已经达到高级汉语水平的韩国留学生在汉语动词学习过程中猜词策略的使用问题进行研究，旨在回答以下问题：

（1）高级汉语水平的韩国留学生在学习现代汉语动词时，猜测动词词义应用到了哪些策略？

（2）在上面得出的调查结果中，根据使用频率得出的常见策略有哪些？

（3）根据猜对率得出的有效策略有哪些？

（4）以上得出的常见策略和有效策略有无差异，如果有，如何描述？

二、实验描述

2.1 被试

被试在本次实验过程中，需要全程使用汉语口述自己的词汇学习过程。这在客观上要求被试具备相应的汉语水平，在整个实验过程中能够比较清晰、准确地用汉语口述自己的思维过程，这样才能保证有声材料的有效性。因此，本实验将被试的汉语水平定位在高级水平。

本次实验采用的留学生语言水平分类标准沿袭了鄢胜涵（2007）在《留学生汉语词汇学习策略的研究》中的分法，即大学本科一年级或速成短期 A 班、B 班学生为初级水平；大学本科二年级或速成短期 C 班学生为中级水平；大学本科三年级或速成短期 D 班、E 班学生及以上水平为高级水平。

按照上述分类标准，本文的被试为 16 名高级汉语水平的在华韩国留学生（来自北京语言大学及附近几所高校）。根据有声思维实验后笔头测试的结果，其中 6 位被试主要因为记忆方面的原因，导致笔试的结果和录音时猜词的结果差异比较大，不能准确反映其生词词义的猜对率，因此最终没有作为研究对象。本实验最后确定了 16 名被试中符合实验要求的 10 名作为最后的调查样本，分别标记为被试 S1、被试 S2、……被试 S10。

2.2 词汇学习任务

2.2.1 选词标准

综合考虑了本文的研究目的以及有声思维法的实验要求和局限性之后，本实验选择的汉语生词主要满足以下四个条件：

第一，被试在测试中被要求学习的生词是测试前从未学过的动词；

第二，生词的难度符合被试现有的汉语水平；

第三，生词例句和相关词所提供的线索，既能满足被试猜测生词词义的基本需要，又符合有声思维法的实验要求。

第四，本文的被试是母语为韩语的韩国来华留学生，考虑到其母语中含有大量汉字词的特点，本实验所选生词当中要有一定量的韩语中的汉字词。

2.2.2 选词范围

基于上述四个条件，本实验将选词范围定在了《博雅汉语·高级飞翔篇Ⅱ》主课文中的生词。生词卡中提供的生词"例句1"改写自主课文中的相关内容，"例句2"则改写自《博雅汉语·高级飞翔篇Ⅱ使用手册》提供的生词例句。

2.2.3 生词卡简介

实验要求被试学习20个他们在实验前并不认识的现代汉语动词，依次为：憧憬、躲避、享用、回归、认可、合伙、杂糅、检点、束缚、突破、徘徊、摆布、相间、衬托、焕发、逾越、较劲、抗争、畏惧、情愿。其中有8个韩语中的汉字词，依次为：憧憬동경（하다）、享用사용하다、回归회귀하다、认可인가（하다）、突破돌파하다、徘徊배회하다、摆布배치하다、抗争항쟁（하다）。

实验选择的20个动词所代表的行为动作都是被试日常所熟悉的。这20个动词也基本涵盖了汉语动词的常见类型，其中有表示具体动作的，如"徘徊、逾越"等；有表示某种行为的，如"抗争、较劲"等；有表示某种心理感觉活动的，如"畏惧、认可"等；也有表示意愿的，如"情愿"等；有能带宾语的及物动词，如"检点、突破"等；也有不能带宾语的不及物动词，如"相间、合伙"等。

每个生词都被写在一张卡片上，卡片的正面是标注了拼音的生词以及含有该生词的两个例句，卡片背面是1-3个与该生词词义相关的近义词或者反义词。卡片正面提供的"例句1"都带有非常清楚的上下文（如学习"憧憬"的生词卡，其正面的"例句1"写道：你想保持年轻吗？你希望自己有活力吗？你期待着清晨能在新生活的憧憬中醒来吗？有一个好办法——每天都冒一点险），"例句2"则没有清楚的上下文,基本上都是单句(如学习"憧憬"的生词卡,其正面的"例句2"写道:我带着对美好生活的憧憬来到北京)。

2.3 调查步骤

本次有声思维实验以一对一面谈形式进行。实验开始前,研究者首先告诉被试实验的目的并指导其如何进行即时口头报告,然后进行"热身"(即以边想边说的方式猜测一至两个生词的含义),直至他们认为能完成任务。

此外,被试还被告知,在学习这些生词时,他们可以说出自己脑子里想的任何东西。如果觉得通过卡片正面提供的内容无法猜出生词词义,可以参考卡片背面提供的相关词。

每个被试完成学习任务后,实验者将生词卡收回并对实验中学过的20个生词进行了笔头记忆测试(recall test),试卷上20个生词的次序被完全打乱,测试要求被试根据记忆,用中文写出他们刚刚学过的20个生词的词义。

实验者对被试的口头报告进行了录音,并将录音内容进行了转写,对每一个被试的录音内容都听了三遍以上以确保转写分析的可信度。

三、实验结果与分析

3.1 猜词策略清单

本研究以 Lawson & Hogben(1996)、O'Malley & Chamot(1990)以及 Oxford(1990)、丁怡(2006)和鄢胜涵(2007)的相关策略研究为依据,并根据被试在学习过程中实际使用的策略,最后归纳出3类共7种猜词策略(见表1)。

表1 被试汉语动词猜词策略清单

策略类型	策略标签	策略名称	策略定义
重复	CL1	简单重复	多次重复朗读生词
简单分析	CL2	上下文简单利用	利用例句中线索猜测词义
	CL3	语素联想	根据语素相似性将生词与其他目的语已学词相联系
	CL4	声音联想	由目的语生词的读音联想到母语中的相关词
复杂分析	CL5	上下文复杂利用	通过例句中其他词的特征或自己的经验猜测生词的意义
	CL6	参考相关词释义	参考相关词,比较、评论相关词与生词的关系,比如同义、近义或反义等,猜测生词词义
	CL7	意义联想	通过具体形象猜测词义

通过表1我们可以看出，被试在学习汉语动词时所使用的猜词策略清单可以概括为重复策略、简单分析策略和复杂分析策略三大类。其中，第一类重复策略只包括一种简单重复策略；第二类简单分析策略细分为上下文简单利用、语素联想和声音联想三种策略；第三类复杂分析策略细分为上下文复杂利用、参考相关词释义和意义联想三种策略。

3.1.1　重复策略

第一类重复策略中只包括了一种简单重复策略（CL1），即被试通过多次重复朗读生词的方式猜测词义。在实验过程中，10名被试有7名使用到了简单重复策略猜测词义，分别是被试S1、被试S2、被试S3、被试S4、被试S8、被试S9和被试S10。

被试S1在猜测"徘徊"这个动词的词义时，就使用了多次重复朗读生词的方式："徘徊，徘徊，徘徊，徘徊，啊，知道了，배회하다，不能决定，走来走去。"被试S2在猜测"憧憬"这个动词的词义时，也使用了多次重复朗读生词的方式："憧憬，憧憬，向往，啊，知道了，憧憬동경（하다），句子是比喻，是说梦想，好的梦想。"两位被试都是通过多次重复朗读生词，结合对例句的分析，进而联想到了自己母语中对应的汉字词，从而猜出词义的。

3.1.2　简单分析策略

第二类简单分析策略包括了三种策略，分别是上下文简单利用策略（CL2）、语素联想策略（CL3）和声音联想策略（CL4）。

3.1.2.1　上下文简单利用策略

上下文简单利用策略（CL2），指的是被试利用句中的线索猜测词义。10名被试在实验过程中，全都使用到了这一策略。

被试S3在猜测"摆布"这个动词的词义时，就利用到了例句中的线索："妈妈把小狗放进一个大包里，松松地系上口，放到车上，小狗不知道主人要把它丢掉，以为又要带它去远处玩呢，兴高采烈地随便主人摆布。"被试S3把例句中的这些动作描写作为线索，将其概括为"随便主人做上面的事情"，进而猜测"摆布"的词义为"随便对什么东西做自己想做的事情"。

3.1.2.2　语素联想策略

语素联想策略（CL3），指的是根据语素相似性将生词与其他目的语已学词相联系，进而猜出生词词义。10名被试在实验过程中全都使用到了这一策略。

被试S2在猜测"认可"这个动词的词义时，看到生词中的两个语素"认"和"可"，马上联想到自己学过的包含相同语素的汉语词语，"认是认识、认为的意思，可是可以的意思"，通过语素组合的比较分析，"认识可以，有点奇怪，认为可以，好像可以这样解释"，进而猜测"认可"的词义应该为"认为可以"。

3.1.2.3　声音联想策略

声音联想策略（CL4），指的是由目的语生词的读音联想到母语中的相关词，进而猜测词义。在实验过程中，10名被试有5个人使用到了这一策略，分别是被试S1、被试S2、被试S4、被试S8和被试S9。

被试S8和被试S9在猜测"憧憬"这个动词的词义时，都应用到了声音联想策略，都从生词"憧憬"的发音联想到了母语中的汉字词"동경（하다）"。被试S8是刚读到这个生词的拼音时，就已经有了声音上的联想，但还不能确定，接着通过分析上下文内容，最终确定了"憧憬是动词，希望得到美好的，实现美好的愿望，韩国有这个词동경（하다）"。而被试S9是先分析了上下文，接着参考了卡片背面的相关词"向往"，在基本猜出词义的基础上，才联想到了母语中的汉字词"동경（하다）"，并进一步指出"憧憬"与母语词"동경（하다）""发音差不多，意思也差不多"，都是"梦想得到美好的事物"。

3.1.3　复杂分析策略

第三类复杂分析策略包括了三种策略，分别是上下文复杂利用策略（CL5）、参考相关词释义策略（CL6）和意义联想策略（CL7）。

3.1.3.1　上下文复杂利用策略

上下文复杂利用策略（CL5），指的是通过句中其他词的特征或自己的经验猜测生词的意义。10名被试在实验过程中全都应用到了这一策略。

被试S1在猜测"合伙"这个生词的词义时，他读到了例句中"学生大部分没有什么钱，一个人点几个菜，感觉太贵了。通常，大家都是三五个同学合伙去外面吃饭，各点一菜，吃得好，又省钱"这样的内容，马上根据自己的经验得出"AA制"的词义解释，原因是他自己"也经常这样"。

3.1.3.2　参考相关词释义策略

参考相关词释义策略（CL6），指的是参考相关词，比较、评论相关词与生词的关系，比如同义、近义或反义等，进而猜测生词词义。10名被试在实验过程中，全都应用到了这一策略。

被试S4在猜测"杂糅"这个动词的词义时，参考了卡片背面给出的近义词"掺杂"和"混杂"。被试S4根据已知的两个相关词的词义"混合"，再结合上下文分析的结果，最终将"杂糅"解释为"把不一样的东西放在一起"。

3.1.3.3 意义联想策略

意义联想策略（CL7），指的是通过具体形象猜测词义。在实验过程中，10名被试有8个人使用到了这一策略，只有被试S7和被试S9没有使用这一策略。

被试S5和被试S8在猜测"突破"这个动词的词义时，都应用到了这一策略，联想的动作也很相似。被试S5读到"突破敌人的包围"时，边用手做环绕的动作边解释"包围是这样的"，所以"突破"是说"从这里出去"。被试S8则边读例句边分析，"什么是包围，就是周围都是敌人"，边说边用手在桌子上比划个圈儿，"所以'突破'就是要冲出去"。

综合上述分析可见，被试在实验过程中对各种猜词策略的使用并不是割裂的，而是按照一定的逻辑顺序综合使用的。为了更加确切地考察被试的策略使用特征，笔者将在下文中列出被试在有声思维过程中实际使用各种猜词策略的频率及使用各种猜词策略猜测词义的正确率，进而总结并比较其中的常用策略与有效策略。

3.2 常用策略

笔者以表格的形式总结了被试在有声思维过程中实际使用上述各种猜词策略的频率以及每位被试猜对词义的生词个数（见表2）。

从表2我们可以看出，学生最常使用的策略是上下文简单利用策略（200次——"次"指人次，下同），其次为参考相关词释义（187次），然后是上下文复杂利用策略（147次），接着是语素联想策略（76词），再有是多次重复朗读生词策略（20次），最后是声音联想策略（10次）和意义联想策略（10次）。

3.3 有效策略

为了更加确切地考察学习效果与各种猜词策略使用之间的关系，笔者对成功使用策略的类型和频数进行了归纳，并以百分比的形式标注出猜对率，结果见表3。

表2 被试汉语动词猜词策略使用分析表

策略类型		重复	简单分析			复杂分析			小计	生词猜对个数
策略标签		CL1	CL2	CL3	CL4	CL5	CL6	CL7		
被试策略使用统计	S1	5	20	9	3	18	19	1	75	15
	S2	7	20	13	3	15	19	1	78	12
	S3	3	20	11	0	13	20	1	68	18
	S4	2	20	8	2	15	20	1	68	17
	S5	0	20	6	0	12	19	3	60	14
	S6	0	20	6	0	15	20	1	61	15
	S7	0	20	6	0	13	19	0	58	15
	S8	1	20	6	1	14	17	1	60	14
	S9	1	20	5	1	16	17	0	60	14
	S10	1	20	6	0	16	17	1	61	16
合计（人次）		20	200	76	10	147	187	10		
频次排序		5	1	4	6	3	2	6		

表3 策略使用与成功猜测词义的关系

被试	策略标签						
	CL1	CL2	CL3	CL4	CL5	CL6	CL7
S1	2/5 (40%)	15/20 (75%)	6/9 (67%)	3/3 (100%)	13/18 (72%)	14/19 (74%)	0/1 (0)
S2	2/7 (29%)	11/20 (55%)	8/13 (62%)	3/3 (100%)	7/15 (47%)	12/19 (63%)	1/1 (100%)
S3	0/3 (0)	17/20 (85%)	11/11 (100%)		9/13 (69%)	18/20 (90%)	1/1 (100%)
S4	0/2 (0)	14/20 (70%)	7/8 (88%)	1/2 (50%)	9/15 (60%)	17/20 (85%)	1/1 (100%)
S5		14/20 (70%)	6/6 (100%)		7/12 (58%)	13/19 (68%)	3/3 (100%)
S6		15/20 (75%)	6/6 (100%)		10/15 (67%)	12/19 (63%)	1/1 (100%)
S7		15/20 (75%)	4/6 (67%)		8/13 (62%)	12/19 (63%)	

续　表

被试	策略标签						
	CL1	CL2	CL3	CL4	CL5	CL6	CL7
S8	0/1 (0)	14/20 (70%)	6/6 (100%)	1/1 (100%)	8/14 (57%)	13/17 (76%)	1/1 (100%)
S9	0/1 (0)	14/20 (70%)	4/5 (80%)	1/1 (100%)	10/16 (63%)	11/17 (65%)	
S10	1/1 (100%)	16/20 (80%)	5/6 (83%)		13/16 (81%)	15/17 (88%)	1/1 (100%)
平均猜对率		72.5%	84.7%		63.5%	73.5%	
排序		3	1		4	2	

注：分母代表使用该策略的总频数，分子为成功使用该策略的频数。根据分母不能为0的原理，出现0使用的策略不能参与排序统计。

通过表3我们可以看出，被试使用的各种猜词策略按照猜对率从高到低排列，依次为语素联想策略（平均猜对率为84.7%），参考相关词释义策略（平均猜对率为73.5%），上下文简单利用策略（平均猜对率为72.5%）和上下文复杂利用策略（平均猜对率为63.5%）。

3.4　归纳与比较

综合表1、表2和表3我们可以发现，从总体上看，实验中所选取的被试汉语水平差距不大，猜对词义的个数基本都在12～18个。

综合表1、表2和表3，在10名被试当中，虽然有7名被试使用了多次重复朗读单词策略（CL1），但是使用的次数都比较少，猜对率也不高，这说明单独使用多次朗读生词策略对实际猜测词义并没有多大帮助，在实际学习当中，该策略可以不予推荐。

综合表1、表2和表3我们还可以发现，上下文简单利用策略（CL2）、上下文复杂利用策略（CL5）和参考相关词释义策略（CL6），不但使用频率高，猜对率也很高，可以总结为常用的有效策略，推荐给学生使用。

根据统计结果，在本实验得出的猜词策略当中，语素联想策略（CL3）的使用频率并不高（76次），但使用该策略猜测词义的平均猜对率却是最高的，达到了84.7%。究其原因，一是因为汉语语素本身具有构词能力强的特点；二是因为到了高级汉语水平阶段，学生已经掌握了相当数量的汉语词汇，这为他们利用相关词来为生词释义提供了条件。

另外，声音联想策略（10 次）虽然是使用率最低的策略之一，但猜对率却很高。这证明了汉语动词学习的关键不是策略使用的频率，而是策略使用的有效性。

通过有声思维的转写材料我们会发现，被试都是在使用上下文利用策略的基础上基本猜出词义后，才会通过反复朗读生词，借助声音联想到母语中的相关词，从而进一步确定词义。也就是说，在词汇学习过程中，声音联想策略很难单独成功使用，往往需要借助其他策略综合作用，才能发挥其有效性。换句话说，各种猜词策略在词汇学习过程中并不是被割裂的，而是按照一定的逻辑顺序被综合使用的。

10 名被试中有 8 名使用了意义联想策略，但每位被试使用该策略的次数都很少。笔者认为，一方面是因为高级汉语词汇的意义比较丰富和抽象，很难用简单直观的形象来释义。另一方面也说明，对于韩国留学生而言，可能形象思维并不是他们认知能力当中的强项和惯用模式。

四、结语

从猜词策略的使用频次和猜对率来看，上下文利用策略和参考相关词释义策略可以作为常用的有效猜词策略推荐给学生使用。这两种策略结合起来使用，对他们准确高效地学习汉语动词很有帮助。换句话说，在词汇学习过程中，各种策略并不应该被割裂，而是应该按照一定的逻辑顺序加以综合使用，这样更有利于发挥其有效性。

语素联想策略虽不是最常用的，但却是最有效的猜词策略之一。另外，声音联想策略（10 次）虽然是使用率最低的策略之一，但猜对率却很高。这都证明了汉语动词学习的关键不是策略使用的频率，而是策略使用的有效性。

多次重复朗读单词策略既不常用，对实际猜测词义也没有多大帮助，因此在实际学习当中，该策略可以不予推荐。

有声思维的转写材料表明，韩语中的汉字词确实为韩国学生学习汉语生词提供了一定的方便，但某些汉字词在汉韩两种语言中的非完全对应性也在客观上给韩国学生造成了潜在的学习障碍。因此，韩汉语教师一定要有意识地关注韩语中的汉字词，帮助韩国学生充分发挥其母语的正迁移作用，扬长避短。

和自我报道式的问卷调查相比，本研究的优势在于通过考察被试在词汇学习过程中的思维倾向，揭示生词学习成功和失败的原因，找到高级汉语水平的韩国学生汉语动词常用学习策略和有效学习策略之间的差异表现和成因，同时进一步证明二语词汇学习成功的关键不在于使用策略的频率，而在于有效且合适的使用策略。有效学习策略既需要学生自身在学习过程中有意识地多积累多总结，也需要教师在教学过程当中予以一定程度上的引导，进而达到事半功倍的效果。

由于受条件和个人精力所限，本实验也有遗憾之处。有声思维的实验采样只有10个学生，学习材料仅选取了20个汉语动词生词，两方面的覆盖面都不够广。笔者在今后的研究中将尽量避免类似问题，力求完善。

参考文献

丁　怡（2006）外语善学者和不善学者英语词汇学习策略对比研究，《外语研究》第6期：47–50。
郭纯洁（2008）《有声思维法》，北京：外语教学与研究出版社。
江　新（2000）汉语作为第二语言学习策略初探。《语言教学与研究》第1期。
李晓琪主编，金舒年、陈莉编著（2006）《博雅汉语高级飞翔篇Ⅱ》，北京：北京大学出版社，2012年8月第7次印刷。
李晓琪主编，金舒年、陈莉编著（2010）《博雅汉语高级飞翔篇Ⅱ使用手册》，北京：北京大学出版社。
梁晶晶（2012）《初级水平韩国学生汉语词汇学习策略及词汇深度习得的实证研究》，南京大学硕士研究生论文。
马淑香（2009）浅谈韩国语汉字词与汉语对等词的词义差异，《解放军外国语学院学报》第5期。
全香兰（2006）韩语汉字词对学生习得汉语词语的影响，《世界汉语教学》第1期。
鄢胜涵（2007）留学生汉语词汇学习策略的研究，《上海大学学报（社会科学版）》第3期。
Ahmed, M. (1989) *Vocabulary Learning Techniques*. London：CILT.
Cohen, A. D. (1990) *Language learning*. Boston：Heinle & Heinle Publisher.
Cohen, A. D. (2000) *Strategies in Learning and Using a Second Language*. Beijing：Foreign Language Teaching and Research Press.
Ellis, R. (1994) *The Study of Seond Language Acquisition*. New York：Oxford University Press.
Gu, P. Y. & Johnson, R. K. (1996) Vocabulary learning strategies and language learning outcomes. *Language Learning*, (04).
Nation, I. S. P. (1990) *Teaching and Learning Vocabulary*. New York：Newbury House/Harper Row.
O'Malley, J. & A. U. Chamot, eds. (1990) *Learning Strategy in Second Language Acquisition*. Cam-

bridge: Cambridge University Press.

O'Malley, J. M. & A. U. Chamot (2001) *Learning strategies in Second Language Acquisition*. Shanghai: Foreign Language Education Press.

Oxford, R. (1990) *Language Learning Strategies: What Every Teacher Should Know*. NewYork: Newburry House.

Rod Ellis (1999) *The Study of Second Language Acquisition*. Shanghai: Shanghai Foreign Language Teaching Press.

Rubin, J. (1987) *Learner Strategies: Theoretical Assumptions, Research History and Typology*. Englewood Cliff, N. Y: Prentice – Hall International.

Schimitt. N. (1997) *Vocabulary in Language Teaehing*. Cambrige: Cambrige University Press.

基于 HSK 口语考试的日本中高级留学生汉语语音音段偏误分析

北京语言大学语言科学院　张　秀

摘　要　本研究旨在探究考察强制语境（如 HSK）下日本中高级汉语水平的汉语学习者所呈现出的汉语语音偏误。从 2010 年四月参加中高级水平 HSK 口语考试的 541 名日本籍考生中随机抽取 120 名，提取 120 名考生的录音样本，并选取录音中 HSK 口语考试的第一部分短文朗读为音频材料。通过对音频材料从声、韵、调三个维度进行听辨标注，发现了日本中高级留学生汉语语音中存在的问题。笔者在本文中选取音段（声母和韵母）这一部分的偏误进行分析。其中，声母的问题主要集中在 p、f、z、c、s、l、zh、ch、sh、r、q 等 11 个声母上。韵母的问题主要集中在 u、ü、-i [ɿ]、-i [ʅ]、er、ou、an、en、ün、ian、ang、eng、ing、ong 和 uang 等上。

关键词　汉语语音　音段　偏误分析

一、引言

日本留学生是人数最多的来华留学群体之一，虽然日语和汉语同属于汉字文化圈，中国和日本不管是地理、历史还是文化上都有着密切的联系，但是这并不能使得来华日本留学生在汉语语音习得方面存在优势。来华日本留学生的汉语语音存在很多问题，即使到了中高级汉语水平也有诸多问题出现。

鲁健骥（1984）所发表的《中介语理论与外国人学习汉语的语音偏误分析》一文中倡导用中介语理论来分析外国学生学习汉语所产生的偏误。他将影响中介语产生的多方面因素概括为主要的五个方面：（1）母语的负迁移，即干扰；（2）所学到的有限目的语知识的干扰（泛化）；（3）本族或外族文化因素的干扰；（4）二语学习者自身学习或交际方式、态度的影响；（5）教师或教材对目的语语言现象的不恰当或不充分的讲解和训练。但就中介语音系统来说，主要是

(1)(2)(5)三项因素影响的结果,其中又以母语的负迁移为主。

二、研究方法

本研究从 2010 年四月参加中高级水平 HSK 口语考试的 541 名日本籍考生中随机抽取 120 名。提取 120 名考生的录音样本,并选取 HSK 口语考试的第一部分短文朗读为音频材料。短文朗读的短文及出处文章见附录。在考察声母和韵母偏误时笔者以单字为单位。这篇短文共有 190 个单字。其中声母方面,有声母字 150 个,范围包括 21 个声母;韵母方面,有 190 个韵母字,除没有 ê[ɛ]、uɑi[uai]、uɑn[uan]、uen[uən]、ueng[uəŋ]、iong[yŋ]的韵母字外,有其他 33 个韵母的韵母字。另外,在这 190 个韵母字中有 71 个开口呼字、58 个齐齿呼字、51 个合口呼字和 10 个撮口呼字(详细情况见附录)。

研究分析过程共分为以下三个阶段。

第一阶段为试听阶段。即从 120 份录音材料里选取 5 份进行试听和试标注(分为声母、韵母和声调三个维度),试听和标注这 5 份录音材料的为包括笔者在内的 5 名标注者。这 5 名标注者都是北方出生的汉语母语者,语言学及应用语言学或汉语言文字学专业研究生,普通话水平为二级甲等及以上,3 女 2 男,年龄为 20—26 岁,听辨标准为黄伯荣、廖序东主编的《现代汉语》中第二章语音中的标音规则。这一阶段的目的是确定和落实听辨标准,避免笔者单独听剩下的 115 份录音材料时出现较大误差,增加听辨标注的信度。

第二阶段为正式听辨和标注阶段。这一阶段由笔者单独完成,对剩下的 115 份录音材料进行听辨和标注。

第三阶段为偏误分析总结阶段。对已经标注好的 120 份材料进行分析和总结,对他们所出现的偏误进行鉴别、统计、归纳总结和偏误归因。

三、日本中高级留学生汉语语音音段的偏误分析

3.1 声母的偏误描写

汉语中的声母一共有 21 个,再加上韵母中出现的 ng,构成了汉语语音系统里的辅音部分。

按照发音部位区分,汉语中声母可分为七类,即双唇音 b、p、m;唇齿音 f;

舌尖前音 z、c、s；舌尖中音 d、t、n、l；舌尖后音 zh、ch、sh、r；舌面前音 j、q、x；舌面后音 g、k、h。按照发音方法区分，有塞音 b（清，不送气）、p（清，送气）、d（清，不送气）、t（清，送气）、g（清，不送气）、k（清，送气）；擦音 f（清）、h（清）、x（清）、sh（清）、r（浊）、s（清）；塞擦音 j（清，不送气）、q（清，送气）、zh（清，不送气）、ch（清，送气）、z（清，不送气）、c（清，送气）；鼻音 m（浊）、n（浊）；边音 l（浊）。

根据统计笔者得出日本中高级汉语学习者的声母偏误率情况如下图所示：

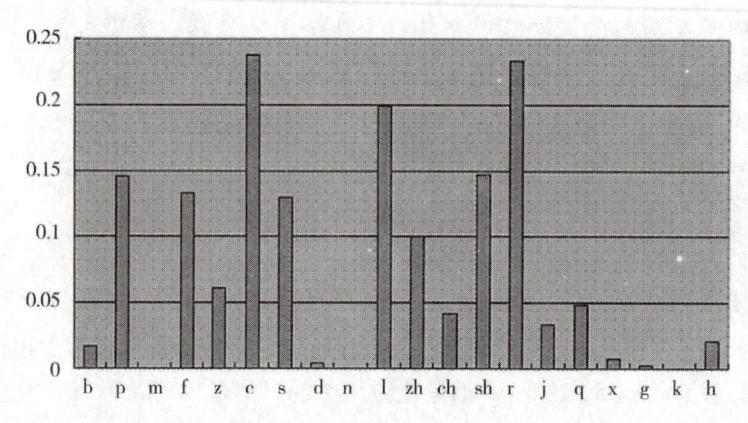

图1 声母偏误率统计分布情况

从上图来看，日本中高级汉语学习者的声母偏误率普遍偏低，这说明大部分日本汉语学习者到了中高级汉语水平在声母的发音上存在的问题已经不突出了，但是还是有一些问题存在，主要集中在 p、f、z、c、s、l、zh、ch、sh、r、q 等 11 个声母上。

3.1.1 唇音 p、f 的偏误

短文中以 p[p']为声母的字只有两个，分别是"朋"和"品"，分别为开口呼和齐齿呼。此研究中学习者的偏误为送气不足，发成近似于 b[p]的音或者直接发成 b[p]。但是在 p[p']的偏误中，97.14%都是出现在"品"字上。

f[f]为唇齿、清、擦音。《现代汉语》中给出的发音描写为："发音时，下唇接近上齿，形成窄缝，软腭上升，堵塞鼻腔通路，气流不颤动声带，从唇齿间的窄缝中挤出，摩擦成声。"在短文中，以 f[f]为声母的字共计 4 个（包括前后重复同一个字的），有"粉"2 个、"芳"和"复"，前三个字为开口呼、后者为合口呼。此研究中学习者产出的偏误主要是发成"吹气音"[ɸ]，"吹气音"[ɸ]为双唇、清、摩擦音，发音时双唇微微开启，气流通过双唇摩擦成音。这种偏误尤其在"复"fu 的产出中最为多见，合口呼"复"字本来就比开口呼少，却约占总偏误数的 62.50%。

3.1.2 舌尖前音 z、c、s 的偏误

声母 z [ts] 这一舌尖前、不送气、清、塞擦音的偏误并不集中体现在某一个区别性特征上。首先在送气对不送气这一特征上，32.20% 的偏误为 c [ts']，23.73% 的偏误为处在 z [ts] 和 c [ts'] 之间的连续区间；其次，在塞擦音和擦音的发音方式上，有 8.47% 的偏误为发成 s [s] 或者接近 s [s]；第三，在清浊对立上，有 25.42% 的偏误为发成舌尖前、浊、塞擦音 [dz]，而且这种偏误主要集中在"紫"字上。在短文中，以 z [ts] 为声母的字共计 8 个，涉及前后 3 个"在""紫""最""走""宗""尊"，其中 5 个开口呼、2 个合口呼、1 个撮口呼。除了"走"和"尊"没有偏误现象发生，"紫"字的偏误中除了上述出现较多的偏误现象，也有 13.79% 的偏误是将 z [ts] 发成 zh [tʂ]。其他几个字均有偏误现象，且每个字偏误情况基本整齐。

如图 1 所示偏误率最高的 c [ts'] 为舌尖前、送气、清、塞擦音，与声母 z [ts] 的发音部位相同，二者只是送气和不送气的区别。短文中以 c [ts'] 为声母的声母字有"丛"（2 次）"藏""才"4 个，3 个开口呼和 1 个合口呼。这个声母出现的偏误主要集中在气流强弱上，有 77.19% 的偏误为送气不足或者不送气，分别发成 z [ts] 到 c [ts'] 的音、z [ts] 音。另外，还有 14.03% 的偏误为发成擦音 s [s]。

虽然声母 z [ts] 和 c [ts'] 的主要偏误不是发成清擦音 s [s]，但是声母 s [s] 的偏误中却有 54.84% 是发成了 z [ts] 和 c [ts'] 的音。另有 35.94% 的偏误为发成了 [ʂ]。短文中以清擦音 s [s] 为声母的字前后出现 4 个，分别是"四""色""宋"和"洒"。而发成了 z [ts] 和 c [ts'] 的音主要集中在"宋"这一合口呼字上，"四"和"色"的发音情况很好，基本没有偏误出现。发成 [ʂ] 音的偏误主要集中在"洒"字上，因为声母发成 [ʂ] 的日本中高级学习者中有一大部分是由于将 sa 读成 shai。

3.1.3 舌尖中音 l 的偏误

汉语中的 l [l] 历来是教师和日本汉语学习者公认的发音难点，这在图 1 中也有所体现。以边音 l [l] 为声母的字在短文中出现有 11 处，四呼中除了没有撮口呼的字，其他三呼均有分布。其中 95.80% 的偏误为发成闪音 [ɾ]。就这些错发成闪音 [ɾ] 的偏误来进一步分析归纳得出，合口呼 lù（"露"和"路"）中把边音 l [l] 发成闪音 [ɾ] 的偏误次数占合口呼 lù（"露"和"路"）所出现偏误总数的 99.03%，具体偏误情况如下表所示（除 [ɾ] 和 [ʐ] 外，其他偏

误太少不列入下表中)。根据下表中所显示百分比,在把边音 l [l] 发成闪音 [ɾ] 的偏误类型中,合口呼字出现此偏误的偏误率是开口呼字的 3 倍左右。

表1 声母 l [l] 的偏误(百分比 = $\frac{偏误数}{该呼总字数} \times 100\%$)

偏误	开口呼(蕾、来、了)	齐齿呼(两、里、柳)	合口呼(露3个、路2个)	总计
[ɾ]	42(11.67%)	5(1.39%)	204(34.00%)	251
[ʐ]	4(1.11%)	0	1(0.17%)	5

3.1.4 舌尖后音 zh、ch、sh、r 的偏误

声母 zh [tʂ] 的偏误主要集中在发成 z [ts] 和 ch [tʂʻ]、接近 ch [tʂʻ] 上,分别占偏误总数的 31.67% 和 35.00%。短文中以 zh [tʂ] 为声母的字共出现了 5 次,有"长""中""摘""爪"和"终",2 个开口呼和 3 个合口呼。z [ts] 类型的偏误在开口呼和合口呼的几个字中均有分布;ch [tʂʻ] 或接近 ch [tʂʻ] 类型的偏误却只在开口呼中出现,即将"zhang"发成"chang"、"zhai"发成"chai"。

声母 ch [tʂʻ] 出现的偏误相对来说较少。其偏误主要为发成 c [tsʻ] 或送气不足。以 ch [tʂʻ] 为声母的字在短文中共出现了 3 次,分别为"出"2 个和"常",分别属四呼中的开口呼和合口呼,在这两呼的字中,偏误没有出现较明显的差异。

声母 sh [ʂ] 所出现的偏误主要有三种。其中最多的为发成 [ɕ],占总偏误数的 47.39%;其次是发成 s [s],约占总偏误数的 28.26%;第三是发成 [ʃ],约占总偏误数 21.74%。以 sh [ʂ] 为声母的字在短文中共出现 13 次,其中有开口呼"生""上"(3 次)、"深""时""食""示""诗""手""始",合口呼"说""水"。各种偏误在两呼中的分布特点如下表所示。通过下表中统计显示,这三种偏误都是在开口呼字中出现较多。

表2 声母 sh [ʂ] 的偏误(百分比 = $\frac{偏误数}{该呼总字数} \times 100\%$)

偏误	开口呼(11个)	合口呼(2个)	总计
[ɕ]	100(7.58%)	9(3.75%)	109
s [s]	62(4.70%)	3(1.25%)	65
[ʃ]	49(3.71%)	1(0.42%)	50

声母为 r [ʐ] 的声母字只有"日"一个字。所有偏误中,有两大主要偏误

类型。一种是发成边音 l［l］或者发音介于 r［ʐ］和边音 l［l］之间，约占总偏误数的 53.57%；另一种是将 r［ʐ］这一舌尖上翘的舌尖后、浊、擦音发成舌面前龈后浊擦音［ʒ］，未卷舌，约占偏误总数的 42.86%。另外还有 3.57% 的偏误是发成了［y］，即把"rì"读成"yì"。

3.1.5 舌面音 q 的偏误

舌面音 q［tɕ'］的偏误主要是将 q［tɕ'］与同为舌面音的 j［tɕ］和 x［ɕ］相混。其中约有 36.58% 的偏误为发成 j［tɕ］或者送气不够强，介于 j［tɕ］和 q［tɕ'］之间，也约有 46.34% 的偏误为发成 x［ɕ］。短文中以舌面音 q［tɕ'］为声母的字共出现了 7 次，其中有 6 个"蔷薇"的"蔷"和 1 个"其"，都是齐齿呼。

3.2 韵母的偏误描写

汉语普通话中共有 39 个韵母，从结构来看可以分为单韵母、复韵母和带鼻音韵母。

由单个元音构成的韵母叫单韵母。单韵母发音时自始至终保持口形不变，舌位也不移动。普通话中单元音韵母共有十个：舌面元音 a［A］、o［o］、e［ɣ］、ê［ɛ］、i［i］、u［u］、ü［y］；舌尖元音 -i［ʅ］和 -i［ɿ］；卷舌元音 er［ɚ］。

由两个或三个元音结合而成的韵母叫复韵母。复韵母发音时是由一个元音的发音状况快速向另一个元音的发音状况过渡，其过程中舌位的高低前后、口腔开闭、唇形的圆展都是逐渐变动的，而不是突变的、跳动的，中间应该有一串过渡音，同时气流不中断，中间也没有明显的界线，发出的音围绕这一个中心形成一个整体。普通话中共有十三个复韵母：前响 ai［ai］、ei［ei］、ao［au］、ou［ou］；后响 ia［iA］、ie［iɛ］、ua［uA］、uo［uo］、üe［yɛ］；中响 iao［iau］、iou［iou］、uai［uai］、uei［uei］。

带鼻音韵母又叫鼻音尾韵母，是由元音加鼻辅音韵尾构成的。发鼻音尾韵母时要注意元音同后面的鼻辅音不是生硬地拼合在一起，而是由元音的发音状态向鼻辅音过渡，鼻音色彩逐渐增加，最后发音部位闭塞从而形成鼻辅音；同时还要注意发鼻辅音韵尾时除阻阶段不发音，即发"惟闭音"。鼻音尾韵母共有十六个：前鼻尾韵母 an［an］、en［ən］、in［in］、ün［yn］、ian［iɛn］、üan［yan］、uen［uən］；后鼻尾韵母 ang［aŋ］、eng［əŋ］、ing［iŋ］、ong［uŋ］、iong［yŋ］、iang［iaŋ］、uang［uaŋ］、ueng［uəŋ］。

短文中没有出现以 ê［ɛ］、uai［uai］、uan［uan］、uen［uən］、iong［yŋ］、ueng［uəŋ］为韵母的字。由于研究中的朗读短文篇幅有限，节选自作家所写的文章而不是专门为语音测试设计的，所以有一两个韵母在短文中没有出现也是合理的。

根据统计，笔者得出日本中高级汉语学习者的韵母偏误率情况，如下图所示：

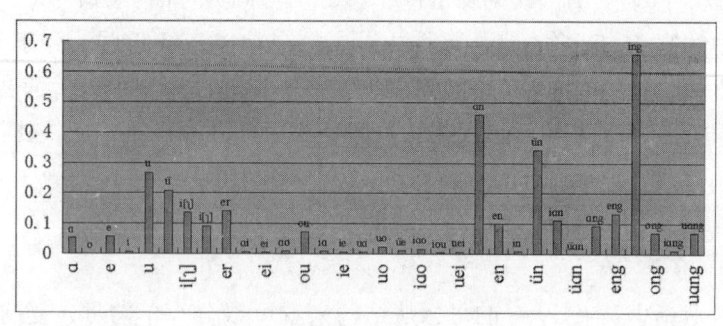

图 2　韵母偏误率统计分布情况

从上图看来，偏误多较集中在某些韵母，而其他都极低，且二者对比差异很明显。而偏误相对集中地出现在 u、ü、-i［ɿ］、-i［ʅ］、er、ou、an、en、ün、ian、ang、eng、ing、ong 和 uang 等上。

3.2.1　舌面元音 u、ü 的偏误

韵母 u［u］为舌面、后、高、圆唇音。发音时，双唇拢圆，留下一小孔，舌头后缩，使舌面后接近软腭。在本研究的短文中，以 u［u］为韵母的字共有 13 个，约有 22.69% 的 u［u］被发成［ɯ］或者发音介于［ɯ］和［u］之间，约占总偏误数的 84.69%。另外，在这 13 个 u［u］韵母字中，"谷"和"不"（2 个）的这种偏误数均比其他 10 个 u［u］韵母字（"吐""露""出""复""路""路""露""读""出""露"）的这种偏误率低很多。后面的这 10 个字中这种偏误出现的频率较平均。

表 3　韵母 u［u］的主要偏误类型分布情况（偏误率 = $\frac{偏误数}{该字总数} \times 100\%$）

偏误	谷	吐	露（3个）	出（2个）	复	不（2个）	路（2个）	读
［ɯ］或者 ［ɯ］~［u］	12 (10.00%)	29 (24.17%)	81 (22.50%)	66 (27.50%)	25 (20.83%)	22 (9.17%)	88 (36.67%)	35 (29.17%)

韵母 ü［y］发音时，唇形拢圆，舌头前伸使舌尖抵住下齿背，为舌面、前、

高、圆唇音。ü [y] 出现的偏误主要是将其发成 [iɯ]，此类型的偏误占总偏误数的85.60%。其他类型的偏误虽然出现频次不高，但是有些也较明显不容忽略，如发成 u [u]、i [i] 等。以 ü [y] 为韵母的字在短文中共出现5次，其中"雨"字出现的把 ü [y] 发成 [iɯ] 的偏误数最多，是其他四个字出现同样偏误的2到3倍。

表4　韵母 ü [y] 的主要偏误类型分布情况

偏误	雨	女	据	愈	于	总计
[iɯ]	39	15	15	13	25	107

3.2.2 舌尖元音 -i [ɿ] 和 -i [ʅ]、卷舌元音 er 的偏误

韵母 -i [ʅ] 在汉语中从不单独出现，只出现在 zh [tʂ]、ch [tʂ']、sh [ʂ]、r [ʐ] 的后面，一般只要发准这四个辅音，然后舌尖放松使摩擦消失，发出的声音就是这个元音了，所以发对这个音的关键主要在于前面辅音发音是否正确。在短文中，以 -i [ʅ] 为韵母的字主要出现6个，如"时""诗""始""示""食""日"等，前五个均为与声母 sh [ʂ] 相拼的字。该元音主要有两大类型的偏误，一是将其发成 -i [ɿ]，一是将其发成 i [i] 或接近于 i [i]。就前五个与声母 sh [ʂ] 相拼的字所出现的偏误来说，基本上二者出现频次相差不大，后者稍多。而对"日"字的偏误主要是发成 i [i]，这也与前面辅音是否发音正确密切相关。

表5　韵母 -i [ʅ] 的主要偏误类型分布情况

偏误	时	诗	始	示	食	日	总计
i [i] 或接近于 i [i]	10	1	12	9	7	31	70
-i [ɿ]	1	12	5	3	2	1	24

韵母 -i [ɿ] 在汉语中也不会单独出现，只出现在 z [ts]、c [ts']、s [s] 三个辅音的后面。也是只要把前面辅音发对，舌尖放松使摩擦消失，并使声带颤动，则这个元音就被发出来了。在短文中以 -i [ɿ] 为韵母的字共有两个："四"和"紫"。但是能否发对这个音不一定就与前面辅音是否发对密切相关，在产生的所有偏误中，约有68.18%的偏误为发成了 [ɯ]，只有5个偏误是发成了 -i [ʅ]。

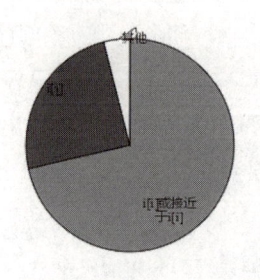

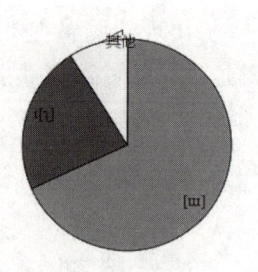

图3 韵母 -i [ʅ] 和韵母 -i [ɿ] 的偏误情况对比

由上图可知，对于韵母 -i [ɿ]，占了总偏误数很大比例的发成 i [i] 或接近于 i [i] 和发成 -i [ʅ] 的偏误都是与前面辅音是否发音正确密切相关；而对于韵母 -i [ʅ]，发生占了总偏误数很大比例的发成 [ɯ] 的偏误时，前面的辅音是发音正确的。

本研究中日本中高级汉语学习者对韵母 er [ɚ] 的发音大部分听感上基本过关，但也有一部分仍存在问题。韵母 er [ɚ] 是个卷舌音，发音时，口形略开，舌位居中，舌头稍后缩，唇形不圆。产生偏误的关键所在也是卷舌这一点。本研究中所出现的韵母 er [ɚ] 的主要偏误也是未卷舌，造成听感上的不自然。

3.2.3 前响复韵母 ou 的偏误

韵母 ou [ou] 的前面是后、半高、圆唇元音 [o]，后面是后、高、圆唇元音 [u]，表示舌位滑动的方向。这个韵母 ou [ou] 的偏误数虽然不高，但是其偏误类型多样，也不容忽略。其偏误类型有：（1）[o] 过短；（2）[u] 丢音；（3）发成 uo [uo]；（4）加入了介音，发成 [iou]，这种情况是因为前面辅音发成了 x [ɕ]。

3.2.4 前鼻尾韵母 an、en、ün、ian 的偏误

就整体来看，韵母 an [an] 和韵母 ün [yn] 的偏误率是相当高的，这两个前鼻尾韵母的主要偏误都是鼻音韵尾的问题。有 28.89% 的韵母 an [an] 被发成 [ɑŋ] 或者介于二者之间的音；32.50% 的韵母 ün [yn] 被发成 [yŋ]。

另外，韵母 an [an] 还有一个不可忽略的偏误为发成 en [ən]。这主要是因为开口度不够，舌位过高。

韵母 en [ən] 有 5.00% 发成了 eng [əŋ] 或介于二者之间的音。同时也有 4.44% 发成了 [in]，这也是因为开口度小和舌位过高的问题，而且这种类型的偏误多见于"深"字的声母 sh [ʂ] 被错发成 [ɕ] 时。

而对于韵母 ian [iɛn]，最主要的偏误不是鼻音韵尾的问题，而是 [ɛ] 过短，也就是三合韵母二合化即动程不够的问题。

3.2.5 后鼻尾韵母 ang、eng、ing、ong 和 uang 的偏误

在这些后鼻尾韵母中，首先以韵母 ang［ɑŋ］、eng［əŋ］、ing［iŋ］和 uang［uɑŋ］为代表，这四个后鼻尾韵母的主要偏误都是鼻音韵尾靠前或不够靠后的问题。其中有 64.58% 的韵母 ing［iŋ］被发成［in］；3.42% 的韵母 ang［ɑŋ］被发成［an］或者介于二者间的音；8.33% 的韵母 eng［əŋ］被发成［ən］或介于二者间的音；5.42% 的韵母 uang［uɑŋ］被发成［uan］或者介于二者之间的音。

韵母 ang［ɑŋ］还有一个主要的偏误类型，就是加入了介音，将 ang［ɑŋ］发成 iang［iɑŋ］。这种偏误也是依附于前面的声母发错的情况，如当"上"的声母 sh［ʂ］发成［ɕ］时，"常"的声母 ch［tʂʻ］发成［tɕʻ］时。

对于韵母 ong［uŋ］，其主要的偏误类型并非是鼻音韵尾靠前或不够靠后，而是发成［oŋ］，这是开口度过大和舌位不够高的问题。另外韵母 ong［uŋ］还有一种偏误类型是发成［ɯ］，这主要出现在两个"丛"字上，而且是当"丛"字的声母 c［tsʻ］被发成 s［s］的时候。

3.3 对偏误原因的解释

3.3.1 日语母语的负迁移

（1）将汉语语音发成其日语母语中的近音。根据 Flege 的 SLM（1987，1993，1999）中的理论要旨之一——等值归类机制，这种机制却会使得年龄稍长的儿童或者成年人把 L2 中的某个声音等同于 L1 中与之相似但却不完全相同的对应物，因而使他们无法成功地建立 L2 这个新的语音范畴。这种类型的偏误多见于初级汉语水平阶段，但是有些偏误出现"化石化"现象，即使到了中高级汉语水平，仍有日本汉语学习者习惯将汉语语音发成其日语母语中的近音。比如将 f［f］发成吹气音［ɸ］，特别是当 f［f］与合口呼相拼时，发成日语中的ふ；将边音 l［l］发成［ɾ］，特别当其与合口呼相拼时，发成日语中的る；将 u［u］发成［ɯ］；另外，这一偏误类型也受前面声母的影响，当其是与不送气塞音如 b［b］和 g［k］相拼时，偏误率较低；将 ü［y］发成［iɯ］；将 -i［ɿ］发成［ɯ］，与 s［s］相拼时就发成了日语中的す。

（2）送气和不送气不分。由于送气特征在汉、日两种语言中的音系地位和语音表现均不相同，汉语中辅音（即声母）以是否送气作为区别性特征；而日语中的清辅音在发音时弱送气（Vance, 1987: 18-19），清辅音有送气变体，但这并不是区别性特征而是语音性特征（王韫佳、上官雪娜，2004）。主要体现在

将 p [pʻ] 近似于 b [p] 的音或者直接发成 b [p]，z [ts]、c [tsʻ]、s [s] 相混，zh [tʂ] 和 ch [tʂʻ] 相混。总体来看，送气音发成不送气音或者送气不足的偏误比较多，由于母语中的清辅音送气较弱，因此造成学习者所发的送气音送气强度不够。

（3）加入清浊对立。已经有感知实验证明日本学习者能够在发音中区分不送气音和送气音两个音位范畴（王韫佳、上官雪娜，2004），而且到了中高级水平，大部分日本汉语学习者已经了解到送气和不送气在日、汉两种语言中的不同。但是在产出中会以清浊对立代替送气与不送气对立，尤其是为了强化不送气音的不送气特征，将其发成不送气的浊音，如将 z [ts] 发成 [dz]。

3.3.2 目的语语言规则的泛化或分化

对目的语语言规则的泛化或分化即由于学习者学得不对或学习不全面，目的语中的一个语音项目会对另一个语音项目产生影响而引起语内迁移错误，这种错误在中高级汉语水平学习者中较为常见。在经过了发音训练达到中高级汉语水平后，日本汉语学习者能发好的音出现在词中或者连续的语流中时，他们却往往发错，如本研究中的中高级日本汉语学习者将声母 zh [tʂ] 发成 j [tɕ]，将声母 ch [tʂʻ] 发成 q [tɕʻ]，将声母 sh [ʂ] 发成 [ɕ]，将 r [ʐ] 发成 l [l] 或者将 l [l] 发成 r [ʐ]，将韵母 ou [ou] 发成 uo [uo]，将 u [u] 发成 ou [ou]，将舌尖元音 -i [ɿ] 和 -i [ʅ] 发成 i [i]，或者将 -i [ɿ] 发成 -i [ʅ]。

汉语的元音开口度大、音调高、用力强，而日语则与此相反。日本汉语学习者在发两种语言中共有的元音（如 a、o、i、u 等）时，由于受母语的影响而形成了日本人特有的语音风格面貌，本研究中中高级日本汉语学习者的单元音韵母已经基本没有问题，复元音韵母中合口呼和撮口呼还存在一些问题。如因为开口度不够，舌位过高将韵母 ɑn [an] 发成 en [ən]，将韵母 en [ən] 发成 [in]；也有开口度过大，舌位偏低，将韵母 ong [uŋ] 发成 [oŋ]。还有前鼻尾韵母和后鼻尾韵母相混的问题。另外，在声母上有因为舌位前后问题造成 z [ts] 和 zh [tʂ] 相混、c [tsʻ] 和 ch [tʂʻ] 相混。

3.3.4 语音输入背景因素

语音输入背景因素又称诱导性因素，一般包括教材、教师、语境三个方面。只根据本研究的研究结果无法做出教师和教材方面的归因，因此下面笔者仅就语境做出归因分析。

Roy. C. Major（2002）提出的语言习得与变化个体发生和系统发生模式（OPM – Ontogeny Phylogeny Model）中随着时间的推移以及言语风格正式程度的

增加，双语者的中介语音位体系中含的二语成分增多，一语迁移减少，语言普遍性特征呈先增加后减少的趋势。本研究中研究对象为日本中高级汉语学习者，收集的音频也是 HSK 口语考试现场录音，他们所呈现的偏误为语内偏误多于语际偏误，这也验证了以上观点。

3.3.5 学习者的个人差异

学习者的不同学习风格、学习目的、学习策略、已有的语言教育水平等都会影响语音的接受与学习。在本研究中能推断出来的关于学习者个人差异的归因是开始学习汉语的年龄或者学习汉语的时间长短。有的考生阅读短文流畅、几乎没有错误、语调接近母语者，甚至有的考生带有一些东北官话口音，这应该是开始学习汉语的时间早或者浸润在汉语环境中时间长的原因。

四、对教学的启示

（1）及时正确地纠音。虽然过分强调机械训练会使学习过程枯燥无味，引不起学习者的兴趣，而且要求学生达到完美的语音水平也是不现实的，但是这并不意味着语音教学的教学观念不求严格。对于参加学校正规语言训练的留学生来说，标准地道的发音才是教学应该追求的目标，掌握标准的语音有利于有效得体交际的顺利完成。对于中高级汉语学习者来说，语音教学已不再是最重要的，但也要把语音教学贯穿课堂始终，教师应做到及时正确地帮助学生纠音正音或者让学生自纠自省，这样也能提醒学生即使到了中高级水平也要注意自己的语音问题。

（2）有重点难点针对性教学。对于中高级的日本汉语学习者，其汉语语音产出与初中级日本汉语学习者相比较是有所发展和变化的，作为教师要注意这种发展和变化，再结合科学的语音教学方法。比如初中级学生的课堂要重点注意母语的负迁移作用，强调那些汉语与日语中相近的音的不同，但是中高级学生的课堂则是重点要注意语内迁移，注意词语或者连续语流中学生的语音问题。

（3）采取多元化的语音教学手段。可以将视觉与听觉的感知相结合，利用声光电等现代化技术手段展示语言材料，让学生充分投入到语境中，浸润在语音声色环境里，充分调动大脑、听觉器官和发声器官的灵活性。同时有利于提高学生的学习兴趣，打破局限于日语母语中的文化自我认同，也有助于促进他们对语音知识的习得。

五、结语

由以上对日本中高级汉语学习者的汉语语音音段的习得偏误分析得出，日本中高级水平汉语学习者呈现出的音段方面语内语音偏误大于母语的语际迁移，这些偏误多为"后系统性偏误"，即学习者认识到了目的语的正确规则，但在使用时，尤其是在语流中时，没有保持统一。尽管这些偏误是比较难纠正的，但是不管作为教师还是学生都不应因此而轻视中高级汉语水平学生的语音训练。另外，关于日本中高级汉语学习者的汉语语音声调的习得偏误分析较复杂，笔者将在后续研究中进行阐述。

参考文献

邓　丹（2003）《日本学习者对汉语普通话舌面单元音的习得》，北京语言大学硕士学位论文。
郭智辉（2010）影响日本留学生汉语语音习得的因素及教学对策，《现代语文》第5期。
黄伯荣、廖序东（2007）《现代汉语》（第四版），北京：高等教育出版社。
刘　珣（2000）《对外汉语教育学引论》，北京：北京语言大学出版社。
鲁宝元（2005）《日汉语言对比研究与对日汉语教学》，北京：华语教学出版社。
鲁健骥（1984）中介语理论与外国人学习汉语的语音偏误分析，《语言教学与研究》第3期。
鲁健骥（1992）偏误分析与对外汉语教学，《语言文字应用》第1期。
梅　丽（2005）日本学习者习得普通话卷舌声母的语音变异研究，《世界汉语教学》第1期。
石　锋、温宝莹（2004）中、日学生元音发音中的母语迁移现象，《南开语言学刊》第2期。
王建勤（2000）历史回眸：早期的中介语理论研究，《语言教学与研究》第2期。
王顺洪（2008）《日本人汉语学习研究》，北京：北京大学出版社。
王韫佳、上官云娜（2004）日本学习者对汉语普通话不送气送气辅音的加工，《世界汉语教学》第3期。
王韫佳、邓丹（2009）日本学习者对汉语普通话"相似元音"和"陌生元音"的习得，《世界汉语教学》第2期。
吴宗济、林茂灿（1989）《实验语音学概要》，北京：高等教育出版社。
肖奚强、周文华等（2012）《第二语言习得纵观》，北京：世界图书出版公司北京分公司。
余　维（1995）日汉语音对比分析与汉语语音教学，《语言教学与研究》第4期。
翟东娜（2006）《日语语言学》，北京：高等教育出版社。
朱　川（1981）汉日语音对比实验研究，《语言教学与研究》第4期。
Corder, S. P.（1967）The significance of learner's errors. Penguin：*International Review of Applied*

Linguistics.

Flege, J. E（1999）The relation between L2 production and perception. *In The Proceeding of ICPhS*99, San Francisco, 1273 – 1276.

Lado, R.（1957）*Linguistics across Cultures*：*Applied Linguistics for Language Teachers*. An Arbor：University of Michigan Press.

Mayjor, R. C.（2002）The phonology of the L2 user. In Cook, V. J.（ed.）*Portraits of the L2 User*. Clevedon, Avon：Multilingual Matters：65 – 92.

Michael Long and Charlene Sato（1984）*Methodological issues in interlanguage studies*. Interlanguage.

Vance, T. J（1987）*An introduction to Japanese phonology*. New York：State Universiy of New York-Press.

附录1

朗读短文

我的家乡江南一带多野蔷薇，一丛丛生长在荒郊野地上。谷雨时节，野蔷薇吐露出一朵朵雪白、粉红的花蕾，芳香四溢。蔷薇的花形有大有小，花瓣有单有复，花色有红、白、黄、深紫、粉红等。花有香的，有不香的，而花中以单瓣的野蔷薇为最香。爱美的女孩常摘一两朵鲜花藏在衣袋里，一路走一路香。据说，唐代柳宗元得到韩愈寄来的诗，先以蔷薇露洗手后，才开始阅读，表示对朋友的尊敬。宋代大食国、爪哇国等出蔷薇露，洒在衣上，其香终日不退，大约就相当于现代的上品香水了。

附录2

声母：

声母	声母字	总计	备注
b [p]	白、瓣、白、瓣、不、表、不	7	
p [p']	朋、品	2	
m [m]	美	1	
f [f]	粉、芳、复、粉	4	
z [ts]	在、紫、最、在、走、宗、尊、在	8	
c [ts']	丛、丛、藏、才	4	
s [s]	四、色、宋、洒	4	
d [t]	的、带、多、地、朵、朵、的、的、大、单、等、的、的、单、的、的、朵、袋、代、得、到、的、读、对、的、代、大、等、大、当、代、的	32	重复出现的字一一计数
t [t']	吐、唐、退	3	
n [n]	南、女	2	
l [l]	露、蕾、两、里、路、路、柳、来、露、露、了	11	
zh [tʂ]	长、中、摘、爪、终	5	
ch [tʂ']	出、常、出	3	
sh [ʂ]	生、上、时、深、说、诗、手、始、示、食、上、上、水	13	
r [ʐ]	日	1	
j [tɕ]	家、江、郊、节、据、寄、敬、就	8	
q [tɕ']	蔷、蔷、蔷、蔷、蔷、蔷、其	7	
x [ɕ]	乡、雪、香、形、小、香、香、香、鲜、香、先、洗、香、相、现、香	16	
g [k]	谷、国、国	3	
k [k']	开	1	
h [x]	荒、红、花、花、花、花、红、黄、红、花、花、孩、花、韩、后	15	

附录 3

韵母：

韵母	韵母字	总计	备注
a [ɑ]	大、大、洒、大	4	重复出现的字一一计数
o [o]	我	1	
e [ɤ]	的、的、的、色、的、的、的、的、得、的、的、的、了	13	
i [i]	一、一、地、一、溢、以、一、衣、里、一、一、寄、以、洗、衣、其	16	
-i [ɿ]	时、诗、始、示、食、日	6	
-i [ʅ]	四、紫	2	
u [u]	谷、吐、露、出、复、不、路、路、露、读、出、露、不	13	
ü [y]	雨、女、据、愈、于	5	
er [ɚ]	而	1	
ai [ai]	带、在、白、白、爱、孩、摘、在、袋、代、来、才、开、代、在、代	16	
ei [ei]	蕾、美	2	
ao [au]	到	1	
ou [ou]	走、手、后	3	
ia [iɑ]	家	1	
ie [iɛ]	野、野、节、野、野	5	
ua [uɑ]	花、花、花、花、花、花、花、爪、唯	9	
uo [uo]	多、朵、朵、朵、说、国、国	7	
üe [yɛ]	雪、阅、约	3	
iao [iau]	郊、小、表	3	
iou [iou]	有、有、有、有、有、有、柳、友、就	10	
uei [uei]	薇、薇、薇、薇、为、最、薇、对、薇、退、水	11	
an [an]	南、瓣、单、单、瓣、韩	6	
en [ən]	粉、深、粉	3	
in [in]	品	1	
ün [yn]	尊	1	
ian [iɛn]	鲜、先、现	3	
üan [yan]	元	1	
ang [ɑŋ]	长、上、芳、常、藏、唐、上、当、上	9	
eng [əŋ]	生、等、朋、等	4	
ing [iŋ]	形、敬	2	
ong [uŋ]	丛、丛、红、红、红、中、宗、宋、中	9	
iang [iɑŋ]	乡、江、蔷、蔷、香、蔷、香、香、蔷、香、蔷、蔷、香、相、香	17	
uang [uɑŋ]	荒、黄	2	

汉语音节邻居对二语学习者语音感知的影响

北京语言大学汉语进修学院　李梅秀

摘　要　本文通过一个包含两种听觉条件（无噪音和有噪音）的听辨实验，考察了汉语音节五种维度的邻居对中级水平二语学习者语音感知的影响。实验结果显示：每个维度邻居对二语学习者语音感知都有一定的影响，在自然的听觉条件下，异韵尾邻居和异声调邻居的影响比较大；听觉条件会改变音节邻居对语音感知的影响，对异声母邻居的影响改变最明显；邻域密度对二语者语音感知也有一定的影响；在二语学习者语音感知中，音节频度不是一个恒定的影响因素，而只是作为音节的外在调节因素在自然的听觉条件下起作用，增加白噪音之后频度的作用减弱甚至消失；音节之间的相似度对二语学习者语音感知有很大的影响。

关键词　汉语　音节邻居　二语学习者　语音感知

一、引言

在对外汉语教学中，我们经常遇到学习者把汉语音节混淆的现象，多数混淆体现了一定的规律性。比如：把"bāng"听成"pāng"，"chuáng"听成"cháng"，"gēng"听成"gōng"、"zhāng"听成"zhān"，"tíng"听成"tīng"等等。从这些例子可以看出，学习者经常混淆的是结构相似（相应的听觉上也相似）的音节。有些是声母不同而韵母相同，有些是韵头不一样，有些是韵腹不一样，有些是韵尾不一样，还有一些是基本音节相同而声调不同。

这类结构相似的音节对语音加工的影响，在国外很早就受到了学界的关注。大量相关的实证研究证实这类音节在语音加工过程中会相互促进或相互抑制，从而影响语音的加工（Luce, 1986；Luce & Pisoni, 1998等）。李梅秀等（2014）根据 Luce（1986）和 Luce & Pisoni（1998）的邻域激活模型（Neighborhood Activation Model, NAM）及相关概念的界定，结合汉语音节结构特点，定义了汉语音节邻域结构相关概念，将与目标音节结构和发音相似的音节定义为目标音节的邻居，根据该定义，可通过增加、删减或替换一个音节后某个音位得到它的邻居。汉语音节邻居分为五种类型：异声母邻居、异韵头邻居、异韵腹邻居、异韵尾邻居和异声调邻居，并做了相关的统计。根据该研究的定义，文章开头提到的几类易混音节之间的关系分别属于这五类邻居。

根据邻域激活模型及相关的听觉词汇识别研究，目标词的邻域密度（邻居总数）、邻域频度（邻居的频度之和）和邻居类型等都会影响其识别的速度和准确度。多数研究成果证明，一个音节的邻域密度越高，感知越难，听觉识别速度越慢，准确率也越低（Goldinger, Luce, & Pisoni, 1989; Cluff & Luce, 1990; Luce, Pisoni, & Goldinger, 1990; Goldinger, Luce, Pisoni, & Marcario, 1992; Luce & Pisoni, 1998; Vitevitch & Luce, 1998; Qi Chen & Daniel Mirman, 2012 等）。

从我们搜集到的文献来看，国外关于邻居对语音感知和识别影响的研究已有很丰硕的成果。但是在国内，还缺乏针对汉语音节邻居对语音加工影响的研究，更没有关于汉语音节邻居对二语学习者语音感知影响的研究。

我们都知道，语音感知是语音习得的根本，二语语音听辨的准确性决定着二语语音发音的准确性以及二语交际中语义理解的准确性。根据已有文献，第二语言语音感知研究经历了从对比分析到范畴感知的发展过程。20世纪60年代初，随着对比分析方法在第二语言习得领域的流行，第二语言语音习得研究主要通过比较母语和二语的音位来预测二语发音的难易点（陈莹，2013）。这类研究将二语语音偏误的主要原因归为母语语音的迁移。

随着实证研究的深入，很多研究发现相同母语背景的学习者同一目的语中出现的语音偏误会发生在该目的语的不同音位上。对比分析无法解释这样的问题。20世纪80年代开始，受第一语言语音感知研究发展的影响，学者们开始从目的语语音内部的特点出发关注音节/音位内部的语音差异，第二语言语音感知研究基本上围绕范畴感知展开（陈莹，2013），出现了四个建立在范畴感知基础上的语音感知理论模型：母语磁吸模型（Native Language Magnet，NLM）、感知同化模型（Perceptual Assimilation Model，PAM）、自主选择感知模型（Automatic Selective Perception，ASP）和语音学习模型（Speech Learning Model，SLM）。

母语磁吸模型将成人二语学习者对非母语语音感知的局限性归咎于母语中已经存储的原型语音——感知磁石（perceptual magnets）的影响。认为二语语音听辨的难易度取决于二语中各个音与其在母语中的感知磁石的感知距离，距离越短，越难与母语的语音区分开（Iverson&Kuhl, 1995; Kuhl&Iverson, 1995; 陈莹，2013）。

感知同化模型解释了二语者倾向于根据母语的语言经验，把二语语音的感知结果同化到与其发音相似的母语语音范畴中的现象。该模型从感知角度将二语语音划分为三类：（1）与母语中某一范畴相同或相似。（2）母语中有相似的音，但无法归到同一范畴。（3）母语中完全没有相似的音。当两个二语中的音素与母语中的同一个音素相似时，二语者最难将它们区分开；当两个音素分别与母语中两个不同的音素相似时，二语者很容易将它们区分开（Best，1995；陈莹，2013）。

自主选择感知模型解释了母语语音和二语语音的归类和处理的认知机制。该模型认为具体语言的语音行为方式并不是取决于成年二语者对不同语音的听觉能力，而是取决于他们如何选择和整合二语语音。如果二语者把二语语音在认知过程中处理成母语语音，就会阻碍二语语音的感知和习得（Strange，2011；陈莹，2013）。

语音学习模型认为二语语音的发音偏误大多源于感知偏误，因此，重视把二语感知能力的培养结合到长时记忆中的新语音范畴的建立（Flege，1995；陈莹，2013）。

这些模型和相关理论主要从二语语音与母语语音的关系角度入手，强调二语和母语语音系统的异同及其造成的感知差异对二语语音习得的影响，在此基础上预测二语学习者区分目的语音位的不同情况（张林军，2013）。到目前为止，二语语音感知研究基本上都是围绕这些模型和理论展开的。总结已有相关研究成果，影响二语语音感知的因素主要有二语学习起始年龄、二语语音范畴内的声学特征及其与母语语音范畴的相似性、学习者对二语语音特征的关注度、对二语语言系统的掌握程度等（陈莹，2013）。

受这些模型和理论的影响，汉语作为第二语言的语音感知研究，主要采用范畴感知实验，且主要集中在声调感知方面，常见的有合成—听辨实验（如曹文，2010）。也有结合心理学的实验来探讨留学生汉语声调感知及加工的（张林军，2011、2013；姚勇、刘莎，2012；等）。

另外，还有少数研究关注留学生对汉语音节某个组成部分的感知情况，特别是声母和韵母的感知偏误。比如，王功平（2008）、姜永超（2013）等考察了留学生声母感知的一些偏误规律；王韫佳（2002）和张美霞（2010）分别考察了留学生鼻音韵母和复韵母的感知情况。

这些研究通过实验、偏误分析等方法，考察了不同母语背景留学生对不同声调、声母、韵母的感知情况，给二语者汉语语音感知研究和对外汉语教学提供了有价值的参考。然而，从我们在教学实践中发现的偏误情况来看，已有研究还不足以解释所有的现象。

对于我们在本文开头提到的混淆现象，已有研究可以从汉语语音和二语者母语语音的关系角度部分解释其中声母、韵尾和声调混淆的情况，但"chuáng"和"cháng"、"gēng"和"gěng"这类混淆情况并未受到足够重视，还有待考察。关于汉语音节内部特征对二语者语音感知的影响，已有研究也很少涉及。

根据教学中遇到的情况以及相关研究中的一些发现，我们认为，汉语音节本身的结构特点以及这些结构之间的关系（本文主要指邻居关系）也是影响二语者语音感知的一个重要因素。而已有研究却很少关注这个角度。

在本次研究中，我们主要想通过实验考察汉语音节五种不同邻居是否对二语学习者语音感知有影响，影响的程度是否有差异；邻居之间的相互影响是否受目标音节的频度、邻域频度（邻居频度的平均值）、各个维度的邻域密度等因素的影响。

二、实验方法

2.1 实验设计

本实验采用重复测量一个因素的 2×5 两因素混合实验设计。因素一是听觉条件，为被试间变量，包括两个水平：无噪音和有噪音（白噪音）；因素二是邻居类型，为被试内变量（重复测量的因素），包括 5 种类型：异声母邻居、异韵头邻居、异韵腹邻居、异韵尾邻居和异声调邻居。因变量为错误率。

2.2 被试

北京联合大学和北京语言大学的 48 名留学生，学习汉语的时间均为 2–3 年，汉语水平达到中级（HSK 五级水平），年龄 20–28 岁。母语均为自己国家的语言，听力正常。自愿参加本次实验。

2.3 实验材料

实验材料为 150 个汉语音节，控制了总邻域密度、邻域频度（目标音节所有邻居的平均频度）、载字量等变量（平均值见表1）。其中 50 个作为语音刺激材料（目标音节），50 个为目标音节的邻居，另外 50 个为非邻居但听觉或音节结构上与目标音节相似或为匹配邻居的邻居音节（以下简称"非邻相似音节"）。50个语音刺激材料每10个一组，分别匹配5种不同维度的邻居（如表2）。所有实验材料的邻域密度来自李梅秀等（2014）基于《现代汉语词典》（第六版）的统计数据。其他变量的数据来自Worlton（2014）的统计结果及其原始统计数据，在他统计的数据库中，静态数据来自四部现代汉语词典，动态数据来自网络文本，语料总量约2亿字。

所有材料按表2的例子匹配好后，先用excel按目标语音随机排列，再分别将每个刺激语音及其匹配的邻居和非邻相似音节之间的顺序打乱。最后以每项刺激呈现3个选项的形式，用word打印出来，作为被试听辨作答的答题纸。

50个目标音节的音频来自北京语言大学"汉语中介语–HSK甲级字音节语音库"中同一个发音人的发音，发音人为普通话标准的中国女性。用Praat语音软件（http：//www.downxia.com）将50个刺激音节按随机排列的顺序编辑成一个连续的音频，每两个音节之间有3秒间隔时间供被试判断并在答题纸上作出选择，音频总时长为2分51秒。

为了观察在自然条件下和有噪音条件下听辨的差异，我们准备了两个音频，其中一个为没有噪音的，另一个加了S/N ratios为+70的白噪音。

表1 控制变量的相关数据

	总邻域密度		邻域频度		载字量	
	目标音节	干扰邻居	目标音节	干扰邻居	目标音节	干扰邻居
异声母邻居组	18.6 (8.2)	18.2 (8.1)	9182.0 (5761.0)	9428.5 (7373.3)	9.3 (5.3)	6.6 (5.4)
异韵头邻居组	18.2 (7.0)	16.7 (7.3)	6221.9 (1886.4)	6508.4 (2790.3)	8.6 (6.3)	9.1 (8.5)
异韵腹邻居组	18.3 (7.2)	19.1 (5.3)	7436.9 (2961.0)	9137.1 (4768.4)	8.6 (7.6)	7.0 (5.1)
异韵尾邻居组	17.9 (7.1)	17.7 (6.6)	9264.0 (4791.1)	9970.5 (3894.9)	9.5 (7.1)	8.9 (5.6)
异声调邻居组	17.1 (6.7)	17.1 (6.5)	9565.7 (5577.5)	9736.7 (5520.6)	10.8 (14.7)	9.2 (6.1)

表 2 实验材料举例

刺激语音	邻居	非邻相似音节
zheng3	sheng3（异声母）	shen3
chan3	chuan3（异韵头）	cheng3
ming2	meng2（异韵腹）	nin2
peng2	pen2（异韵尾）	pan2
fu2	fu3（异声调）	hu3

2.4 实验程序

实验在学生平时上听力课的教室进行，环境比较安静。用教室里的多媒体设备播放刺激语音，要求被试每听到一个刺激语音后迅速在答题纸上对应的三个选项中选出自己听到的音节。实验分两次进行，被试按班级分为两组：第一组29人，第二组19人。第一组被试接受没有噪音的音频，第二组被试接受加了白噪音的音频。

三、结果与分析

3.1 五种邻居对语音感知的影响

对实验数据进行分析之前，首先剔除了无噪声组中2份大部分题选同一个选项（如大部分题选第2个选项）和4份有大量未选项目的被试数据，最后剩下23份符合要求的数据。在有白噪音的语音听辨中，我们剔除了有大量项目未作判断的两个被试数据，剩下17份。

首先观察两组被试的平均错误率，如图1所示。

从图1可以看出，在比较安静且无白噪音的条件下，每个维度邻居对音节听辨的影响是不一样的。不同邻居对听辨目标音节的影响程度由大到小排列为：异声调邻居＞异韵尾邻居＞异韵腹邻居＞异韵头邻居＞异声母邻居。

在增加了白噪音的条件下，除了声调维度的平均错误率几乎没变，其他维度的平均错误率都明显增加了，其中异声母维度的平均错误率增加最多，其次是异韵腹和异韵尾两个维度。在白噪音条件下，不同邻居对听辨目标音节的影响程度由大到小排列为：异声母邻居＞异韵尾邻居＞异声调邻居＞异韵腹邻居＞异韵头邻居。

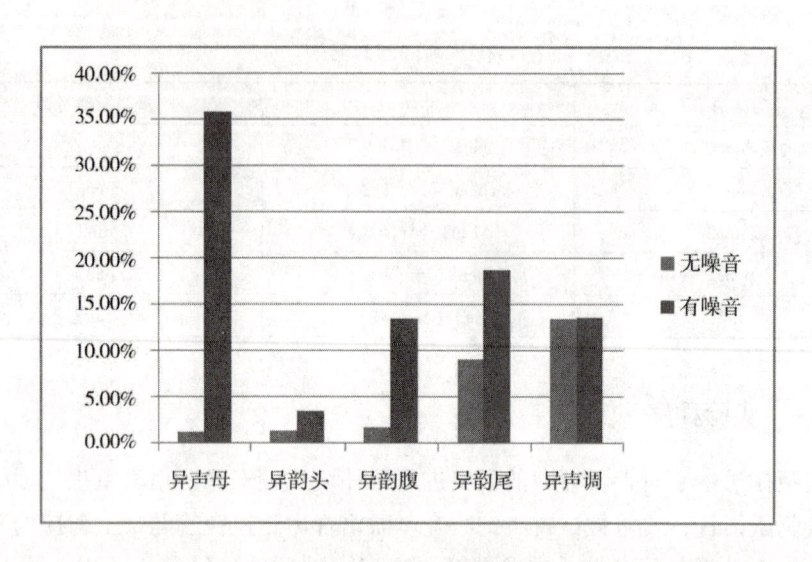

图 1　两种条件下的平均错误率对比图

重复测量方差分析结果显示，音节邻居主效应显著，$F(4, 152) = 21.200$，$P < 0.05$，说明音节邻居对语音感知的影响差异显著。听觉条件主效应显著，$F(1, 38) = 40.076$，$p < 0.05$。可见听觉条件的变化也会影响语音感知的结果。听觉条件与音节邻居之间的交互效应显著，$F(4, 152) = 24.586$，$p < 0.05$。说明在不同听觉条件下，音节邻居对语音感知的影响不同。从图 1 可以看出，在无噪音的条件下，异声母和异韵腹邻居的影响都比较小，增加白噪音之后，这两种邻居影响程度的变化幅度比其他维度的邻居大得多。

3.2　频度和邻域密度的影响

在实验材料的选择过程中，为了匹配和控制我们最关心的变量，我们无法严格控制音节频度、干扰邻居的频度以及目标音节各个维度的邻域密度。为了观察以上实验结果是否受这些因素的影响，我们以错误率为因变量，目标音节的频度、干扰邻居的频度以及目标音节的异声母邻域密度、异韵头邻域密度、异韵腹邻域密度、异韵尾邻域密度、异声调邻域密度为自变量，分别对两种听力条件下得到的数据进行了项目的回归分析。

首先将所有变量全部转化为标准分，然后采用强行进入法（Enter 法）进行多重回归分析。

3.2.1　无噪音条件下的回归分析结果

无噪音条件下的实验数据，完全回归分析得出 $R^2 = 0.279$，说明这七个变量能够解释错误率总变异的 27.9%。进一步的显著性检验表明，自变量可解释的因变量变异与误差变异相比是统计上显著的，F（7，43）=2.317，p=0.043，表明回归方程有效。系数分析发现，目标音节自身的频度对听辨结果影响显著（p=0.002），但干扰邻居的频度和目标音节五个维度邻域密度的作用均不显著。

为了观察音节频度在听辨中的独特作用，我们进一步用层次回归的方法进行分析。结果显示，控制了其他变量的影响后，音节频度对听辨结果的贡献仍然达到18.3%（$\triangle R^2=0.183$），其贡献是统计上差异显著的（p=0.002）。表明在无噪音影响的条件下，音节频度确实具有其他变量所不能解释的作用，是影响二语者音节听辨的一个重要因素。

3.2.2 白噪音条件下的回归分析结果

白噪音条件下的实验数据，我们用同样的方法，对以上提到的变量进行回归分析。

完全回归分析显示，在有白噪音的条件下，这七个自变量能够解释错误率总变异的39.5%（$R^2=0.395$）。进一步的显著性检验表明，自变量可解释的因变量变异与误差变异相比是统计上显著的，F（7，43）=3.919，p=0.002，表明回归方程有效。系数分析发现，异韵腹邻域密度（p=0.008）和异声调邻域密度（p=0.006）对听辨结果影响显著，没有发现目标音节频度、干扰音节的频度和其他三个维度邻域密度的作用。

为了观察异韵腹邻域密度和异声调邻域密度在听辨中的独特作用，我们同样进行了层次回归分析。结果显示，当控制了其他所有变量的影响后，异韵腹邻域密度对听辨结果的贡献仍然达到11%（$\triangle R^2=0.110$），其贡献是统计上差异显著的（p=0.008）。同样，当控制了其所有他变量的影响后，异声调邻域密度对听辨结果的贡献仍然达到11.9%（$\triangle R^2=0.119$），在统计上差异显著（p=0.006）。表明在白噪音条件下，异韵腹邻域密度和异声调邻域密度具有其他变量所不能解释的作用。说明汉语音节的邻域密度对二语者语音感知也是有影响的，在有噪音条件下，这种影响会增强。

从统计分析结果来看，目标音节的频度对听辨结果的影响随着条件的变化而变化，增加白噪音以后频度的影响消失。目标音节的异韵腹邻域密度和异声调邻域密度在白噪音条件下对音节的听辨影响显著。

3.3 非邻相似音的影响

我们的研究主要关心的是不同维度邻居对语音感知的影响，但在统计实验结果的过程中，我们发现非邻相似音节对听辨结果也有影响，其错误率（误选为非

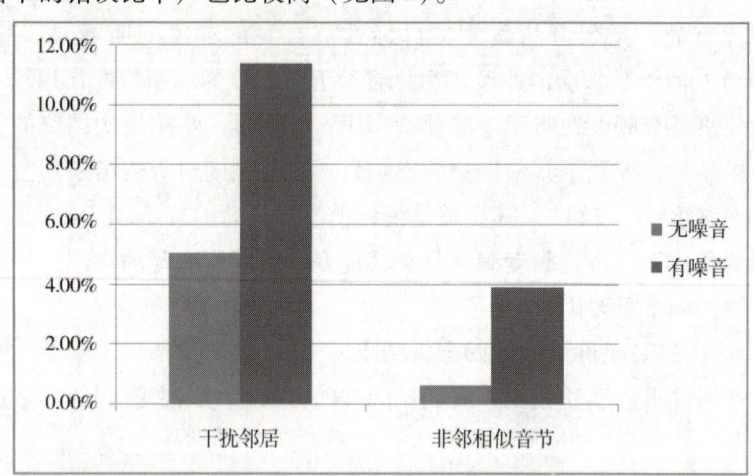

邻相似音节的错误比率）也比较高（见图 2）。

图 2　干扰邻居和非邻相似音节错误率对比

从图 2 来看，非邻相似音节对听辨也有干扰，在有白噪音的条件下干扰会增强，而且变化幅度比邻居干扰的变化更大。另外，通过对各个项目错误情况的分析，我们发现非邻相似音混淆主要集中在这样几类：（1）声母和韵尾都相似。如"sheng1"和"chen1"、"ming2"和"nin2"、"chang4"和"can4"、"gua4"和"kuang4"。（2）声母相似，韵腹韵尾都相同，声调不同。如："ting2"和"ding1"、"fu2"和"hu3"。（3）声母相似，韵头不同，韵腹韵尾和声调都相同。如："shao3"和"xiao3"。

四、讨论

4.1　不同维度邻居对二语者语音感知的影响

从实验结果来看，对于二语学习者来说，汉语音节五种邻居都对目标音节的感知有一定的影响。其中，在听觉上最容易混淆的是声调和韵尾。异声调邻居不随语音环境的变化而变化，无论是在比较安静的正常语音条件下，还是在加了白噪音的条件下，这个维度邻居的混淆程度都比较明显，对目标语音的干扰基本上是恒定的。与此相对，随着听觉条件的改变，异声母邻居和异韵腹邻居的影响变化最大。对这些实验结果，我们从以下几个角度去讨论：

第一，从汉语音节本身的声学特点来看，异声母邻居的听辨在有无噪音的条件下有很大差异，主要是因为普通话声母大部分是噪声性的。根据林焘、王理嘉（1985）的分析，塞音（b、p、d、t、g、k）、塞擦音（z、c、zh、ch、j、q）、擦音（f、h、s、sh、x、r）都是噪声性声母，只有 m、n、l 是乐音性声母。因此，加了白噪音之后，大部分声母的区分度（本文所说的"区分度"是指两个语音成分之间在感知上的差异程度）就会大大减弱，从而影响到语音的感知。

韵头作为介音，是复元音韵母发音的起点，决定了整个韵母的发音特点，在感知上相对容易区分。因此，无论在哪种条件下异韵头邻居的干扰性相对都比较低。

异韵腹邻居之间在一定程度上相互干扰的原因是：出现在相同位置上的元音受前面的声母或韵头和后面的韵尾的影响，在听觉上比较相似。因此，在其他组成成分一样而只有韵腹不一样的情况下，音节之间在听觉感知上容易相互影响。

韵尾比较容易混淆主要表现在 n 和 ng 的混淆上，这是因为这两个韵尾都是鼻音韵尾，它们本身在听觉上相似度就比较高，在其他部分完全相同而只是这两个韵尾不一样的情况下，两个音节在听觉上更容易混淆。这种情况在汉语母语者中也很常见，在二语者的听辨中错误率很高就比较容易理解了。

对于二语习得者来说，声调一直是个难点，从以往的研究和教学实践中都能看到这一点。声调作为汉语和其他少数语种具备的超音段成分，对二语者语音感知的影响非常大，并且不受听觉条件的影响。

第二，从汉语音节构成成分在语音感知中的作用来看，声母和韵腹是影响语音感知最重要的因素。国外的一些研究发现，在正常听觉语境中，识别单词所需要的语音信息仅为该词语音长度的一半或更少（转引自武宁宁等，2003），武宁宁、舒华（2003）的研究发现汉语单音节词的平均音节长度约为 285ms，平均语音识别点为 157ms，即在孤立词条件下，听者在积累了 55.2% 输入信息时，基本可以正确识别目标语音，达到约 73% 的确信度（5.1）。据此推断，在五种结构成分齐全的音节中，从声母到韵腹这一段基本决定了一个音节的感知和识别结果，韵尾在音节的辨别中所起的作用不是很大。因此，在两个音节韵尾以前的部分完全一样的情况下（两个音节互为异韵尾邻居），听者容易把两个音节作为同一个音节来处理，从而容易混淆。我们推断，这就是造成异韵尾邻居在感知上不容易区分的主要原因，母语者也不例外。也是基于这样的原因，当增加了白噪音之后，声母的区分度被降低，韵腹的区分度也随之降低，邻居之间就更容易混淆，区分度本来就比较低的韵尾维度错误率也就随之明显增高。

中级水平二语学习者在语音感知上已经有了辨别大部分声母和韵母的能力，

因此在正常的听力条件下，对于声母相似度不是非常高的音节，辨别的准确率会比较高，特别是在给出选项的情况下。增加白噪音之后，声母间的区别性大大降低，错误率便明显提高了。

第三，从二语者汉语语音词典表征角度来看，我们推测，在二语者的语音词典中，声调不是作为区分两个音节的重要区别性特征来表征的，每个基本音节和声调的联结也不是很强。因此，在感知中对区分两个声韵完全相同的音节没有太大的贡献。所以二语学习者很容易将异声调邻居混淆。

4.2 频度对二语者语音感知的调节

正如 Luce（1986）所说，频度不是音节本身具有的内在属性，而只是一个外在的调节因素，在自然条件下的语音感知和识别过程中会调节大脑中被激活语音的权重，从而促进或抑制相关语音的感知，影响识别结果。但在改变听觉条件的情况下，音节自身的内在属性对语音感知的作用被突显出来，而频度因素的影响程度则会随着噪音干扰而降低，当噪音的干扰达到一定水平，频度的这种调节作用就会消失。当然，该推断还需要通过不同噪音水平下测试结果的比较来证明。

4.3 邻域密度和相似度对二语者语音感知的影响

从 3.2 回归分析的结果来看，目标音节各个维度的邻域密度对语音感知也有影响，在本次结果的分析中，我们观察到异韵腹邻域密度和异声调邻域密度对语音感知的影响是显著的。由于韵腹在整个音节感知中的重要作用，其邻域密度对感知有影响不难理解。但是异声调邻域密度的影响在加了白噪音之后变得显著，可能受其他因素的影响，这个有待进一步研究。

从回归分析的结果来看，除了在噪音条件下观察到异韵腹邻域密度和异声调邻域密度的影响，自然条件下五个维度的邻域密度对听觉感知的结果没有显著的影响。这一方面是因为邻居之间的相互影响可能主要取决于它们的相似度。同一个音节的不同邻居，与该音节相似度越高，对其感知的影响可能会越大，在邻域密度相同的情况下，相似度高的邻居多的音节更容易感知。从非邻相似音节的错误率同邻居错误率的对比中也可以看到音节相似度对语音感知有很大的影响。另一方面，跟我们的实验范式有关。邻域密度对语音感知的影响不仅体现在识别的正确或错误率，还体现在识别的快慢上。由于我们的实验没有测反应时，所以没办法观察到其对语音识别速度的影响。但是，通过我们的实验结果，我们推断音节邻居之间的相似度对二语者语音感知的影响可能大于邻域密度的影响。在进一步的研究中，我们将考虑测被试的反应时，更加精确地观察邻域密度、相似度等因素对语音感知的影响。

4.4 关于研究角度和实验方法的一些思考

我们认为音节本身的结构特征及音节结构之间的关系对二语者语音感知的影响是一个值得尝试的角度，从这个角度出发可以更好地把握语音本身的特征对二语者语音习得的影响，从而更好地观察二语者的语音习得机制，也可以更好地指导教学。不过，如何区分二语语音本身特征的影响以及母语的干扰，也是进一步研究中需要考虑的问题。

另外，根据该实验中听觉条件（有无噪音）对实验结果的影响，我们认为在语音感知的研究中，为了更深入地观察语音本身各种特征对感知的影响，可以采用增加白噪音的方式将影响效果放大。Luce（1986）也采用了这样的办法，观察到了更多自然语音条件下观察不到的现象。在汉语语音感知或者二语者汉语语音感知的研究中，我们也可以采用这样的办法考察更多的影响因素。

本研究是汉语音节邻居对二语者语音感知影响的探索性研究，在研究范式、实验材料的选取以及汉语音节邻居相关因素对语音感知的实际作用上还有待更多的尝试和验证。另外，由于被试来自不同的学校，虽然水平相当，但不能排除个体差异的存在，而且被试数目比较少，两组被试数量上也不完全相等。这对实验结果也会有一定的影响。希望能在以后的研究中不断改进。

五、结论

通过对实验结果的分析，我们的研究主要得出如下结论：

（1）汉语音节各个维度的邻居对二语学习者语音感知都有一定的影响，在自然的听觉条件下，按照影响程度大小排列依次为：异声调邻居＞异韵尾邻居＞异韵腹邻居＞异韵头邻居＞异声母邻居。

（2）白噪音会影响二语者音节的感知和识别，尤其会增加声母辨别的难度，从而使异声母邻居之间更容易混淆。实验结果显示，在白噪音条件下，不同维度的邻居按其对目标音节的干扰程度从大到小排列为：异声母邻居＞异韵尾邻居＞异声调邻居＞异韵腹邻居＞异韵头邻居。

（3）邻域密度对二语者语音感知也有影响，但在只观察错误率的情况下影响不是很明显。

（4）频度作为音节外在的调节因素，对二语学习者音节感知的影响是不稳定的。在自然的听觉条件下，频度效应显著，但在白噪音条件下，频度效应会减弱甚至消失。

（5）音节邻居之间的相似度对二语学习者的语音感知也有很大的影响。

参考文献

曹　文（2010）汉语平调的声调感知研究，《中国语文》第6期。
曹　文（2010）声调感知对比研究——关于平调的报告，《世界汉语教学》第2期。
陈　莹（2013）第二语言语音感知研究的理论基础和教学意义，《外国语》第3期。
姜永超（2013）外国留学生声母感知能力分析与教学反思，《语文建设》第32期。
李梅秀、邢红兵、舒华（2014）汉语音节结构及邻域分布情况统计，《数字化汉语教学》，北京：清华大学出版社。
林焘、王理嘉（1985）《北京语音实录》，北京：北京大学出版社。
王功平（2008）印尼留学生汉语声母感知实验研究，《语言教学与研究》第5期。
王韫佳（2001）韩国、日本学生感知汉语普通话高元音的初步考察，《语言教学与研究》第6期。
王韫佳（2002）日本学习者感知和产生普通话鼻音韵母的实验研究，《世界汉语教学》第2期。
武宁宁、舒华（2003）Gating技术与汉语听觉词汇加工，《心理学报》第35期。
Worlton，D. S.（2014）超越汉字：现代汉语音节动态统计分析，《数字化汉语教学》（2014），北京：清华大学出版社。
姚勇、刘莎（2012）不同汉语水平的中亚留学生汉语声调感知实验及成因分析，《云南师范大学学报》第2期。
张林军（2011）美国留学生汉语声调的音位和声学信息加工，《世界汉语教学》第2期。
张林军（2013）美国留学生汉语声调感知的左右耳优势，《语言教学与研究》第2期。
张美霞（2010）日本学生汉语拼音复韵母感知偏误考察分析，《云南师范大学学报》（对外汉语教学与研究版）第4期。
Best, C. T. (1995) A direct realist view of cross–language speech perception. W. Strange. *Speech Perception and Linguistic Experience*: Issues in Cross–language Research. Timonium, MD: York Press, 171–204.
Cluff, M. S., & Luce, P. A. (1990) Similarity neighborhoods of spoken two–syllable words: Retroactive effects on multiple activation. *Journal of Experimental Psychology*: Human Perception & Performance, 16, 550–563.

Flege, J. (1995) Second-language speech learning: Theory, findings, and problem. W. Strange. *Speech Perception and Linguistic Experience: Issues in Cross-language Research*. Timonium, MD: York Press, 233-277.

Goldinger, S. D., Luce, P. A., & Pisoni, D. B. (1989) Priming lexical neighbors of spoken words: Effects of competition and inhibition. *Journal of Memory & Language*, 28, 501-518.

Goldinger, S. D., Luce, P. A., Pisoni, D. B., & Marcario, J. K. (1992) Form-based priming in spoken word recognition: The roles of competition and bias. *Journal of Experimental Psychology: Learning, Memory, & Cognition*, 18, 1200-1239.

Iverson, P. & P. K. Kuhl (1995) Mapping the perceptual magnet effect for speech using signal detection theory and multidimensional scaling. *Journal of the Acoustical Society of America*, (97): 553-562.

Kuhl, P. K., & P. Iverson (1995) Linguistic experience and the "perceptual magnet effect". W. Strange. *Speech Perception and Linguistic Experience: Issues in Cross-language research*. Timonium, MD: York Press, 121-154.

Luce, P. A. (1986) Neighborhoods of words in the mental lexicon. *Perception & Psychophys*, 39 (3).

Luce, P. A., & Pisoni, D. B. (1998) Recognizing spoken words: The neighborhood activation model. *Ear and Hearing*, 19, 1-36.

Luce, P. A., Pisoni, D. B., & Goldinger, S. D. (1990) Similarity neighborhoods of spoken words. In G. T. M. Altmann (Ed.), *Cognitive Models of Speech Processing: Psycholinguistic and Computational Perspectives*. Cambridge, MA: MIT Press.

Qi Chen & Daniel Mirman (2012) Competition and cooperation among similar representations: Toward a unified account of facilitative and inhibitory effects of lexical neighbors. *Psychological Review*, Vol. 119, No. 2, 417-430.

Strange, W. (2011) Automatic selective perception (ASP) of first and second language speech: a working model. *Journal of Phonetics*, (39): 456-466.

Vitevitch. M. S., & Luce. P. A. (1998) When words compete: Levels of processing in spoken word perception. *Psychological Science*. 9, 320-330.

基于HSK动态作文语料库的美国学生汉字书写错误研究

北京语言大学汉语考试与教育测量研究所　王东旭

摘　要　本文基于HSK动态作文语料库，对美国汉语学习者在2005年汉语水平考试作文语料中的书写错误进行分析。将作文中的汉字书写错误分成拼音字、错字和别字三类，并对不同证书级别的汉语学习者的书写错误进行对比。进一步对错字按照字形结构分类，对别字按照音义关系分类，举出具体错误实例。汉语学习者在习得汉字的过程中，需要对形似字进行音形义三方面的区分，细分其异同，以减少别字错误。

关键词　HSK动态作文语料库　美国学生　汉字书写错误　拼音字　错字　别字

一、引言

潘先军（2002）指出："汉字能力如何是衡量一个留学生汉语水平的重要标志，尤其是在学习的高级阶段。"汉字的认读与书写是考察汉语学习者汉字能力不可或缺的指标。在汉语作为第二语言的汉字认读研究中，陈绂（1996）通过定性的方法对朗读错误进行分类归纳，探讨错误形成的原因。吴门吉等（2006）对不同母语背景与不同汉语水平留学生进行汉字注音实验，结果证实欧美学生的汉字认读成绩明显不如韩国学生。

在汉字的书写与偏误研究中，杜同惠（1993）将留学生书写汉字中出现的差错分为字素混淆、字素易位、字素遗失、笔画增损、笔画变形、结构错位、音同字错、混音错字等8种，并提出错误的原因来自认知、习惯、态度3个方面。施正宇（1999，2000）认为写、念、认、说、查5种能力共同构成学习者的汉字能力；汉字习得存在中介状态，并以正字法为依据，将学生的书写错误归为非字、假字和别字。陈慧（2001）研究了外国学生在识别形声字时产生的错误。通过实验，她把外国学生识别形声字时产生的错误分为5个类型：规则性错误、一致性错误、词语连贯性错误、拼音错误和随意性错误。肖奚强（2002）从部件的角度讨论外国学生成系统的汉字偏误，并将其归为3个大类：（1）部件的改换；（2）部件的增加和减损；（3）部件的变形与变位。

研究汉字书写错误是了解汉语学习者认知和习得汉字过程的方法之一。本文选取母语背景为拼音文字的美国汉语学习者，以其出现的书写错误为研究对象，对书写错误进行归类与分析。

二、方法

利用北京语言大学的 HSK 动态作文语料库的全篇检索，考生国籍设定为美国，考试年份设定为 2005 年。在 59 篇作文中，题目为《父母是孩子的第一任老师》的作文 32 篇，题目为《我看流行歌曲》的作文 9 篇，题目为《吸烟对个人健康和公众利益的影响》的作文 9 篇，题目为《最理想的结交方式》的作文 7 篇，题目为《一封求职信》的作文 2 篇。所有作文字总数 21519 个，词总数 14114 个，平均每人用字 364 个，用词 239 个。所有作文中，全篇最多 597 个字，379 个词；最少 118 个字，76 个词。

利用标注语料，结合原始语料，本文将作文中的汉字书写错误分成拼音字、错字和别字三类。拼音字指书写者用拼音代替汉字。错字指字的形体不正确，书写者误写了不成字的字。别字指形体正确，书写者使用错误，该写甲字时写了乙字。对美国汉语学习者的汉字书写错误进行分析归类，将错字分为独体字、左右结构、上下结构、包围结构四类，将别字分为音近形近、音近形不近、音不近形近和其他错误四类。

三、分析

3.1 不同证书级别学习者汉字书写错误对比

江新、柳燕梅（2004）认为："书写错误中的错字和别字都是学习者汉字学习过程的一种中介状态，但它们却是不同层次的错误，反映了学习者对汉字结构单位和组合关系具有不同层次的认识，反映了正字法知识水平的高低。"在错字中，例如"惡""琓""影"，对应的正确书写是"恶""玩""影"，可见书写者对笔画部件的位置及组合关系规则掌握不到位，"反映了学习者对汉字的结构规则的认识还处在一种比较低的层次"。

张必隐（1992）认为："学会了语言和阅读的人，都具有一个心理词典。所谓认知一个词，就是在心理词典中找出了与这个词相对应的词条，并使它激活达到了一定的水平。"因此，汉字经过音形义加工存储后，与心理词典的相应词条对应，以完成对汉字的认知与习得。别字是汉字符号与语言单位的对应关系出现错误，例如"炒架""古点""娄似"，对应的正确书写是"吵架""古典""类似"。江新、柳燕梅（2004）总结"在使用过程中错把甲字当成了乙字，学习者在心理词典中已存储了甲字的字形，但缺乏其音形义对应的知识，别字反映了学习者对汉字的结构规则的认识比错字加深了一步"。

对作文中出现的汉字书写错误类型进行对比，能更好地了解美国汉语学习者在汉字书写方面出现的问题。

表1 汉字书写的拼音字、错字和别字的数量、平均数及百分比

错误类型	数量	平均数	占书写错误百分比
拼音字（样本 n = 59）	7	0.12	2.51%
错字（样本 n = 59）	67	1.14	24.01%
别字（样本 n = 59）	205	3.47	73.48%
总计	279	4.64	100%

从表1可以看到，拼音字出现的数量最少，推测2005年参加HSK考试的美国汉语学习者已经掌握了一定数量的汉字。用来代替汉字的7个拼音，分别是"cóng 拜""穿 zhuó""不 jīn""世 jì""接 chù""lǐng yǎng"，对应的正确书写是"崇拜""穿着""不仅""世纪""接触""领养"。

总体上，错字所占比例远小于别字所占的比例。不可忽略的是学习者在HSK考试中，为减少字词错误，学习者会尽量使用熟悉常用的字词，出现回避用字的现象。

表2 不同证书级别的学习者的拼音字、错字和别字的数量

证书级别	人数	拼音字数量	错字数量	别字数量
A	2	0	10	7
B	9	2	9	24
C	19	2	23	49
无	29	3	25	125
总计	59	6	67	205

从表 2 可以看到，证书级别高的学习者在各类汉字书写错误的数量都基本少于证书级别低的或者在 2005 年的 HSK 考试中未获得证书的学习者。美国汉语学习者中，汉语水平较高者书写错误少，反之则多。

将美国汉语学习者分为在 2005 年 HSK 考试中是否取得证书两个组，证书级别为 A、B、C 的 30 名学习者为有证书组，未取得证书的 29 名学习者为无证书组。如表 3 所示，比较这两组学习者汉字书写错误比率。

表 3　有无证书的学习者的拼音字、错字和别字平均数

有无证书	汉字书写错误分类		
	拼音字	错字	别字
有证书（n = 30）	0.13	1.4	2.67
无证书（n = 29）	0.10	0.86	4.31

采用 3（书写错误分类）×2（有无证书）因素设计进行方差分析，结果表明：（1）汉字书写错误分类主效应非常显著（$F(2, 57) = 39.699$，$P = 0.000$），即学习者的错字别字（平均值 3.47）、别字（平均值 1.14）和拼音字（平均值 0.12）之间存在数量多少上的差异。（2）有无证书主效应不显著（$F(2, 57) = 1.281$，$P = 0.259$）。（3）汉字书写错误分类与有无证书之间的交互作用显著（$F(2, 57) = 4.325$，$P = 0.015$）。

对交互作用进行简单效应的检验，结果显示，汉字书写错误分类在有证书的水平上非常显著，$F(2, 57) = 13.32$，$P = 0.000$，即有 HSK 证书的学习者的别字、错字、拼音字数量多少上存在差别；汉字书写错误分类在无证书的水平上非常显著，$F(2, 57) = 30.72$，$P = 0.000$，即无 HSK 证书的学习者的别字、错字、拼音字数量多少上同样存在差别。

3.2　汉字书写错误分类描述与分析

3.2.1　总体描述与分析

学习者采用拼音字的策略，可见在对汉字进行音形义整体加工时，在字形方面有所欠缺。学习者在想写"崇拜"一词时，同时出现了音形的错误，在答题纸上，学习者写的是"cóng"。分析学习者使用的几个拼音字，可能存在常用度不高、笔画部件不熟等问题。

对学习者作文中出现的错字进行分析，主要考虑了出现错字的汉字结构。在汉字体系内，独体字比例较少，合体字占 90% 以上，合体字中形声字占绝对多数。学习者如果在构成合体字的某个基础部件上出现错误，那整字写错的概率便

会增加。例如，学习者在写"步"时，联想到"步"的词义与脚有关，于是就写出了上面似含有"足"字的错字"[字]"。增减某一笔画，改换部件位置等都易增大错字出现的概率。

对学习者作文中出现的别字进行分析，主要从音形之间的关系进行划分。（1）音近形近指别字在字音上与正确字相同或相似，字形也相似，例如"模仿（枋）""培（陪）养"。（2）音近形不近指别字在字音上与正确字相同或相似，但字形不相似，例如"乐观（关）""其实（是）"。（3）音不近形近指别字在字形上与正确字相似，但字音不相同或不相似，例如"教诲（侮）""健康（庸）"。（4）其他错误指意义相关或无关的错误，以及不能明确说明具体分类的错误，例如"所见所闻（听）""脱（卸）落"。

3.2.2 美国汉语学习者错字情况分析

在对学习者错字情况统计后，将错字分为独体字、左右结构、上下结构、包围结构，并归类如表4。

表4 学习者错字中不同结构分类的错误数量、平均数及百分比

结构类型	错误数量	错误平均数	占错字百分比
独体字	9	0.15	13.43%
左右结构	27	0.46	40.30%
上下结构	21	0.36	31.34%
包围结构	10	0.17	14.93%
总计	67	1.14	100%

表4的数据显示，学习者的错字中，错误最多的是左右结构的字（占40.30%），其次为上下结构的字错误（占31.34%），包围结构的字错误和独体字的错误数比较接近（分别占14.93%，13.43%）。

（1）左右结构的字错误，例如"[字]"的右侧部件应为四横，而学习者写成了三横；"[字]"的右侧可继续分为"刀"和"牛"两个部件，而学习者省略了"刀"，便写了汉字中没有的字。

（2）上下结构的字错误，例如"[字]"，上半部为"此"，而学习者错写成了不太标准的"比"字，左侧少了一竖；"[字]"的下半部"廾"，学习者改换为部件"大"，造出了新字。

（3）包围结构中的字错误包含两部分，全包围字只一例"[字]"，里面的

"大"字只写了"ナ";半包围字错误,例如"[癌]",在"疒"下应包含"品"和"山"两部分,而学习者遗漏了部件"山"。

(4)独体字的字错误,例如"[戌]",学习者错误地把"一"和"口"的位置上下颠倒了;"[求]"可以发现,学习者没有在右上方加"丶",减少了一点,便为不成字的字。

3.2.3 美国汉语学习者别字情况分析

对学习者的别字情况进行分析归类,根据音形之间的组合关系,统计归类如表5。

表5 学习者别字中不同结构分类的错误数量、平均数及百分比

别字类型	错误数量	错误平均数	占错字百分比
音近形近	68	1.15	33.17%
音近形不近	89	1.51	43.41%
音不近形近	32	0.54	15.61%
其他错误	16	0.27	7.80%
总计	205	3.47	100%

表5的数据显示,学生的汉字书写错误中音近形不近错误最多(43.41%),其次是音近形近错误(33.17%),音不近形近错误位居第三(15.61%),由词义等其他因素造成的错误比例最低(7.80%)。

总体上,字音相似的错误数量多于字形相似的错误数量,但片面得出汉字书写中字音与字形重要性存在很大差异的结论有失偏颇。所选择的考察材料并非学习者自然状态下的书写,这在一定程度上会影响学习者的用字情况。此分类本身也存在争议,如对别字出现的原因所考虑的方面是否有重叠,是否能够涵盖别字的实质与类型。

高立群、孟凌(2000)采用校对阅读的作业范式,探讨了阅读中的音、形信息对汉字辨认的影响。结果发现外国学生对形似别字的检出率显著低于音同别字。吴门吉等(2006)的汉字听写实验表明,"欧美学生的汉字书写很不好,正确率较低。从听写的错误类型分布来看,欧美学生的形似错字明显多于音同错字"。

音同与音近字无疑增大了汉语学习者的学习困难,对同音字需进一步进行形义的区分。由于作文话题的限定,"模仿"一词别字出现了"摩""摸""枋""访"等形式,同音改换它字或对形旁进行替代。对于"权利""权力"一组近

义词的区分，学习者出现了一定的困难。"权利"与"义务"相对，是法律赋予权利主体作为或不作为的许可或认定，而"权力"指职责范围内的领导和支配力量。

形似字轮廓相近，实则大同小异。例如"当今（令）"，字形特征一致，结构相同，区别仅在于"令"字比"今"字多了一点，区别度极小；"锻（缎）炼""焕（换）然一新"是声符相同、而形符不同的形似字。汉字系统中存在着大量的形似笔画、部件和形近字，仅依靠一些细微特征，如笔画的形状、笔画的数量、笔画间的组合关系等来作为区别性特征。汉语学习者在习得汉字的过程中，需要对形似字进行音形义三方面的区分，细分其异同，以减少别字错误。

四、结语

本文基于 HSK 动态作文语料库，尝试对美国汉语学习者书写错误进行描写与分析。其中，别字所占比例最大，别字又可根据音形关系划分为音近形近、音近形不近、音不近形近和其他错误四类。错字紧随其后，根据结构可分为独体字、左右结构、上下结构和包围结构四类错字。拼音字数量最少，比例最小。

本文选用 HSK 动态作文语料库研究汉字书写错误，本身存在一定不足。受作文题目的影响以及学习者考试策略等的影响，别字、错字、拼音字的出现率会降低。在以后的研究中，会更加注重收集自然语料，进行实验分析，以考察汉语学习者汉字书写的真实情况。

此外，本文没有对汉字书写错误中比例最大的别字做进一步的类型分析和原因探究，这也使得没有结合教与学提供一些汉字教学策略与学习策略。整体而言，对于汉字书写错误的分析不够深入，思考角度缺少突破点。在之后的研究中，需结合研究目的更合理地对研究对象进行分类，并多角度多线索开展研究，在研究理论、研究方法或研究问题的思考上有所创新。

在分析语料的过程中，不同的学习者有不同的书写笔迹，规整匀称的书写很悦目，有的学习者已写得很好的行楷。在汉字书写教学中，应适当引导学生形成正确书写的习惯。教师在汉字教学中，对学习者的汉字学习策略应有所了解，以更好地促进汉语学习者的汉字习得。

参考文献

陈绂（1996）谈对欧美留学生的字词教学，《语言教学与研究》第4期。
陈慧（2001）外国学生识别形声字错误类型小析，《语言教学与研究》第2期。
杜同惠（1993）留学生汉字书写差错规律试析，《世界汉语教学》第1期。
高立群（2001）外国留学生规则字偏误分析——基于中介语语料库的研究，《语言教学与研究》第5期。
高立群、孟凌（2000）外国留学生汉语阅读中音、形信息对汉字辨认的影响，《世界汉语教学》第4期。
江新、柳燕梅（2004）拼音文字背景的外国学生汉字书写错误研究，《世界汉语教学》第1期。
鹿士义（2002）母语为拼音文字的学习者汉字正字法意识发展的研究，《语言教学与研究》第3期。
潘先军（2002）形旁表意功能在留学生汉字学习中的负迁移及对策，《汉字文化》第3期。
石定果、万业馨（1998）关于对外汉字教学的调查报告，《语言教学与研究》第1期。
施正宇（1999）论汉字能力，《世界汉语教学》第2期。
施正宇（2000）外国留学生形符书写偏误分析，《第六届国际汉语教学讨论会论文选》，北京：北京大学出版社。
万业馨（2005）《应用汉字学概要》，合肥：安徽大学出版社。
王骏（2011）外国人汉字习得研究述评，《华文教学与研究》第1期。
吴门吉、高定国、肖晓云、章睿健（2006）欧美韩日学生汉字认读与书写习得研究，《语言教学与研究》第6期。
肖奚强（2002）外国学生汉字偏误分析，《世界汉语教学》第2期。
张必隐（1992）《阅读心理学》，北京：北京师范大学出版社。

"把"字结构句法框架对动词的选择倾向性及其习得研究

北京语言大学汉语进修学院　王君懿

摘　要　本文选取"把"字结构作为句法框架对动词的选择倾向性研究的切入点,对"现代汉语研究语料库"与"汉语中介语语料库系统"中的"把"字结构例句进行了穷尽分析。文章从词种丰富程度、词汇整体使用分布、"把"字结构小类框架分布以及小类框架对动词选择的倾向性四个角度考察了中介语与现代汉语、现代汉语口语和现代汉语书面语之间的近似情况,并发现现代汉语口语语料分布情况较其他两类语料更接近中介语语料分布情况。

关键词　"把"字结构　句法框架　动词　倾向性　习得

一、引言

词汇对语言学习的重要性是不言而喻的。对于语言学习中词汇的掌握,Richards（1976）提出了词汇知识框架（vocabulary knowledge framework）的概念,开启了学者们对词汇知识的研究。Nation（1987）把词汇知识分为接受性知识和产出性知识两个方面以及词形、所处位置、语用功能、语义四个层面进行阐述。Nation（1987）从较为全面的角度将词汇放在不同的系统中对词汇知识框架进行了论述,突出了词汇知识的系统性以及掌握词汇用法的重要性。

词语的用法常常是多样的,能用于多种语境中,但它适用于每种语境的能力却是有区别的。例如邢红兵（2003）对谓语动词带宾语能力的统计结果显示,动词带宾语的能力并不相同,大部分动词是可以带宾语的,这些动词中有一部分是常带宾语的,还有一部分是不常带宾语的,还有一些动词带宾语和不带宾语基本平衡;另外还有一小部分动词必须带宾语。赵奕（2013）的研究则从单纯的语法搭配层面上升到了句型层面。研究中以单个动词为中心,对动词的句法框架进行了描述,研究发现不同动词的句法框架体系中,其优势句法框架是存在很大差异

的,例如动词"病"的优势句法框架只有"(主)||动",而动词"走"的优势句法框架为"(主)||动"和"(主)||动+补"两种。既然动词本身在句法框架上有各自的优势句法框架,那么每个句法框架是否也有其倾向使用的某个或者某类动词?这是本文关心的核心问题。

由于本文研究规模有限,故本文希望以"把"字结构为例,来观察"把"字结构系统内各"把"字句小类句法框架是否具有倾向动词,而不同小类框架之间的动词集合呈现出什么样的特点等。在此基础上,我们还希望能考察汉语学习者对"把"字结构各小类习得情况。

二、研究方法

2.1 "把"字结构小类句法框架的标注

本研究的标注对象是包含目标词的小句,故语料若是语段或复句,且小句中出现目标词,我们按一条独立的语料进行标注。"把"字结构中的小类框架参照张武宁(2007)的分类。该分类基于对语料中"把"字结构例句的结构效度进行探索性因素分析得出12个因子,进而总结出12类"把"字结构小类。其分类如表1。

表1 "把"字结构小类分类标准及例句

句式	例句
S+把+N1+V 在/给/到/向+N2	越来越多的外国公司把自己的工厂搬到中国。
S+把+N1+V 成/作+N2	她要把我们的头发编成辫子。
S+把+N+V(一/了)V	请你把那道菜炒一炒。
S+把+N+V 了/着	他很快把这杯酒喝了。
S+把+N1+V+N2	你把这个好消息告诉他。
S+把+N+V+时量补语	教授把演讲时间缩短了一个小时。
S+把+N+V+动量补语	他把钱数了好几遍。
S+把+N+V+结果补语	我希望我自己继续努力把汉语学好。
S+把+N+V+趋向补语	她把前面的椅子扔过去。
S+把+N+V+情态补语	这件事把我吓了一跳。
S+把+N+一V	他把球一扔,跑了过去。
S+把+N+AV(A=动词前的修饰语)	他喜欢把东西乱放。

2.2 语料来源及处理

本文语料来源于"现代汉语研究语料库"（邢红兵，2007）（简称"现汉"）和"汉语中介语语料库系统"（储诚志、陈小荷，1993）（简称"中介语"）。以"把/p"为条件检索，在"现汉"和"中介语"中各获得3133条和935条语料。其中"现汉"语料分口语语料1342条与书面语语料1791条两部分。语料中有一条语料多个检索点的情况。标注时，我们剔除了语料中"把"做量词的例句。我们按上述句法框架类型对例词的句法框架及其在"把"字句中的小类框架进行了标注。并对各类语料中进入"把"字句的动词进行了提取。由于中介语语料中，部分语料的句法结构存在错误或混杂的情况，标注时，我们以离介词"把"最近的结构为准。

三、现代汉语与中介语语料的对比分析

3.1 "把"字结构动词的对比

3.1.1 "把"字结构动词的出现情况

在对"把"字结构动词进行提取后，我们得到了中介语语料库与现代汉语语料库中进入"把"字结构的动词词表。我们首先对进入"把"字结构的动词词种数进行了统计，统计结果见表2。

表2 现代汉语与中介语"把"字结构中动词的出现情况对比

现汉	中介语	中介语特有	中介语现汉交集	现汉特有
769	334	142	192	577

从统计结果来看，中介语的"把"字结构动词共334个，现汉的"把"字结构动词共769个，在词汇丰富程度上，现汉是中介语的两倍多。通过将现汉与中介语的词种进行匹配后发现，中介语与现汉词汇的交集，即在两个语料库中均出现过的词语，共192个；这些词语主要是在现代汉语中较常用的词，例如"放、拿、交、看、告诉、介绍、献"等。现汉较中介语来说，其特有"把"字结构动词，即未在中介语中出现的"把"字结构动词，达577个，为现汉"把"字结构动词集合的75%；这些词语中既包含现代汉语中的常用词，例如"搞、抓、投、转移、统一"；也包含频率较低的词，例如"核算、具体化、整饬一新、置之度外、混为一谈"等。中介语较现汉来说，其特有的词共142个，例如

"走、得到、决定、感到、得到、以为、造成、进口、爬、退学、议论"等。

在语料的标注中，我们发现中介语语料有口语化倾向。为进一步了解"把"字结构动词在现代汉语口语及书面语中的出现情况，以及中介语动词与该两类语体语料在词种层面的拟合情况，我们分别将中介语语料和现汉口语与书面语语料所提取出的动词进行了匹配。统计结果见表3。

表3 口语/书面语与中介语"把"字结构中动词出现情况对比

出现情况	只在口语出现	口语与中介语交集	只在中介语中出现
词语数量	284	145	189
出现情况	只在书面语出现	书面语与中介语交集	只在中介语中出现
词语数量	393	167	167

从统计数据我们可以得出：口语与中介语的交集数为145，占口语词汇数量的145/284 = 51.06%；书面语与中介语的交集数为167，占中介语词汇数量的167/393 = 42.49%。故中介语与口语的交集较口语集合来看，其拟合程度（51.06%）大于中介语与书面语的交集较书面语集合的拟合程度。

3.1.2 "把"字结构动词使用分布及两库拟合程度

在对中介语和现代汉语语料中提取出的词种及其词频进行了统计之后，我们得出了各个词在相应集合中的分布情况，且我们也对现代汉语语料中的口语语料及书面语语料中各个词语的分布情况分别进行了统计。由于总表数据过大，表4以部分使用频率分布为例。

表4 各集合相对使用频率情况

例词	口语使用频率	书面语使用频率	现汉使用频率	中介语使用频率
打	2.72%	0.65%	1.53%	2.16%
放	2.26%	3.78%	3.22%	7.65%
说	2.10%	0.43%	1.14%	1.29%
送	2.10%	1.84%	1.99%	3.45%
带	2.02%	1.46%	1.72%	1.94%
当	1.87%	2.38%	2.21%	2.37%
弄	1.87%	0.32%	0.98%	1.29%
拿	1.71%	0.59%	1.07%	3.56%
忘	1.63%	0.32%	0.88%	1.08%
搁	1.48%	0.16%	0.72%	0.11%

续 表

例词	口语使用频率	书面语使用频率	现汉使用频率	中介语使用频率
给	1.32%	0.38%	0.78%	1.08%
接	1.25%	0.43%	0.78%	0.54%
叫	1.17%	0.27%	0.65%	1.62%
看	1.09%	2.43%	1.92%	3.56%
扔	1.09%	0.59%	0.81%	2.48%

基于上表，对现代汉语口语语料、现代汉语书面语语料以及现代汉语总语料中三个"把"字结构动词分布集合分别与中介语语料集合进行期望、方差计算，以查看三组之间差异大小。我们做如下定义：

y1 = │口语 – 中介语│；y2 = │书面语 – 中介语│；y3 = │现汉 – 中介语│（即两两列相减然后求绝对值，所以 y1、y2、y3 为列向量，里面存放着各元素在两个集合中所占比例的差值，元素即例词）。y1、y2、y3 曲线如图 1 所示。

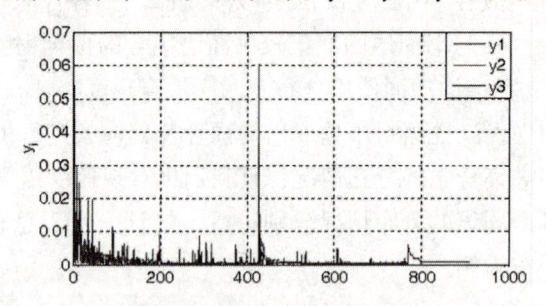

图 1　y1、y1、y3 曲线图

记 y1、y2、y3 期望、方差分别为 E（y1）、E（y2）、E（y3），D（y1）、D（y2）、D（y3），计算结果如表 5 所示。

表 5　y1、y1、y3 期望、方差

E（y1）	0.0012	D（y1）	6.6171×10^{-6}
E（y2）	0.0013	D（y2）	1.0271×10^{-5}
E（y3）	0.0012	D（y3）	6.6820×10^{-6}

由结果可知，y2 期望稍大，且方差最大；y1、y3 期望相等，方差 y1 略小于 y3。因此，所有"把"字结构动词集合在现代汉语口语语料集合中各词分布比例与中介语中的比例整体相差最小。

3.2 "把"字结构小类句法框架的对比

3.2.1 小类句法框架的分布及两库拟合程度

我们对每一条语料的"把"字结构小类进行标注,并对各语料集合中的"把"字结构小类进行统计分析后发现,四类分布(中介语、现代汉语、现代汉语书面语、现代汉语口语)呈现出一定的共性:"S + 把 + N1 + V 在/给/到/向 + N2"类和"S + 把 + N + V + 趋向补语"类是"把"字结构使用情况较多的两类,且对四个集合而言,该两类所占比例之和均在50%上下,是各自总体使用情况的近一半;"S + 把 + N + V(一/了)V"类、"S + 把 + N + V + 时量补语"类、"S + 把 + N + V + 动量补语"类、"S + 把 + N + 一 V"类和"S + 把 + N + AV(A = 动词前的修饰语)"这五类在各集合中均属于频率较低的小类,所占比例均在3%以下;另有"S + 把 + N1 + V 成/作 + N2"类是在各集合中所占比例差异较大的一类。统计数据见表6。

表6 各类语料"把"字结构小类分布情况

"把"字结构小类	中介语	现汉	书面语	口语
S + 把 + N1 + V 在/给/到/向 + N2	27.37%	24.87%	31.89%	14.77%
S + 把 + N1 + V 成/作 + N2	8.41%	13.90%	20.65%	4.20%
S + 把 + N + V(一/了)V	0.75%	0.86%	0.32%	1.63%
S + 把 + N + V 了/着	11.31%	7.08%	5.30%	9.64%
S + 把 + N1 + V + N2	8.51%	5.10%	4.49%	5.99%
S + 把 + N + V + 时量补语	0.32%	0.00%	0.00%	0.00%
S + 把 + N + V + 动量补语	1.72%	1.12%	0.81%	1.56%
S + 把 + N + V + 结果补语	11.85%	10.65%	5.89%	17.50%
S + 把 + N + V + 趋向补语	20.37%	25.96%	22.00%	31.65%
S + 把 + N + V + 情态补语	6.47%	6.95%	6.49%	7.62%
S + 把 + N + 一 V	0.11%	2.01%	0.97%	3.50%
S + 把 + N + AV(A = 动词前的修饰语)	2.16%	1.21%	1.19%	1.24%
其他	0.32%	0.29%	0.00%	0.70%

基于以上数据,我们依旧对现代汉语口语语料、现代汉语书面语语料以及现代汉语总语料中三个"把"字结构动词分布集合分别与中介语语料集合进行期望、方差计算,以查看三组之间差异大小。做如下定义:

$z1 = |$中介语 − 书面语$|$;$z2 = |$中介语 − 口语$|$;$z3 = |$中介语 − 现代汉

语」(即两两列相减然后求绝对值,所以 z_1、z_2、z_3 为列向量,里面存放着各 "把" 字结构小类在两个集合中所占比例的差值)。z_1、z_2、z_3 曲线如图 2 所示。

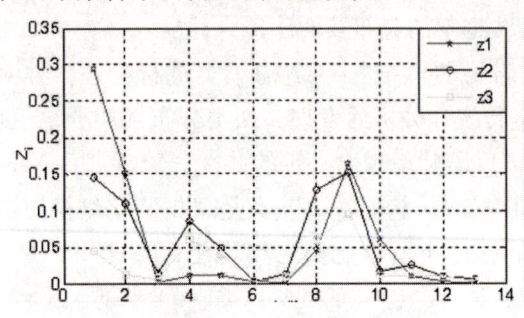

图 2　z_1、z_1、z_3 曲线图

记 z_1、z_2、z_3 期望、方差分别为 E(z_1)、E(z_2)、E(z_3),D(z_1)、D(z_2)、D(z_3),计算结果如表 7 所示。

表 7　z_1、z_1、z_3 期望、方差

E(z_1)	0.0583	D(z_1)	0.0082
E(z_2)	0.0585	D(z_2)	0.0033
E(z_3)	0.0280	D(z_3)	0.00086

由结果可知,z_3 的期望与方差均大幅度小于 z_1、z_2。因此,所有小类在现代汉语语料中的比例与在中介语语料中的比例整体相差最小。

3.2.2　小类句法框架动词使用情况

通过前面词种的统计,我们发现现代汉语与中介语词种的并集包含近 900 个词语。由于本文研究规模有限,在此我们选取一类 "把" 字结构小类——"S + 把 + N1 + V 成/作 + N2"——为例,来对其进行动词使用情况分析。从词种上看,中介语中共 25 个,口语中共 26 个,书面语中共 75 个;书面语的丰富程度远大于口语和中介语。部分统计结果如表 8 所示。

表 8　"S + 把 + N1 + V 成/作 + N2" 类句法结构动词使用分布情况

中介语	比例	口语	比例	书面语	比例
看	24.36%	当	25.93%	作	28.80%
当	15.38%	变	14.81%	当	8.90%
变	11.54%	叫	7.41%	看	8.12%
叫	8.97%	看	5.56%	变	6.28%
合	5.13%	换	3.70%	转化	4.19%

续 表

中介语	比例	口语	比例	书面语	比例
称	3.85%	想象	3.70%	建	3.93%
分	3.85%	写	3.70%	称	3.66%
视	2.56%	定	1.85%	列	3.40%
听	2.56%	改	1.85%	视	3.14%
做	2.56%	划	1.85%	建设	2.62%
比喻	1.28%	化	1.85%	改	2.36%
发音	1.28%	急	1.85%	理解	1.05%
翻译	1.28%	眯	1.85%	办	1.05%
改	1.28%	命名	1.85%	翻译	1.05%
换	1.28%	磨	1.85%	说	0.79%
简化	1.28%	弄	1.85%	培养	0.79%
联	1.28%	拍	1.85%	归纳	0.79%
列	1.28%	培养	1.85%	比	0.79%
拍	1.28%	膨胀	1.85%	译	0.52%

从上表我们可以看出，位于前4位的高频动词在三类语料中基本一致，只是前后顺序略有差异；中介语中，该小类句法结构对动词"看、当、变、叫"有明显倾向性；现汉口语中该小类则对动词"当、变、叫"有明显倾向性；现汉书面语中，从数据上看，在现汉词种丰富程度远高于口语与中介语语料的前提下，该小类句法结构对"作、当、看"也有明显倾向性，且无论横向比较还是纵向比较，在书面语集合中，对"作"的倾向性是尤为突出的。

四、结语

通过对"现代汉语语料库"的分析我们可以看出，就"把"字结构集合内而言，不同的语料集合，其词种丰富程度及其分布均存在一定程度的差异，但各集合内的确存在着"把"字结构倾向选择的动词，表现为这些动词的相对使用频率高于同集合内其他词语；而就"把"字结构小类句法结构而言，具体的某类句法结构，也对特定的词具有一定的选择倾向性，例如"S + 把 + N1 + V 成/作 + N2"对"作、看、当、变、叫"具有明显选择倾向性。这种倾向性在不同的语体中，倾向性动词也略显差异，例如在口语中"把"字结构倾向于单音节词，而在书面语体中，双音节词更受青睐，甚至出现多音节词；再如"S + 把 + N1 + V 成/作 + N2"小类倾向动词，通过横向纵向比较，发现它最倾向于动词"作"，且基本上只出现在书面语语料中，例如"最近，建设部领导和住宅建设专家提出，要【把】厨房、卫生间作为居室设计的核心来考虑"。在语言习得过程中，学习者不仅仅需要习得句法结构、词汇的意义与用法等，语言中的倾向性也是语言知识的一种。这种倾向性或许是词汇对句法的选择倾向性，或许是句法框架对能进入其框架内的词汇的选择倾向。只有习得了语言的倾向性，学习者的语言系统才能更接近目的语的语言系统。

而通过"中介语语料库"及"现代汉语语料库"的对比分析，我们发现在句法框架层面，中介语的"把"字结构小类框架分布与现代汉语总体的分布是最接近的，换言之，中介语系统对"把"字结构不同小类句法结构的倾向程度与现汉是最接近的；但是"把"字结构动词的分布情况，中介语却与现代汉语口语分布情况更加接近，词种丰富程度是一个影响因素，而句法框架对词汇的倾向性也应当考虑，以"S + 把 + N1 + V 成/作 + N2"为例，虽然前 5 个词，中介语、现汉口语和现汉书面语的情况几乎相当，但从第 6 个词开始，三个集合中各词的排列先后以及相应的使用频率差异均较大。那么，我们可以猜想，尽管汉语学习者掌握了汉语句法框架层面的知识，他的语言水平仍然无法进一步接近母语者的原因很可能是因为他对于句法框架对词汇选择倾向性的掌握还有待提高。这也是我们在实际教学过程中容易忽视的。

参考文献

刘培玉、赵敬华（2006）把字句动词的类和制约因素，《中南大学学报（社会科学版）》，第 1 期。

王建勤（2012）《第二语言习得研究》，北京：商务印书馆。

邢红兵、张文坚、江诗鹏（2006）面向对外汉语教学的谓词句法属性统计研究，《语言教学与研究》第 3 期。

邢红兵（2012）第二语言词汇习得的语料库研究方法，《汉语学习》第 2 期。

邢红兵（2009）基于联结主义理论的第二语言词汇习得研究框架，《语言教学与研究》第 5 期。

邢红兵（2003）现代汉语常用动词带宾语能力调查，载于孙茂松、陈群秀主编，《语言计算与基于内容的文本处理》，北京：清华大学出版社。

赵　奕（2013）《基于语料库的单一动词句法框架研究及二语习得考察》，北京语言大学硕士学位论文。

张武宁（2007）《韩国留学生把字句习得研究》，南京师范大学硕士学位论文。

Henriksen, B. (1999) Three dimensions of vocabulary development. *Studies in Second Language Acquisition*, 21: 303–317.

Nation 1. S. P. (1987) *What is involved in Learning a Word in Teaching and Learning vocabulary*, New Zealand: Victoria, University of Wellington, 29–50.

Qian D. D. (1998) *Depth of vocabulary knowledge, Assessing its role in adults' reading comprehension in English as a second language*, Unpublished doctoral thesis, University of Toronto.

Richards, J. C. (1976) The role of vocabulary teaching. *TESOL Querterly*, 1976, 10 (1): 77–89.

儿童生造词与留学生偏误合成词对比分析

北京语言大学汉语进修学院　吴芳妍

摘　要　在本次研究中，我们主要采用语料库分析的方法，对儿童和留学生的生造词现象进行定量分析，并且对其在词汇产出方面出现的问题进行对比分析。通过对前人研究成果的进一步总结，探讨儿童与留学生生造词语方面的异同，从而为更好地进行留学生词汇教育提供借鉴经验。

关键词　儿童　生造词　留学生偏误合成词

儿童与留学生作为一门语言的初学者，会在语言使用的过程中表现出语音、词汇、语法等诸多方面的问题，而词汇作为语言中最活跃的部分，为初学者提供了广阔的创造空间，但另一方面也出现了更多的问题。在留学生的词汇习得方面，前人做了一系列研究。邢红兵（2003）对中介语语料库中留学生的偏误词进行了穷尽式的分析，得出了留学生有较强的合成词结构相关意识的结论，并且认为留学生习得复合词存在两种不同的方式，即分解学习和整词学习，其中分解学习占主导。

在学龄前儿童词汇习得方面，姜自霞（2011）发表多篇论文进行论述，指出词素间的语义关系会影响学龄前儿童对复合词的理解，并且应当正确看待儿童自造词问题。

近年来，发展心理学在国内方兴未艾，儿童语言习得问题作为发展语言学理论的一个重要课题也得到了较快发展。国内学者对儿童的自造词给予了一定的关注。但是大多数的儿童语言的研究还是处于个案研究的阶段，缺乏大规模的语料支持。并且，儿童语言学习作为第一语言的习得必然与把汉语作为第二语言学习的留学生有很大的不同，有必要将二者进行对比分析。本文将采用语料库分析的方法对儿童日常交谈中的语料进行分析，并将儿童的生造词与留学生的偏误合成词进行对比分析，以得出新的结论。

一、CHILDES 简介

本文使用的语料来自网络语料库 CHILDES。CHILDES 是国际儿童口语语料库（Child Language Data Exchange System）的简称，该语料库由美国麦克阿瑟基金会资助，于 1984 年开始筹建，经过近 20 年的建设，已成为目前世界上最大的儿童口语语料库。到目前为止，该语料库已收集了包括英语、汉语在内的 25 种语言。本文使用的语料全部来自于 CHILDES 中东亚区汉语部分的语料（http：//childes.psy.cmu.edu/browser/index.php?url=EastAsian/Chinese/），主要选用其中 3~7 岁儿童的语料。根据皮亚杰的认知发展理论，此阶段的儿童属于前运算发展阶段，这一时期的幼儿只能以表象进行思维，他们的思维是表面的、原始的和混乱的，以模仿为特点，并且只能对事物的表面现象作出反应。国内外的研究表明，5 岁半左右是幼儿掌握语法、理解抽象词汇以及综合语言能力开始形成的关键期。3~7 岁是儿童词汇积累的关键阶段，对于这一阶段的儿童语言进行分析最具有代表性，与正在学习第二语言的留学生进行对比也更具有可比性。

二、生造词定义

儿童语言是伴随着对世界的不断认知而不断发展的，同时儿童语言的发展也是一个不断模仿改正的过程，在发展的过程中会不断产生一些新词语。有的词语符合成人语言的使用规范而被接受，有些词语则不符合成人语言的使用规范，这些不符合成人语言规范的词语便是我们研究的重点。姜自霞（2011）将"儿童根据自己已经掌握的词语材料构造词语，所构造的词不是从他人言语中学到的"一类词称之为"自造词"。张廷香（2005）将其称为"儿童话语'偏误'"。结合前人观点，我们将这种儿童使用的不符合汉语成人使用规范的词语称为儿童的"生造词"。

首先对于儿童生造词进行定义。生造词包括两个方面，一个是造词，一个是用词。造词是指在儿童语料中出现的而在现代汉语中并不使用的词语，这是儿童在创造"音义结合体"的过程中出现的结果。用词是指虽然现代汉语中具有，但意义与使用方法却与现代汉语完全不同的词语，这些词有些是儿童使用不当的结果，有些词仍然是儿童创造的，只是碰巧与现代汉语中的已有词汇相同。在本文中我们将对这两种现象进行分析。

我们所使用的 CHILDES 语料库中的语料大部分都是成人与儿童对话录音或录像的转写，在此过程中出现一些错误在所难免，为减少转写文中这种错误对我们研究的影响，对于 CHILDES 中有对应音频或视频文件的转录对话，我们又根据音频一一对照，减少原始转录稿中的错误。CHILDES 语料库中的一些转录语料使用汉语拼音的方式，但由于缺乏对应的视频或音频支持，我们很难恢复当时的交流语境，因此很难精确还原当时儿童所使用的词语，故而这类语料没有采用。本文主要采用 CHILDES 汉语语料库中的 Beijing2、Zhou1、Zhou2 三个有相应音频或视频的语料库中的 CHAT 转写语料。

三、造词方面分析

造词方法的分析向来是语言学家研究的重点，孙常叙（2006）将造词法分为语音造词、语义造词和结构造词三类；任学良（1981）将造词法分为词法学造词法、句法学造词法、修辞学造词法、语音学造词法和综合式五种；刘叔新（1990）将造词法分为词汇材料式、语音材料式、词汇语音混合材料式等三大类十二种；葛本仪（1985）则分为音义任意结合法、摹声法、音变法、说明法、比拟法、引申法、双音法、减缩法八种。前人的分析为我们分析儿童造词提供了借鉴，通过语料分析我们可以发现，儿童具有非常强的创造欲望，与成人的造词方法有较多相似之处，我们借鉴葛本仪（1985）的造词法对儿童的生造词进行分析。

1. 音义任意结合法

指儿童赋予语音一定的语义，语音和语义之间没有必然的联系。这是儿童生造词中常见的方法。

例：小锣壶

513	＊MOT：	这 不像 机器人．
514	＊MOT：	你 看 这 像 什么？
515	＊MOT：	仔细 看 它 像 什么？
516	＊CHI：	小锣壶．
517	＊MOT：	啊？［＋ Y］
518	＊CHI：	小锣壶．
519	＊MOT：	这 是 一个 头．
520	＊MOT：	这 是 两 只 脚．

521   ＊MOT：   还有 一 个 尾巴．

522   @ Comment：EndTurn

（http：//childes.psy.cmu.edu/browser/index.php？url＝EastAsian/Chinese/Zhou2/42/cs42ma01.cha）

对话中妈妈（MOT）问研究对象儿童（CHI）拼出来的图形像什么，CHI 找不到合适的词来描述，就创造出"小锣壶"一词来回答这种有"一个头两只脚一个尾巴"的图形，二者之间没有必然的联系。

2. 摹声法

摹声法造词主要指摹仿自然界事物发出的声音来造词。儿童摹声法造词主要是拟声词。通过语料分析我们可以发现儿童有非常丰富的拟声词，这些词生动形象，但很多没有办法用汉字来描述。

例：砰腾

20   ＊CHI：   找 到 了 搁 在 一 个 小 嗯 嗯 小［/］小 青 蛙 的 缸 里．？

21   ＊CHI：   后来 呢 嗯 嗯 嗯 狗 和 那个 孩子 睡觉．？

22   ＊CHI：   嗯 砰 腾．？

23   ＊CHI：   砰 腾 青 蛙 呀 蹦 出 来 了（1.1）．？

（http：//childes.psy.cmu.edu/browser/index.php？url＝EastAsian/Chinese/Beijing2/F3/F3－11108212.cha）

现代汉语里，成人往往用"扑通"来形容青蛙的跳动，而儿童用"砰腾"形容小青蛙蹦出来的样子，更加活泼、生动形象。同时"扑通"和"砰腾"具有相似性，也体现了人类思维具有共性。

例：踢踏噢

38   ＊CHI：   小狗狗（1.1）．？

39   ＊INV：   怎么了（1.5）？？

41   ＊CHI：   在跑．？

42   ＊CHI：   小狗狗踢踏噢．？

44   ＊INV：   噢（4.1）．

（http：//childes.psy.cmu.edu/browser/index.php？url＝EastAsian/Chinese/Beijing2/F3/F3－11108111.cha）

儿童用"踢踏噢"这一词来模拟小狗跑步的声音。

3. 说明法

是通过对事物加以说明而产生新词的方法。这是在儿童产生生造词过程中创造力最强的方法。

例1：鱼山——像鱼一样的山

195	*CHI:	山山山．
196	%act:	C在纸上画线
197	*MOT:	画 山 啊？
198	*CHI:	嗳画 眼睛．
199	*MOT:	那 你 画 眼睛．
200	*MOT:	眼睛 在 哪？
201	*MOT:	你 画 一个 眼睛．
202	*MOT:	吆！[+ Y]
203	*MOT:	这 不 是 画 眼睛 吗？
204	*MOT:	再 画 一个．
205	*MOT:	你 再 画 一个．
206	*CHI:	你 看 鱼山．

(http: //childes. psy. cmu. edu/browser/index. php? url = EastAsian/Chinese/Zhou2/36/cs36mb12. cha)

儿童本来要画山，后来又在山上加画了眼睛，变得像鱼一样，便创造了一个新词"鱼山"来形容自己画的像鱼一样的山。

例2：三角鹿——梅花鹿

| 51 | *CHI: | 那 长×××那 三角 鹿 呢？ |
| 52 | *CHI: | 把 他 把 那 小孩儿 给 弄 到 坑 里 弄 到 坑 里 去 了． |

(http: //childes. psy. cmu. edu/browser/index. php? url = EastAsian/Chinese/Beijing2/F3/F3 – 21220111. cha)

儿童在这里要描述的是图片中的梅花鹿，在他的记忆中没有这个词，或者一时想不起来这个词，就按照鹿角的形状创造了"三角鹿"一词来形容。

例3：胖圆——大圆

190	*MOT:	你 要 画 什么？
191	*CHI:	我 来 画 圆形．
192	*MOT:	你 要 画 圆形 啊？
193	*CHI:	我 要 画 两个 胖圆．

(http: //childes. psy. cmu. edu/browser/index. php? url = EastAsian/Chinese/Zhou2/42/cs42fb19. cha)

儿童要画两个大大的圆形，但是却用"胖"来形容，直观地表现出了"大圆"的体积，非常具有创造性。

例4：白形的——白色的　黄形的——黄色的

86	％act：	C 准备帮 M 搭积木
87	*MOT：	嗯 把 这个 放 中间 .
88	*MOT：	轻轻地 .
89	*CHI：	白形的 .
90	*CHI：	黄形的 .

（http：//childes. psy. cmu. edu/browser/index. php？url ＝ EastAsian/Chinese/Zhou2/42/cs42fb19. cha）

儿童要表达白色和黄色这两个颜色的分类，但一时想不起表达方法，便借用了前面对话中多次使用的描述形状的"形"来表达。

例5：大尾蛇——长尾蛇

145	*MOT：	在 这个 纸上 来 画画 .
146	*MOT：	你 还会 画 啊？
147	*CHI：	画 一 .
148	*CHI：	我 画 一个 大尾蛇 .
149	*CHI：	好长 好长 的 尾巴 .

（http：//childes. psy. cmu. edu/browser/index. php？url ＝ EastAsian/Chinese/Zhou2/48/cs48mb15. cha）

儿童用"大尾蛇"来表达长尾蛇。"长"与"大"同属于同一个语义场，儿童还无法做出区分并正确使用。

例6：气球伞——氢气球

420	*MOT：	这 是 什么 啊？
421	*CHI：	气球伞 .
422	*MOT：	哎 这 是 氢气球 .
423	*MOT：	然后 他们 就 坐着 气球 吊 的 篮子 就 飞上 了 天 .

（http：//childes. psy. cmu. edu/browser/index. php？url ＝ EastAsian/Chinese/Zhou2/54/cs54fa09. cha）

儿童根据"降落伞"和氢气球中的"气球"造出"气球伞"一词。

例7：直形——正方形

110	*CHI：	这个 叫 直形 .

111   *MOT：   嗯．[+ Y]
112   *MOT：   这个 正方形．

（http：//childes.psy.cmu.edu/browser/index.php?url = EastAsian/Chinese/Zhou2/54/cs54ma04.cha）

儿童抓住由四条直线组成这一特点来形容"正方形"。

例8：一角星

376   *MOT：   三角星 啊？
377   *MOT：   五角星 啊？
378   *MOT：   四角星 啊？
379   *CHI：   四角星．
380   *CHI：   一角星．
381   *CHI：   五角星．
382   *CHI：   八角星．

（http：//childes.psy.cmu.edu/browser/index.php?url = EastAsian/Chinese/Zhou2/60/cs60ma02.cha）

儿童由"五角星"类比造词造出"一角星"等一系列词语。

4. 双音法

在原有单音节的基础上加上虚化成分形成双音词。

例：变头——可以变的东西

136   *CHI：   我 来 看看．
137   *CHI：   妈妈 你 看 这 上面 是 一 个 变头．
138   *CHI：   它 会 变．
139   %act：   C指积木盒子上的图形．这时一个积木掉在了地上 C 捡起来．

（http：//childes.psy.cmu.edu/browser/index.php?url = EastAsian/Chinese/Zhou2/54/cs54ma05.cha）

"变"后加上词缀"头"，由动词变为了名词，而在语料中多次出现了"白纸头"来表达"白纸"，这说明儿童已经意识到了语言中有一些词可以加在其他词后面，可以说儿童也有了初步的词缀意识。

5. 减缩法

儿童在词汇记忆的过程中可能不能清楚地回忆所要表达的词语，往往采用模糊记忆的词，这些词往往是原来词语的减缩形式。

例1：白只——白色的那只

96　　＊CHI： 还有 一 只．

97　　＊MOT： 什么？

98　　＊CHI： 白只．

（http：//childes.psy.cmu.edu/browser/index.php? url = EastAsian/Chinese/Zhou2/42/cs42fb19.cha）

例2：礼物书——作为礼物的书

304　　＊CHI： 不是 我 看 过 的 书．

305　　＊MOT： 是 什么 书 啊？

306　　＊CHI： 是 一 个 礼物．

307　　＊CHI： 礼物书．

（http：//childes.psy.cmu.edu/browser/index.php? url = EastAsian/Chinese/Zhou2/48/cs48mb15.cha）

例3：云形——云彩的形状

（孩子和妈妈一起画画）

106　　＊CHI： 云．

107　　＊MOT： 啊 云．

108　　＊CHI： 云形 啊．

（http：//childes.psy.cmu.edu/browser/index.php? url = EastAsian/Chinese/Zhou2/60/cs60fb20.cha）

例4：花头——花一样的笔头

481　　＊CHI： 这 是 绿 的．

482　　＊MOT： 嗯绿 的．

483　　＊MOT： 再 画．

484　　＊MOT： 嗯好（好）．

485　　＊CHI： 还有 小花头．

（http：//childes.psy.cmu.edu/browser/index.php? url = EastAsian/Chinese/Zhou2/48/cs48fa07.cha

例5：长形——长方形

176　　＊MOT： 看看 这 什么 形？

177　　＊MOT： 什么 形状（什么形状）？

178　　＊CHI： 长形．

179	*MOT:	好！
180	*MOT:	拿 一 个！
181	*MOT:	是 不 是 这种 啊？
182	*MOT:	正方形 是 长方形 的 一种.
183	*MOT:	正方形.

(http：//childes. psy. cmu. edu/browser/index. php？ url = EastAsian/Chinese/Zhou2/60/cs60ma02. cha)

以上例子中经儿童缩略后的词语虽然都不符合现代汉语使用的现状，但经过分析我们可以发现，儿童的这些缩略都是符合现代汉语缩略语习惯的。比如提取首尾（白只、云形、花头、长形等）并且留下了短语意义的重要部分（云形、长形、礼物书等）。

四、用词方面分析

正确的使用词汇也是语言发展的一个重要方面，然而由于儿童认知能力有限，词汇量不足，儿童往往面临心理词典中没有合适的词语进行表达的状况。在这种情况下有两种解决方法，一种是上文中提到的"造词"，另一种则是利用已有的词汇来表达。使用有限的词汇来表达纷繁复杂的现象，对于儿童来说是语言和思维的双重考验。

4.1 概念泛化

4.1.1 名词泛化

这是泛化中的一种常见现象。产生原因有两种，一是由于认知水平有限，儿童无法区分两种事物，而用一个概念来表达多种事物。二是由于词汇缺乏，儿童虽然认识到事物的区别，但没有合适的词汇来表达，只能借用与之有共同特点的概念来表达。

例1：水桶——花

12	*MOT:	搭 什么 呢？
13	*CHI:	搭 什么 东西？
14	*CHI:	搭 水桶.
15	*MOT:	水桶 这边 没有.
16	*MOT:	这边 图纸上 没有 水桶.

17   ＊CHI：   这个．

18   ％act：   C 手指着其中的一个图形

19   ＊MOT：   那个 花 啊是啊？

20   ＊CHI：   花．

（http：//childes.psy.cmu.edu/browser/index.php？url＝EastAsian/Chinese/Zhou2/42/cs42fb19.cha）

儿童用"水桶"指称"花"，提取二者之间在外形上的相似性，在简笔画中都是由圆形构成的。

例2：衣服——衣橱

577   ＊MOT：   跌到 衣橱 的 外面 去了．

578   ＊MOT：   外面 就在 外面．

579   ＊MOT：   门 的 外面．

580   ＊MOT：   不是 里面．

581   ＊CHI：   碰到 了 衣服 的 门．

（http：//childes.psy.cmu.edu/browser/index.php？url＝EastAsian/Chinese/Zhou2/48/cs48mb15.cha）

儿童缺乏"衣橱"这一词汇，故而选用与之相关并且自己较为熟悉的"衣服"来代替"衣橱"。

例3：大怪物——猫头鹰

200   ＊CHI：   不知道怪物．▶

201   ＊INV：   ＜嗯＞［＞］．▶

202   ＊CHI：   ＜嗯＞［＜］有大怪物．▶

203   ＊CHI：   嗯外边有个怪物飞进来．▶

（http：//childes.psy.cmu.edu/browser/index.php？url＝EastAsian/Chinese/Beijing2/F3/F3-11108112.cha）

儿童之前没有见过"猫头鹰"，所以用"大怪物"代替。

例4：绵羊（骆驼/马）——梅花鹿

122   ＊CHI：   骑绵羊背上了．▶

123   ＊INV：   嗯．▶

124   ＊CHI：   哦扔水坑里了．▶

125   ＊INV：   嗯真好．▶

（http：//childes.psy.cmu.edu/browser/index.php？url＝EastAsian/Chinese/

Beijing2/F3/F3－11108117.cha）

137	＊CHI：	后来呀有一（1.1）后来有一只骆驼．▶
138	＊CHI：	还有一只嗯嗯大骆驼还有一只小骆驼．▶
142	＊CHI：	扛着扛着那个孩子（1.2）．▶

（http：//childes.psy.cmu.edu/browser/index.php？url＝EastAsian/Chinese/Beijing2/F3/F3－11108212.cha）

501	＊CHI：	骑马了．▶
503	＊IN1：	嗯．▶
505	＊HA1：	噢．▶
507	＊IN1：	这个呢（1.4）？▶
509	＊CHI：	xxx xxx 它飞下去了．▶
512	＊IN1：	噢（3.0）．▶
514	＊CHI：	掉水里了．▶

（http：//childes.psy.cmu.edu/browser/index.php？url＝EastAsian/Chinese/Beijing2/F3/F3－11108242.cha）

相对于"梅花鹿"来说，儿童对于"绵羊""骆驼"或"马"更加熟悉，或者儿童无法区分这几种动物，便用"绵羊""骆驼"或"马"代替了"梅花鹿"。类似情况在儿童语料中出现较多，如例5、例6和例7。

例5：贝壳——海螺

444	＊CHI：	＜×××＞［＜］这个呢．▶
446	＊CHI：	贝壳．▶
448	＊IN1：	这是贝壳吗？▶
450	＊CHI：	他们能够×××．▶
452	＊IN1：	嗯（2.2）．▶
454	＊IN1：	这，这去这找（1.6）．▶
457	＊CHI：	贝壳掉下来了（2.3）．▶

（http：//childes.psy.cmu.edu/browser/index.php？url＝EastAsian/Chinese/Beijing2/F3/F3－11109103.cha）

例6：羊毛——羊

351	＊CHI：	这是一个大羊毛．▶
353	＊HAN：	什么（.）？▶
355	＊IN1：	什么东西？▶

| 357 | *CHI： | 这是[/]这是一只小羊啊．▶ |
| 360 | *IN1： | 小羊（2.9）．▶ |

例7：小人——小男孩

24	*IN2：	讲讲吧这个故事它怎么了（．）？▶
25	*IN1：	咱们看小男孩儿小狗小青蛙怎么了？▶
26	*CHI：	小狗小青蛙（．）小人（1.2）．▶
27	*CHI：	小狗小青蛙．▶
28	*CHI：	他们正在看小青蛙呢．▶

（http：//childes.psy.cmu.edu/browser/index.php? url = EastAsian/Chinese/Beijing2/F3/F3－11108116.cha）

4.1.2 量词泛化

量词使用不当是儿童在用词方面与成人的重要不同。量词泛化是量词使用不当的突出表现。

例：个

"个"是现代汉语中最常使用的量词，泛化现象也最为突出，不只儿童出现，在很多成人的语言中也广泛存在。

例1：个——段

26	*CHI：	爬一个楼梯．
27	*MOT：	哦这像楼梯啊？
28	*MOT：	走楼梯怎么走啊？
29	*CHI：	走（走走走走）．

（http：//childes.psy.cmu.edu/browser/index.php? url = EastAsian/ChineseZhou236cs36mb14.cha）

例2：个——只

96	*INV：	还有吗（3.7）？▶
97	*CHI：	那个狗．▶
98	*INV：	嗯（3.0）．▶

（http：//childes.psy.cmu.edu/browser/index.php? url = EastAsian/Chinese/Beijing2/F3/F3－11108102.cha）

例："只"

例1：只——块

（孩子向妈妈要几块积木）

132   ∗CHI： 我要四只．
133   ∗MOT： 四只什么呀？
134   ∗CHI： 四只平行的．

(http：//childes. psy. cmu. edu/browser/index. php？ url = EastAsian/Chinese/Zhou2/42/cs42fb19. cha)

例2：只——个

322   ∗CHI： 他们 睡觉 都 有 一 只 好 办法．
323   ∗MOT： 都 有 一 个 好 办法 不是 一 只 好 办法．

(http：//childes. psy. cmu. edu/browser/index. php？ url = EastAsian/Chinese/Zhou2/54/cs54fa08. cha)

28   ∗CHI： 嗯从前呢他抓一个小青蛙．▶
29   ∗CHI： 嗯（1.3）+…▶
31   ∗CHI： 和小狗和一只孩子在找小青蛙．

(http：//childes. psy. cmu. edu/browser/index. php？ url = EastAsian/Chinese/Beijing2/F3/F3 – 11108212. cha)

这是儿童在学习"只"这个量词的使用的过程中产生的泛化现象。儿童开始刻意使用新学的量词"只"来修饰名词，甚至出现用"只"替代了最常使用的"个"的现象。

4.2 同类词混用

同类词指词性相同且属于同一语义场的词语。这些词意义相近、词性相同，加之儿童的思辨能力有限，很难正确区分。

(1) 名词混用

例：蜂蜜窝——蜜蜂窝

72   ∗CHI： 嗯（3.2）狗上 蜂蜜窝 去了．▶
73   ∗IN1： 嗯（3.3）．▶
……
86   ∗IN1： 然后 怎么 了（2.7）？▶
87   ∗CHI： 这叫什么来着？▶
88   ∗IN1： 哎你想想你觉你想管它叫什么就叫什么嗯（1.7）嗯．▶
89   %com： #5_1

90   *CHI：   然后 那 个 蜜蜂 就［/］就 咬 那 狗 <去>［>］. ▶
91   *IN1：   <嗯>［<］(4.1). ▶

（http：//childes.psy.cmu.edu/browser/index.php?url=EastAsian/Chinese/Beijing2/F3/F3-21220211.cha）

儿童在此阶段思维还不是很缜密，对于语义相关的"蜂蜜""蜜蜂"不能进行很好的区分。

（2）动词混用

例：洗、刷

335   *MOT：   他 在 干什么？
336   *CHI：   在 刷牙.
337   %act：   C 马上翻到下一页
338   *MOT：   你 再 看 一下.
339   *MOT：   仔细 看 一下.
340   %act：   M 把书翻回去要求 C 再看画面
341   *CHI：   洗 牙齿.
342   *MOT：   洗 牙齿.

（http：//childes.psy.cmu.edu/browser/index.php?url=EastAsian/Chinese/Zhou2/42/cs42mb13.cha）

儿童知道"刷牙"一词，后有用"洗牙齿"来代替刷牙，出现了同类词"洗""刷"的混用。

4.3 高频类化

在儿童的语言使用中会有一些词组或结构出现的频率较高，这些高频词组或频率就被儿童当作一个整体来记忆、使用，从而出现了"高频类化"的现象。

例1：滑滑梯——滑梯

124   *CHI：   我 搭 的 是 一个.
125   *MOT：   嗯搭 得 真好.
126   *CHI：   滑滑梯.
127   *MOT：   噢 滑滑梯 啊.

（http：//childes.psy.cmu.edu/browser/index.php?url=EastAsian/Chinese/Zhou2/36/cs36fa06.cha）

"滑滑梯"是一个动宾词组，在儿童语言使用中常以一个固定形式出现，儿童将其作为一个名词来使用。

例2：画画笔——画笔

288　*CHI：　给 我 的 画画笔 +…
289　*CHI：　你 去 玩 吧．
290　*MOT：　好 你 坐下．
291　*MOT：　你 自己 选 颜色 啊．

（http：//childes. psy. cmu. edu/browser/index. php？url = EastAsian/Chinese/Zhou2/60/cs60ma02. cha）

"画画"一词是一个动宾结构，在成人表达中并不直接与"笔"连用。而"画画"在儿童语言表达中出现频率很高，儿童将其作为一个整体来识记，并以此为基础扩展出其他词语。

例3：什么的——什么

89　*MOT：　噢 这 是 什么 形状 啊？
90　*CHI：　什么 的 形状．
91　*MOT：　什么 的 形状？

（http：//childes. psy. cmu. edu/browser/index. php？url = EastAsian/Chinese/Zhou2/36/cs36fa06. cha）

将"名词+的+'形状'"看成了一个固定的不可分割的结构，所以用"什么的形状"替代了"什么形状"，是高频类化的表现。

例4：不好——不好看

35　*MOT：　拼图 好看 不 好看？
36　*CHI：　不好．

（http：//childes. psy. cmu. edu/browser/index. php？url = EastAsian/Chinese/Zhou2/42/cs42fb19. cha）

"好"与"不好"是儿童回答是非问句的高频回答模式，故而用"不好"替代了"不好看"回答了问题。

例5：开来——开

529　%act：　C打开盒子
530　*CHI：　怎么 打 不 开 来 了 啊？

（http：//childes. psy. cmu. edu/browser/index. php？url = EastAsian/Chinese/Zhou2/54/cs54fa09. cha）

"来"是动词后的常用补语，故而在"打不开"后又加上了补语"来"。

4.4 句法模式泛化

如：动宾模式泛化

例：坐屁股——用屁股坐

55	*CHI：	我 就 不 能 坐 屁 股 了．▶
56	*HAN：	哦 那 [/] 那 你 就 坐 [/] 坐 xxx．▶
57	*INV：	那 你 看 这 儿 呢 (3.8) ？▶
58	*CHI：	别 碰 这 痛．▶

（http：//childes.psy.cmu.edu/browser/index.php? url = EastAsian/Chinese/Beijing2/F3/F3 - 11108111.cha）

儿童要表达自己屁股痛，没有办法坐下，而用了"坐屁股"这一动宾表达模式。

五、与留学生偏误合成词对比

儿童与留学生都是一门语言的初学者，在语言使用方面都有不成熟的特点。但是二者也有很大的不同，首先在语言背景方面，留学生是二语习得者，在学习目标语言之前都有母语基础，二语学习往往受到母语负迁移的影响，而儿童是第一语言学习者，语言背景较为单纯。第二，认知水平不同，留学生大多数都是成人，认知水平较高，思维较为成熟缜密，而儿童的认知水平较低。但学龄前儿童处于语言习得的关键期，这利于其语言学习迅猛的发展。儿童的生造词与留学生的偏误合成词同为语言习得中"偏误"的表现，具有很高的对比价值。

根据邢红兵（2003）的划分标准，我们可以试着将上文中生造词进行分类，以便与留学生的偏误合成词进行对比分析。

5.1 分类

5.1.1 新造词

使用的合成词在汉语中没有对应的词，或虽有对应词但其中至少有一个语素与目标词无关。

（1）语素无关对应词

例：三角鹿——梅花鹿

（2）无对应词

例：鱼山——像鱼一样的山

（3）增加词缀

例：变头——能变的东西

5.1.2 语素替代

偏误词与目标词相比，在词的构造上没有差异，在语素上有差异，差异语素之间是同义、反义、近义关系或语义相关。

（1）音节相同语素替代：差异语素是同义、反义或语义相关

例：胖圆 VS 大圆

（2）复合词语素替代单纯语素：合成词中包含了另一个合成词，此合成词与目标词语素意义相同或相近

例：滑滑梯 VS 滑梯　画画笔 VS 画笔

（3）单纯语素代替复合语素

例：长形 VS 长方形

5.1.3 语素错误

偏误语素和目标语素之间没有音形义关系

例：白形 VS 白色　黄形 VS 黄色

5.1.4 语素顺序错误

例：蜂蜜窝 VS 蜜蜂窝　空天 VS 天空

5.1.5 其他错误——缩略错误

白只（白色的那只）

5.2 分析

将留学生与儿童的生造词现象进行对比，分析二者在频率、类型分布、产生原因等方面的异同，我们可以发现留学生偏误合成词中的错误在儿童生造词中基本都有体现，如儿童根据"圆形""方形"相对创造"白形""黄形"便与邢红兵（2003）所举出留学生根据"快言快语"类比造出"慢语慢言"的偏误合成词类似。但是也有不同，姜自霞（2011）在其研究中举例，如儿童因认为"过期"的"期"为"七"而造出"过八"，由"芭蕾舞"而造出"芭蕾六"，"酒精"造出"十精"等。笔者在与儿童交流的过程中也发现了此类现象，比如在问到孩子姐姐年龄的问题时，孩子会做出喝酒的动作来表示姐姐"九岁"。说明儿童在语言学习中更多的是依赖语音。由于本文所选用的 CHILDS 语料库中的语料来源大多是儿童在看图讲故事或者在父母的指导下做游戏，所产出的语料自由

度不太高，有一定的局限性，故而儿童因同音产生生造词的现象表现不太明显，但是前人的研究中此种现象十分普遍。这种因语音相同或相近产生的偏误在留学生生造词中较少产生。同时，在留学生的偏误中出现了较多字形相似的偏误合成词（也就是书写造成的偏误），儿童的语料中无此表现。这与留学生和儿童的认知水平与语言习得的方式不同有关。

邢红兵（2003）指出，在留学生全部偏误合成词中，新造词（偏误词与目标词结构不同）占39.42%，语素替代占25.96%，语素错误占12.11%，语素顺序错误占13.65%，其他偏误占8.85%（其中缩略错误占0.38%）。而在儿童的生造词中，新造词比例约占44.4%，语素替代占11.1%，语素错误占5.6%，语素顺序错误占11.1%，其他（缩略错误）占27.8%。二者在比例上有一定的一致性，比如新造词比例都比较高，但是也有不同，儿童的缩略错误比较高。这与儿童平时接受的语言输入较多，但是儿童的认知能力和记忆能力难以达到要求有关。一个较长的词组，儿童往往没有办法完全记下来，就采取自行缩略的方法，但是我们可以发现，儿童在自行创造缩略词的过程中其遵守的原则与成人普遍使用缩略词的缩略原则是一致的。

同时我们可以发现，在儿童生造词中，用词方面的偏误与留学生相比多很多，在遇到一个事物无法描述时，往往采取与之相似或相关的词来代替，比如，在看到"梅花鹿"时，不同的儿童采用了"绵羊""长颈鹿""马""骆驼"等不同的词来指称，这与儿童的认知水平有关，而留学生很少会发生这样的用词偏误。

六、儿童词汇习得对第二语言习得的借鉴意义

对于这些由语言初学者创造出来的新词，学者们都给予了广泛的关注。我们认为无论是儿童语言习得中的"生造词"还是二语习得中的"偏误合成词"的产生都是语言发展中的正常现象，是语言初学者利用已知规律探索创新的过程。同时，"生造词"产生了大量极具创造性并且生动活泼的词语，值得借鉴。但是对于那些不符合约定俗成的使用规范，且生命力不强的词语，比如儿童音义任意结合创造出来的词语应当给予正确的引导，合理纠正，以促进儿童语言的健康发展。

我们可以发现，儿童的生造词与留学生的偏误合成词虽然有一定的相似性，但还是存在很大不同。其中一个重要的表现就是，同样作为一门语言的初学者，

儿童的偏误率明显小于留学生的偏误率，这与儿童处于语言习得关键期，从年龄上较留学生有优势有关。除此之外，还有一个重要的原因，就在于儿童的语言习得处于一个自然的目的语环境，目标词的重现率很高，且其一旦出现语言错误，对其纠错也大多是自然语言环境下的纠错。而留学生的语言习得不同，虽然处于目的语环境，但大多数还是在课堂教学的环境下，一旦出现语言错误，大多是教师对其进行强制纠错，且课堂教学中词汇的重现率相对较低且不自然，这对于留学生的词汇习得是不利的。儿童与留学生纠错环境不同是二者偏误率产生差异的原因之一，因此，自然语境中的纠错尤为重要。另外，儿童的语言习得属于有效沟通中的输入，其词汇的习得都有很强的交际目的，其学习动机较强，而留学生的词汇习得是在课堂教学中，其学习目的是考试而非交际，很多词汇只在课堂上使用而很少出现在日常生活中，这同样不利于目的语的学习。还有，相对于留学生来说，儿童是一张白纸，而留学生更多地受到其母语的影响，母语负迁移的影响也是造成留学生词汇偏误率较高的原因。

综上所述，自然的目的语环境，有效的交际沟通，尽量避免强制纠错是儿童词汇习得的优势，这些都对留学生的词汇习得具有借鉴意义，值得在教学中多加注意。

参考文献

葛本仪（1985）《汉语词汇研究》，济南：山东教育出版社。
龚　勤（2012）早期儿童词汇习得的个案分析，《黄石理工学院学报》第 2 期。
郭玲玲（2011）学前儿童词汇习得探微，《长江师范学校学报》第 1 期。
侯　敏（1988）关于新词和生造词的判定标准问题，《语文建设》第 2 期。
姜自霞（2011）如何看待儿童的自造词行为，《当代学前教育》第 3 期。
姜自霞（2011）词素间语义关系对学龄前汉语儿童理解复合词的影响，《语言文字应用》第 3 期。
李　华（2005）对汉语中介语表人名词"～人"的偏误分析，《云南师范大学学报》第 3 卷第 3 期。
刘叔新（1990）《汉语描写词汇学》，北京：商务印书馆，1990 年第 1 版。
吕会华（2008）聋人和留学生汉语生造词比较研究，《中国听力语言康复杂志》第 3 期。
宋　刚（2001）《汉语名词习得中的中介词缀研究》，北京语言大学硕士学位论文。
孙常叙（2006）《汉语词汇（重排本）》，北京：商务印书馆。
孙珠珊（2012）二十年来中国儿童词汇习得述评，《文学教育》2012 年 5 月。

任学良（1981）《汉语造词法》，北京：中国社会科学出版社。
邢红兵（2003）留学生偏误合成词的统计分析，《世界汉语教学》第4期。
张廷香（2005）《基于语料库的3-6岁汉语儿童词汇研究》，山东大学博士学位论文。
朱其智（2005）留学生生造词语的偏误类型及偏误成因分析，《第八届国际汉语教学讨论会论文选》。

母语者—二语者会话中的话轮交接初探

北京语言大学国际汉语教学研究基地　徐　阳

摘　要　母语者—二语者会话与母语者之间的会话有着不同的结构特征，尤其是在话轮交接方面，本文以求职节目《非你莫属》（留学生专场）转写的语料为基础，采用会话分析方法对母语者—二语者会话的话轮交接进行分析。通过初步分析，发现母语者—二语者会话在话轮交接方面的特殊性主要表现在以下两方面：一、凭借母语水平优势和较高的语言心理地位，母语者常常急于表达己见或随时打断二语者进行提问，以便确认自己对二语者意思的猜测，他们还常常争相为二语者解释相关语言问题，这些都会加速话轮转换；二、二语者在遇到语言障碍时倾向于让渡本属于自己的话轮，以便向母语者寻求帮助，但在急需澄清重要问题时也会主动抢夺话轮，加速话轮转换。

关键词　母语者—二语者会话　话轮交接　会话分析

一、引言

母语者—二语者会话与母语者之间的会话有着不同的会话结构特征，二语者的加入使话轮交接方式呈现出不同于母语者之间会话结构的特点，母语者主动发起的意义协商以及二语者本人的交际策略都会对话轮交接[①]产生一定影响，进而改变会话结构。本文以求职节目《非你莫属》（留学生专场）转写的语料为基础，采用会话分析方法对母语者—二语者会话的话轮交接进行分析。

在电视节目中，话轮通常由主持人来分配，由主持人指定下一个说话者。但谈话类电视节目并非严格按照轮流发言的顺序进行，尽管嘉宾与主持人相比有些被动，但他们也可以为自己争取主动权：为深入挖掘说话人的意思，不同听话者

[①] 本文采用刘虹（2004）给出的"话轮"定义，即"会话过程中，说话者在任意时间内连续说出的一番话，其结尾以说话者和听话者的角色互换或各方的沉默为标志"。

常常通过自选主动接过或争夺上一个说话人的话轮,这从一定程度上活跃了现场气氛。

在母语者—二语者会话中,由于母语者和二语者在语言能力、语言地位等方面都有差别,话轮交接通常会受以下两方面影响:由母语者主动发起的意义协商;二语者交际策略的使用及调整。

二、母语者—二语者话轮交接中的他选和正常自选

按刘虹(2004)的分类,正常情况下选择下一个说话者的方式主要有注视、称呼、语境和背景知识。本文讨论的语料主要是电视节目中的会话,多以主持人称呼下一个发言人为主,如例1中主持人张绍刚示意解决网CEO许怀哲介绍职位。

(1)
张:还是有三位留了下来,来听一下,我来给你介绍企业,看这儿,解决网。

许怀哲:我们现在在手机的APP推广业务上做得非常好……

(转写说明,下文语料同,不再作解释:

张=主持人张绍刚,除了出现次数较多的主持人名字缩写,其他均以全名表示。

B:不能分辨哪位嘉宾说话。

=:表紧接着发言。

>……<:表省略号部分语速较快。

//:两个该符号之间内容表示同时说出。

:对话中出现冒号表延长。

下划线:说话人着重强调)

正常情况下对说话者的选择多根据座次、节目规定或对现场情况的观察进行,本文不作赘述。除此之外,听话者还可以通过自选来争取主动权,分正常自选和非正常自选两种方式。正常自选方式①主要有两种情况:一是说话人放弃话轮,听话人主动接过话轮;另一种是听者急于插话发出信号,说话人接到信号主

---

① 此处及下文"非正常自选方式"根据刘虹(2004)分类。

动让出话轮。在母语者——二语者话轮交接中，常出现二语者遇到表达障碍主动让渡话轮的情形，如：

(2)
张：你为什么是一个觉得自己是一个好的英语老师？
尹峰：= 语言老师。
左右（北京语言大学进修学院学生22岁，学习汉语一年）：我什么我的……嗯 Patience 怎么说？
→众：耐心。

(3)
馨月（北京语言大学汉语国际教育硕士，24岁，学习汉语5年）：观众朋友们大家好！我们……（向张绍刚）不知道，不好意思！
→张：你看今天我俩，我俩站在这儿，就给大家做了一个非常好的榜样，是吧？人生不孤独，（众笑）是吧？只要你勇敢走出第一步，是吧？

(4) 张：想在什么样的实习岗位实习呢？
西里尔（北京语言大学汉英双语本科三年级19岁，中俄血统，从小接触汉语）：我比较擅长于帮助人或者是写……写……怎么说？
→慕岩：= 文字翻译。
西里尔：文字翻译也可以，但是我不是很想做文件工作。

尽管学界对第二语言学习者交际策略的分类尚未达成一致，但向母语者寻求帮助是较为公认的一种策略。当二语者个人语言水平遇到表达障碍说不下去，主动让渡话轮时，母语者客观上享有了更多的发言机会。

三、母语者—二语者话轮交接中的非正常自选

非正常自选方式也有三种：第一种为非合作型故意打断，指听话人为急于表达己见、了解某种信息或者反驳说话人而主动争取发言权；第二种为合作型故意打断，多数是因为听话人没听清或者不理解而打断对方，要求澄清或者重复；第三种为非故意打断，指听话人误把某句结束标志当作整个话轮的结束标志，一般错误判断话轮结束的听话人会选择重新让出话轮，让对方继续。本文语料几乎没有涉及到第三种情况，第一、二类较多。

Ellis（1994）提出母语者对交际中断采取的修复方式通常为意义协商（包括

请求、解释、确认、重复）和放弃话题。本文选取的语料中，修复方式以意义协商为主，由于是求职类节目，主持人和嘉宾们需要对求职者进行全面了解，都不愿意放弃自己急于了解的话题。节目中时常出现母语者"抢夺"指定发言权的情形，即上一个说话人指定了二语者为下一个发言人，但其他母语者生怕二语者不能理解，不等二语者发言就接过话轮，进一步解释上一个说话人的意思，如：

（5）
陈昊：我刚刚听到，你刚刚说当老师也可以，那到底教多大的呢，你觉得有把握？教多大年龄？
→张：多大年龄？
→John：多大的孩子。
左右：哦，多大的孩子……
→John：=几岁的孩子？

除此之外，在母语者—二语者会话中，母语者急于表达己见，或随时打断提问以确认的情况较多，他们急于表达的多是自己对二语者意思的推测，迫切希望得到二语者的确认。一般情况下，反驳在母语者和中低级水平二语者之间几乎不会发生，因为对话双方的语言能力并不处于势均力敌的状态。从语言心理来看，这些现象产生的主要原因是双方语言心理地位的不同：母语者处于主位，自认为具有较高的语言地位，在对二语者较为宽容的同时也不免有"高高在上"的语言使用权威。

（6）
左右：因为我有很多耐心，因为如果你教孩子的时候你特别生气，特别不太好对他们，因为孩子们有很多很多问题，所以如果你特别生气，没有……耐心（注视John，John点头示意）没有耐心这个不太好。
张：=好，第一，耐心。第二？
尹峰：还有吗？
张：=第二。
左右：嗯，还有，因为我特别喜欢小朋友们，因为他们特别……
→尹峰：=爱心。
左右：爱心。
尹峰：=第三个呢？
左右：因为我的专业是演员，所以我的专业也是小孩子考虑的时候（做思考手势），因为表演是什么？表演是……

→尹峰：＝哦，我知道，我给你总结，你的意思就是你教课的时候有表演感很生动，是吗？

左右：对。

(7)

张：你看今天我俩，我俩站在这儿，就给大家做了一个非常好的榜样，是吧？人生不孤独，（众笑）是吧？只要你勇敢走出第一步，是吧？

馨月：但是……

→陈昊：＝哪怕有身高的差距

馨月：张老师我为了爱情什么都愿意付出……

→陈昊：＝国籍不是问题。

馨月：所以我不穿高跟儿鞋了（脱鞋，众笑）。

尹峰：＝太可爱了。

张：＝不不不没问题！

馨月：＝我现在就合适。

(8)

西里尔：大概就是跟人际交往，比如像助理，帮助别人做事或者是……

→张：我请你当我的助理，我出差你跟着我？

西里尔：对，也可以。

张：＝不是，我是举例说明，对这样的工作有兴趣，为什么呢？

西里尔：因为我喜欢帮助别人，但是（这个也很难说）。

……

西里尔：所以我说来说去还是说一个事，就是……

→张：＝想做助理类的工作。

西里尔：就是比如像，旅游团是带领人组织人，然后别人需要什么帮助我去帮助他做或者是……

→张：＝所以，你是不是想做那种事——现在有一个活动，是吧？

西里尔：嗯。

张：＝然后这个活动有方方面面各个环节……

西里尔：对。

张：＝然后你愿意去出力、跑腿，各环节都尝试，是不是这个意思？

西里尔：差不多

(9)

西里尔：对，我是被欺负大的，所以我现在……也是因为这个很内向有可能。

张：为什么呢当时？

西里尔：因为我转的学校是比较算是富裕的吧，然后我外貌又不是像百分之百的（中）……

→张：俄罗斯人。

西里尔：对，然后那个……而且当时都是年龄很年轻，（他们）我也不懂事，他们也不懂事，他们就老是像受到一种歧视吧，就没有朋友没有什么交流，很少，就完全封在自己的世界里。

张：到多大？

西里尔：到十六七岁吧，就是高中毕业的那一段，就慢慢开始改，但是……

→张：所以高中和初中过得并不快乐对吧？如果是这样我就能理解了……

(10)

康雪梅：对，因为我在北京住的时候就谁说你是哪国的，我说我是美国人，我就到美国以后我就真的知道我不是美国人，所以我就……

→张：为什么？比如说？

康雪梅：比如说我吃不了西餐（笑）

例（6）中左右的汉语水平无法支撑对自己优势的描述，于是采取了迂回的方式，提问者尹峰会意后立刻打断他不流畅的描述亲自补充。例（7）中馨月不知道怎么主持这种灵活性很强的现场相亲活动，张绍刚给予相应的帮助，馨月还是有点无所适从，陈昊便适时根据二人站在一起的对比插入可能的对白，给两人模拟主持的对话一条明晰的线索"异国恋走到一起真是克服了不少困难啊！"例（8）中西里尔不知道自己想做什么，在主持人的催问下说了很久也没让大家明白他到底喜爱什么类型的工作，因此主持人频繁接话试探他的意思。例（9）当西里尔描述自己中学被欺负的经历时，张绍刚认为他不便自述，于是试图帮助他完成陈述。例（10）中康雪梅说明白自己"真的不是美国人"，但并没举例说明，张绍刚困惑不解，且认为其他听众同样没明白，所以打断雪梅追问。

值得一提的是，该节目中主持人张绍刚除了急于表达己见或随时打断提问以确认二语者意思外，还存在以下两种话轮抢夺：一是对低水平二语者不必要的打断，如例（11）；二是对母语者或高水平二语者不必要的打断，如例（12）、(13)。

(11)

左右：因为我不是内向人，是外向人，所以我觉得找到朋友是非常容易对我，所以这是为什么你应该给我工作。

张：找到朋友很容易，人际沟通，我们把它翻译成——人际交往能力较强。啊，那不叫外乡人，叫外国人，咱们都不同的国家就叫外国人。

左右：=哦哦，不是，这个不是我的意思。我的意思是……

→张：=你的意思是?

左右：内向？extrovert?

John：=很外向。

左右：=谢谢谢谢！外向。谢谢谢谢！

除此之外，张绍刚对几位嘉宾也都或多或少有不必要的打断。

(12)

梅向荣：左右，我们公司有纽约办公室和芝加哥办公室，实际上我们今年准备引进一个剧目叫《杀死一只知更鸟》

→张：《杀死一只知更鸟》。

→梅向荣：=对对对。

张：=你们律所还干这个啊？

梅向荣：=对我们律所实际上就是他实际上就是帮助他申请文化部的批准然后安排合作伙伴，帮助他们整个的演出的活动。

→张：=就相当于整个这个项目的……

→梅向荣：=对对对！

→张：=运营过程中的相关事宜，包括提供法律文本……

→梅向荣：=对对对！

→张：=彼此之间的交流……

→梅向荣：=对对对！

→张：=都是由你们来做。

→梅向荣：=对对对！都是由我们来做。

(13)

John：哦哦还有一年，就是我感觉你之前的两年，有点遗憾，就是没更多地参加这种社会活动，所以我对你的建议是，从现在开始，尽可能……

→张：先别找实习呢，先多参加社会活动！

John：就不管是在学校里面或是学校外面还是要多参加一些活动，这样的话能够为你今后找工作搞一个基础，那也许今天能够找到一个机会，可以作为你这样……多参加社会活动的一个开始。

整期节目中此类情况屡见不鲜，可见主持人个人风格对会话结构会产生较大影响：说话人犹疑过多出现语音及节奏上的空隙时，有的主持人选择耐心听下去，有的则及时插话填补空白。由此我们提出这样的问题：不同话语风格的母语者对母语者—二语者会话结构有何影响？该问题有待进一步实证研究。

四、非正常自选中的紧密衔接现象

重叠，是非正常自选方式的一种，主要是由于说话者未选择下一个说话人、听话者同时开口争夺话轮或者对转换关联位置判断失误造成的，本文语料前者出现更为频繁。笔者认为，由于听话者同时开口争夺话轮造成的重叠可理解为较为激烈的非正常自选，两个说话人话轮衔接较为紧凑的情况可视为其相对平和、更为常见的一种方式。从话轮的紧密衔接中，我们可以更明确地发现母语者主动发起的意义协商和二语者采取的交际策略对话轮交接节奏的影响。

4.1 母语者主动接过话轮

在母语者—二语者会话中，母语者因二语者的加入相互争抢话轮的情况时常出现，这与母语者间的会话中争夺话轮有很大差别。由于本文涉及语料来自求职节目，因此嘉宾们争相对求职者进行能力评价的情况较多，但这是节目性质造成的特点，在此暂不讨论。另一情况为当母语者争相为二语者解释语言问题时，双方始终进行着快节奏的意义协商，如：

(14)
慕岩：不是我们招招那个活动主持嘛！我想看一下你的表现力。
→John：=就比如说一个小独白，
→慕岩：=对对，表现力。
→John：=do u have a……？
张：咱们就考活动主持吧，就是主持一个活动。
左右：主持？
→慕岩：就是……我们是一个搞对象的。
→尹峰：=我估计搞对象他也理解不了。

→慕岩：就是我们是一个 online dating。

左右：Online dating？哦我明白。

→慕岩：我们有那个 dating 的 event 活动。

左右：哦，我明白。

张：就是你是那个主持。

左右：哦，okay。

(15)

→张：来了之后大家心里面都有点含糊呢！

→慕岩：含糊他听不懂！

→张：羞涩。

左右：=也听不懂对不起。

→张：Shy。

→John：= shy。

→尹峰：=不好意思。

左右：=明白。

→John：=害羞嘛！

左右：（冲张绍刚）=你英语好厉害！

→张：然后你就把他们从 shy 的状态到 open 的状态，you know？

左右：明白。

(16) 慕岩：这个角色错位了。

张：他还是搞对象呢！

→慕岩：刚才是说，这个 dating event，你是个 organizer，你是个组织者。不是说你去 propose，不是说你去表白，（do）你知道吗？

J→ohn：就是说为什么比如说两个人，台下两个人，这边很多男的，这边很多女的，你想把他们都……搞到一块儿！

→慕岩：=你这翻译的也……

→张：小 John，小 John！不是他想把他们搞到一块儿，是他想让他们更 open 一点，让他们自己搞到一块儿。（笑）来，第二次。

上述语料中主持人和各位嘉宾争相为汉语理解存在一定问题的左右解释什么是相亲主持，母语者、高水平二语者 John 和低水平二语者左右之间一直处于意义协商的互动中，母语者、高水平二语者之间也处于意义协商的互动中。

4.2 二语者主动接过话轮

二语者强行夺过母语者的话轮或紧接着母语者话轮主动自选的情况则相对较少，往往是在急需澄清二语者本人认为重要的内容时，如：

（17）

张：长项，就是你什么比别人好？

左右：哦，为什么我比别人好？我不知道（笑）因为我觉得，很多人都很好。

张：＝不不，不是为什么你比别人好。（就是说）比如说吧，咱俩都去找工作……

→左右：我明白你的意思。

张：你22岁，我也22岁，那这份工作给你而不给我，为什么呢？

（18）

张：找到朋友很容易，人际沟通，我们把它翻译成——人际交往能力较强。啊，那不叫外乡人，叫外国人，咱们都不同的国家就叫外国人。

→左右：＝哦哦，不是，这个不是我的意思。我的意思是……

（19）

张：你知道相亲活动吧？

馨月：就是介绍对象（众笑）是吧？我可以的！

张：你可以的，好！

馨月：是！

张：刚才给左右出的题目现在再出给你，转身，面对他们。今天就不多说了，全是大龄男女青年，都三十好几了找不着对象，你作为主持人第一件事情，就是要迅速地到了这儿之后……

→馨月：＝让他们放开。

张：哎，就是把现场的气氛活跃起来！

（20）

姚劲波：我也觉得奇怪啊，就是因为上来两个外国人都是想凭自己的与众不同，或者说……

张：＝很多很多很多。

姚劲波：或者外貌来找工作，其实你有很多优势啊……

→馨月：＝没有没有，我不是凭外貌找工作。

姚劲波：＝你有国外的学位……
馨月：＝我不是凭外貌找工作

(21)
张：有个师傅天天骂你？
西里尔：也可以。
张：然后让你去干那个让你去干那个，然后干不好了还会被骂，师傅心情好的时候就会教教你。
→西里尔：＝为什么干不好？我会很认真的！
张：不，这和你没关系，师傅觉得你干不好！
西里尔：＝我会让他觉得我干得好啊！

(22) 张：你现在是在你爸爸的公司工作？
康雪梅：对，所以我就觉得不太适合，我应该自己就是飞出去。
张：你说得非常对，在自己爸爸的公司这么干，我们一般不把它叫找到了工作，别人问你现在在干吗呢？你说我在家帮忙儿呢！
→康雪梅：＝不是不是帮忙儿，是特别特别困难，他给我的活儿不是像"哦，你是我的孩子"这容易的东西，他是因为我是他的孩子那就是给我最难的工作。

上述例子中左右、馨月、西里尔和康雪梅都怕对方低估了自己的语言或工作能力，迅速夺过话轮以澄清自己的工作能力或工作意愿。左右涉及的大多只是语言问题；馨月对"凭外貌找工作"这一说法极其敏感；西里尔听到说师傅可能骂他干不好时也相当敏感，立刻打断告诉对方他"会很认真的"；康雪梅生怕别人认为她在父亲的公司工作是偷懒无能的表现，也迅速接过话轮说明她在公司做的是最难的工作。

值得注意的是，本文选取的是求职电视节目录制，因此属于谈话结果对一方至关紧要且有时间限制的会话类型，这是否对会话特点产生影响是个需要进一步证实的问题。

在语言措辞方面，二语者面对的是较为权威的母语者，在与之进行会话时，他们时刻做好自我修复的准备，与他人纠错相比，二语者更希望自己率先意识到问题所在，完成自我修复。如：

(23)
左右：就学一年半（我）但是在我的美国大学学习一（个）年，然后去北京四个月学习。

张：来北京。

→左右：＝来北京，谢谢老师！

(24)

John：比如说你在大学期间，你觉得你自己最出色的表演，就是哪一次在大学的时候，演的戏，你觉得演得最好的？

左右：哦，莎士比亚！

John：＝莎士比亚，哦。

→左右：＝莎士比亚，罗密欧……

John：＝罗密欧。

→左右：＝Romeo and Juliet，不知道怎么说了普通话。

(25)

康雪梅：那当然！你做模特这种东西，那你的脸不行了，可是你就就不能做那个工作。

张：＝什么叫脸不行了？

→康雪梅：＝对不起！你的表情，就是没有更深的东西了。

左右汉语水平比较有限，所以张绍刚等时常对其进行纠错或补充，每每至此，左右就会迅速接过话轮自己重复一遍正确说法。当康雪梅意识到"脸不行了"这一说法很不礼貌、可能冒犯当事人，在张绍刚质疑后立刻接过话轮主动自我修复换个中性的说法。

二语者除了习惯于对涉及意义澄清的话轮主导权进行抢夺或快速衔接外，对母语者采用语码转换之处也颇为敏感。节目中主导会话的语言是作为其第二语言的中文，对其思路、表达等各方面还是存在一定影响的。与第二语言相比，母语的使用无疑更有利于他们从容面对会话涉及的具体问题。

(26)

黄小川：我们有一个这样关于这种website的这种potion，不知道你感不感兴趣，就是网站的那种就是英文来把它，就是让你们美国人看起来会更加native的那样一个工作，主要是英文方面的编辑，语法、文法方面的编辑。

John：＝Like editing English from mistakes and things like that。

左右：＝Oh yeah。

(27)

张：怎么样？

左右：=我觉得很好！

张：How do you think？

左右：=I think it's very good 我觉得很好还有非常合适对我的目标。

(28)

慕岩：我们是一个 online dating，just like e-harmony in American。我给你的职位是媒介专员 然后是……

康雪梅：=可以解释一下媒介专员？

张：=做什么？

慕岩：就是和媒体打交道，但是这个媒体，我们有好多媒介专员，你呢是主要集中在电视电影和电视剧，然后每年还有三千万人民币的预算，内容植入的宣传，是把我们的 brand 放在他们的 content 里面。

雪梅：Okay。

在上述语料中，二语者除了加速对话轮交接的反应外还伴随着转用自己母语的现象。黄小川、John、张绍刚、慕岩分别采取了部分英文嵌入中文和整体英文代换，即 code mixing 和 code switching 两种。左右、康雪梅意识到嘉宾们的语码转换后也迅速调整了自己的语码输出。

本文对母语者—二语者会话中话轮交接特点所做的只是初探性的观察，若要进行纵深研究，则必须首先完成以下基础性工作：

一、必须对母语者之间的自然会话语料进行转写分析，研究汉语母语者之间话轮交接的节奏主要受哪些因素影响。

二、分门别类对母语者—二语者会话的语料进行转写，本文使用的是求职类电视节目的语料，因此母语者和二语者的话轮交接加速多出在需要意义澄清之处，节目中母语者对二语者的考察主要在职业能力方面，因此对语言错误的容忍度较高，以"听懂"为标准，而以师生为主体的课堂教学母语者—二语者会话的话轮交接加速很可能更多位于语言纠错方面，因此有必要分类进行研究。

参考文献

卜佳晖（2002）自然情景中的语言输入分析，《暨南大学华文学院学报》第 2 期。

黄国文（2006）语码转换研究中分析单位的确定，《外语学刊》第 1 期。

刘　虹（2004）《会话结构分析》，北京：北京大学出版社。

司　甜（2009）《汉语作为第二语言输入的"与外国人交谈语"研究》，北京语言大学硕士学位论文。

王瑾、黄国文、吕黛蓉（2004）从会话分析的角度研究语码转换，《外语教学》第 4 期。

于国栋（2000）语码转换的语用学研究，《外国语》第 6 期。

钟　峻（2008）当前汉语语用中的语码转换现象研究，《武汉理工大学学报》第 2 期。

Freed, B. (1981) Foreigner talk, Baby talk, Native talk. *International Journal of the Sociology of Language*, Vol. 28.

Ferguson, C. (1975) Toward a characterization of English foreigner talk. *Anthropological Linguistics*, Vol. 17.

Ferguson, C. (1981) Foreigner talk as the name of a simplified register. *International Journal of the Sociology of Language*, Vol. 28.

Long, M. (1981) Questions in foreigner talk discourse. *Language Learning*, Vol. 31.

Ellis, R. (1994) The *Study of Second Language Acquisition*. Oxford University Press.

Tarone. E (1980) Communication strategies, Foreigner talk and repair in interlanguage, *Language Learning*, Vol. 30.

留学生"是……的"句偏误分析

北京语言大学语言科学院 张 婷

摘 要 现代汉语关于"是……的"句的考察多是从本体角度进行的,在对外汉语教学中,"是……的"也是重要的语法项目,同时也是难点所在。本文拟在"是……的"本体研究和第二语言习得研究的基础上,通过对北京语言大学 HSK 动态作文语料库的考察,运用第二语言习得偏误分析理论,总结留学生习得"是……的"时存在的偏误类型,并尝试对偏误的成因进行分析,进而提出相应的教学策略。

关键词 是……的 习得 偏误 策略

一、引言

"是……的"是现代汉语中常见的句法格式,由该格式构成的"是……的"句是现代汉语重要的语法项目。本体研究方面,前人曾对该格式及其组合特征做过诸多探讨。在对外汉语教学中,"是……的"也是一个重点和难点。施家炜(1998)考察了外国留学生 22 类现代汉语句式的习得顺序,其中就有"是……的"句,包括"S + 是 + 时间词 + V(O) + 的"和"S + 是 + Adj(词组) + 的"。在对外汉语教学大纲中,各类"是……的"句在初级阶段基本都会出现。通过对北京语言大学 HSK 动态作文语料库的考察,我们发现中高级的留学生在运用该结构时仍存在很多偏误。本文拟在"是……的"的本体研究的基础上,结合第二语言习得中偏误分析理论,对留学生"是……的"习得情况进行进一步考察。

二、"是……的"句本体研究

"是……的"句作为现代汉语重要的语法项目，在以往的研究中受到了不少关注。吕叔湘（1980）讨论"是"时，提到"主语+是……的"句式，并总结出六种格式，其中"主语+是+名+的"，表示领属、质料；"主+是+动/形+的"表示归类；"主+是+小句+的"表示归类，其中主语是小句中动词的受事，以上三项多数可以理解为"的"后省掉一个名词。还有"主+是+动+的""主+是+形+的"，表示对主语的描写或说明，有加重的语气。另外还有"是+小句+的"，强调小句的主语。吕必松（1982）根据"是……的"在句中的作用，区分了"是……的"句和"是+'的'字结构"，又把"是……的"分为两种：一种是表示过去时，又分为时间、地点、方式、条件、施事或受事等五个小类；一种是表示肯定和确信的语气。刘月华（2001）将现代汉语中谓语部分由"是……的"格式构成的句子称为"是……的"句（一）和"是……的"句（二），认为"是……的"句（一）表示动作已在过去发生或完成，并且这一事实已成为交际双方的共知信息。说话人要突出表达的是与动作有关的某一方面，如时间、处所、方式、施事、受事等。"是……的"句（二）用来表示说话人对主语的评议、叙述或描写，全句往往带有肯定语气。卢福波（2002）谈到了"的"与"了"作为动态助词的区别，并且从延续性、传信、叙述与说明的功能等角度进行了分析。金立鑫（2005）谈到"是……的"的基本用法，他主要从必须用和选用"是……的"、必用和选用"是"、必用和选用"的"等角度做出了分析，一共有六种分布形式。此外他认为不存在句法上的"是……的"句型，而只存在语用上的"是……的"，并且认为语用上的"是……的"并非表示强调，而是用来标示新信息焦点，而"的"表示语用上的"确认"含义。

综上，各家对"是……的"的讨论角度不同，侧重也有所不同，但基本可以确定"是……的"句可以分为两种，一种是强调发生在过去的动作的某一方面，一种是强调肯定语气。本文对留学生"是……的"习得的考察以刘月华先生的分类为标准。

三、"是……的"句第二语言习得研究

"是……的"句在对外汉语教学中是重要的语法项目，留学生使用该格式的

频率也是很高的。留学生在习得该句式的过程中，产生了不少偏误，引起了对外汉语学界对这一问题的一些关注。谢福（2008）把"是……的"句分成八种句式，考察了初、中、高三个等级的学生的习得情况，归纳八种句式在每个阶段的错误比重，从而归纳在不同阶段的学生的习得顺序。张井荣（2009）把"是……的"结构分为"是+的"字结构、"是……的"强调句Ⅰ和"是……的"强调句Ⅱ三种句式，对印尼学习者习得汉语这三种"是……的"结构的偏误情况进行了针对性的分析。唐文成（2010）针对六类"是……的"句式，对越南学生对该句式的习得情况进行了考察。

综上，对于"是……的"句的第二语言习得研究，对外汉语学界也取得了一些成果，这些研究也为对外汉语教学提供了教材上和教学改进上的意见。本文拟在前人研究的基础上，对北京语言大学HSK动态作文语料库进行考察，选取证书等级为B的考生的作文语料进行偏误分析。

四、基于HSK语料库的"是……的"句偏误分析

偏误是第二语言学习者在学习过程中常见的现象，第二语言学习者常常在反复地出现偏误、纠正偏误的过程中逐步提高语言能力的。对偏误的分析，有利于了解习得过程中的难点，把握第二语言学习者的学习规律，进而有利于教师对教学内容和方法进行调整，以取得更好的教学和学习效果。

鲁健骥（1994）在分析外国人学汉语的语法偏误时，根据语料把语法偏误归纳为遗漏、误加、误代、错序四大类。本文以鲁健骥先生对语法偏误的分类为参考，对留学生"是……的"句的偏误进行具体分析。根据北京语言大学HSK动态作文语料库的统计，在考试等级为B的作文语料中，共存在263例"是……的"句偏误，对其进行逐条审查，发现存在重复语料5条[①]，存疑1条，与本文研究无关的语料5条，最后共得到252条符合本文研究范围的语料，其中"是……的"句（一）17例，"是……的"句（二）235例。说明中级汉语水平的留学生对"是……的"句（一）掌握得比较好，偏误率很低。大部分偏误出现在"是……的"句（二）的使用过程中。

---

① 在对语料库的语料进行考察的过程中，发现有5对相邻的完全一致的例句，对考生信息及原始语料进行核对后发现为重复，所以剔除重复的5例。

4.1 "是……的"句（一）偏误分析

"是……的"句（一）偏误类型主要为遗漏。在本文所考察的语料中，17 例"是……的"句（一）存在的偏误均是遗漏，其中遗漏"的"的为 16 例，只有 1 例属于遗漏"是"的情况。

（1）我是大约三年前学习汉语∨，因为那时接触的大部分都是中国人，因此非学好普通话不可。

（2）有一件事情使我感觉到我父亲是怎样做人∨，他用行动来告诉我怎样做一个人。

（3）虽然在中学时期，我是在以马来语为媒介语的学校就读∨，但我始终未曾放弃华文，并且我坚持在每一次会考中都选择华文。

（4）学汉语不仅能了解中国文化还能更深层地去研究我们国家所留下的多年的遗产，尤其是现在越南不使用汉字了，但很多词语都∨从汉字来的，这样我学了汉语就很容易去理解它。

"是……的"（一）主要用来强调说话人要表达的重点，即动作行为发生的时间、地点、方式、施事、受事等。"是""的"主要是为突出说话人的交际意图。"是"点明其后是新信息的焦点，"的"标记旧信息，这对动词或动词短语所述动作已成事实有一定依赖性，说话人可在此基础上进行解说。"是""的"搭配，形成"（是）新信息+旧信息（的）"的格局，使语句的信息结构更清晰，谈论的话题更集中。例（1）、（2）、（3）都是遗漏了"是……的"中的"的"，造成此类偏误的主要原因是学习者对汉语的语法规则不熟悉。另外，学习者可能受自己母语或英语语法规则的影响，而且学习者极易因语言经济原则而产生遗漏偏误，或由于句式复杂而避免使用。例（4）是遗漏了"是"，"是……的"里的"是"在汉语口语中虽常省略，但一般是在主语后有语气停顿且不会产生歧义的情况下。而 HSK 作文作为书面语，缺少语气停顿，"是"一般不应省略。

4.2 "是……的"句（二）偏误分析

在本文所考察的 B 等级的 252 例"是……的"句偏误中，"是……的"句（二）有 235 例，占了总数的 93.25%。该格式的偏误类型分布如下：

表1　HSK语料库B级考生"是……的"(二)偏误情况

句型	偏误类型		例句	数量	比例
"是……的"（二）	遗漏	"的"	人生是充满希望∨。	165	70.21%
		"是"	我想这∨难以做到的。	46	19.57%
		"是……的"	但是大部分的流行歌曲都∨关于爱情∨。	5	2.12%
	误加	"是"	妄自夺取他人的性命是属于谋杀。	10	4.25%
		"是……的"	虽然身体是那么小的，但是没有人敢碰你。	4	1.70%
	错序		孙老师的伟大是：对方不接受他的意见……	5	2.12%
总计				235	100%

下面分别对各类偏误进行分析。

4.2.1　遗漏

遗漏偏误是指句子中遗漏了某个或某些成分导致的偏误。本文通过对语料的分析，发现在"是……的"使用过程中，主要有三方面的遗漏。一种是遗漏"的"；一种是遗漏"是"；还有一种是遗漏"是……的"，即应该用该格式而没有使用。

4.2.1.1　遗漏"的"

（5）但是因为当地政府所实行的教育政策和制度，我从一开始是把汉语当作是第二语言来学习∨，所以经历了许多的苦与乐。

（6）我向他数说家事、心事，他常说，美好的生活是要我们自己亲手去创造∨，要如何生活是掌握在自己手中∨。

以上是"是……的"句（二）中遗漏"的"的情况，"是……的"句（二）中的"的"和"是……的"（一）中的"的"一样，都是不可省略的。这也是大多数学者所认同的，有一些特殊情况除外，如：她是很聪明，但是不努力。我们把它和"她是很聪明的"进行比较，就会发现后者是对事实的肯定，"她是很聪明"的语气和意义都已经发生了变化。

遗漏"的"这一类型的偏误出现得最多，本文认为最主要的原因是受第二语言学习者母语或者第一外语英语的影响。在汉语中，形容词可以直接做句子的谓语，英语中必须在主语和做表语的形容词之间加上系词。例如英文"He is very smart"，翻译为中文为"他很聪明/他是很聪明的"，但汉语目的语学习者可能直接翻译为"他是很聪明"，从而造成"的"的遗漏或者说"是"的误加，此类偏误大多是英语语法迁移的结果。

4.2.1.2 遗漏"是"

（7）她把还小的我当作一个人劝告，我想这∨难以做到的。

（8）举世闻名的好多伟大的人物没有一个不∨经过很大的挫折的。

以上是"是……的"句（二）中遗漏"是"的例子，相对于遗漏"的"的情况，此类型的偏误出现的频次是比较少的，"是……的"句（二）用来表示说话人的态度、评价等，表达强调肯定意味，如果缺少了强调标记"是"却仍保留句尾的"的"，句子是难以自足的。

本文认为这一类型的偏误主要是受教学中教师的讲解（解释不充分或者不恰当）或教材中的注释影响，是目的语规则的过度泛化导致的，"是……的"句式中有时"是"可以省略，通常在初级阶段，学生会先学习"是……的"句（一），即对过去发生的动作的方式、目的、场所等进行强调，其中"是"常常可以省略。学生在学到这一规则后，就推广到所有"是……的"句中，在学习"是……的"句（二）的时候，学生难免用先前学到的"是"的省略原则套用在新的语法项目上，这时就会产生遗漏"是"这一类型的偏误。

4.2.1.3 遗漏"是……的"

（9）但是大部分的流行歌曲都∨关于爱情∨，所以青春美丽时代的年轻人都爱听。

（10）可是，一见钟情式的相识方式，并不∨建立互相了解的基础上∨，他们的婚姻也多以离婚收场。

以上是应该用"是……的"格式而没有使用的例子，此类偏误在所有偏误类型中所占比例不大。这类句子有强烈的评述语气，从语感上看，我们对于一类事物表达自己观点的时候，语气是十分肯定的，"是……的"结构有加强语气的作用。

这种类型的偏误多是由于目的语学习者没有掌握该语法项目，或者对该语言点掌握得不够准确，以至于采取回避策略①。

4.2.2 误加

误加是指在句子中添加了不应该使用的成分。本文通过对语料的分析发现在

---

① 学习或交际策略指的是学生在学习目的语的过程中感觉自己的第二语言知识不足以应付交际的需要，无法按照原定计划完成交际活动的时候会采用交际策略，回避策略是交际策略的一种。

"是……的"句（二）的使用过程中，主要有两方面的误加。一种是误加"是"；一种是误加"是……的"，即在不应该使用该格式的情况下而使用。

4.2.2.1 误加"是"

（11）而且吸烟是对公众利益也有影响。
（12）我认为中学教育是应该用男女混合的方式。

以上是误加"是"的情况，这种类型的偏误在所有偏误类型中所占的比重为4.25%，本文认为此种类型的偏误同遗漏"的"一样，大多是由学习者母语或者第一外语的影响而造成的。上文已有说明，这里不再赘述。

4.2.2.2 误加"是……的"

（13）我个人认为帮助别人自杀并不是相当于故意杀人罪的。
（14）虽然身体是那么小的，但是没有人敢碰你。

以上是误加"是……的"格式的情况，在所有偏误类型中所占的比例很小，本文认为是由于第二语言学习者目的语知识规则掌握不完全造成的。

4.2.3 错序

错序指句子成分在句子中的位置不对或语序出现颠倒。在"是……的"（二）的偏误中，错序偏误主要表现为"是"的位置不恰当。

（15）孙老师的伟大是：对方不接受他的意见，他却毫不在意，反而从对方的意见里寻找值得参考的东西。
（16）然而现代工业化社会中，吃饭是显然不重要的。

以上是语序错误的情况。现代汉语里，一般是副词在动词前面修饰动词，例（16）中"显然"放了"是"的后面造成了偏误，"显然"是副词，要放在"是……的"前面。本文认为此种类型的偏误是由于对汉语语法规则的不理解造成的。汉语没有严格意义上的形态变化，主要靠语序和虚词来表达特定的语法意义，这对于第二语言学习者来说，无疑是一个难点。

五、"是……的"句的教学策略

"是……的"是现代汉语交际中常用的句式。在汉语水平等级标准与语法等级大纲等几部主要的对外汉语教学大纲中，"是……的"句式均被列为对外汉语语法教学中的重要句式之一。所以我们在教学当中要给予足够的重视，采取一定的教学策略以取得良好的教学效果。

5.1 分阶段教学

汉语"是……的"句对留学生来说是重点和难点，在对外汉语教学中，我们应该遵照循序渐进的方法，其不同句式应分散在不同级别的课堂中来教授，使各句式形成一种认知难度和形式难度逐渐递增的序列，同时插入相关语法点进行教学，随着句子成分的增加，习得难度也相应增加。不同阶段应针对不同偏误采取不同的策略：初级阶段应更注重防止学习者的母语知识负迁移，中级阶段应更注重防止目的语知识的泛化，高级阶段则要加强语用方面的教学。广泛使用真实或简化的语篇，进而向学习者提供大量含有语言使用情境的目的语结构，从而让学习者明确"是……的"的语用意义，了解其在话语交际中的作用。

5.2 情景式教学

教师要让学生有自主学习的空间，精讲多练。教师可以调动学生的团队合作积极性，使他们能够更快更好地掌握"是……的"句式的用法。老师要先给学生展示"是……的"句式怎么用及有几种用法，然后用生活中的场景去练习这个句式，接着引导学生运用"是……的"造句。如果出现错误，教师应该及时纠正。接下来可以分组练习，教师可以选择一些学生日常生活中常用的话题，要求学生回答的时候必须要用"是……的"句式。然后可以进行小组活动，设置一个情景，让学生对话，互相帮助和纠正。这样才能让学生既加深对"是……的"句式的认识，也方便他们在习得过程中及时了解自己存在的偏误。

5.3 强化语感教学

吴中伟（2007）指出，在语法教学中，教师的责任决不仅仅是把规则告诉学生，也不仅仅是帮助学生记住这些规则，而是要努力创造条件，让学生在尽可能接近真实的语境下最大限度地运用目的语，强化程序性知识的形成，促成程序性知识的自动化，从而培养学生的语法能力。在对外汉语课堂教学中，教师是对外汉语课堂的设计者和主导者，应该从各方面提高自身语法教学的能力。

汉语母语者每天都在使用汉语，"是……的"句已经不知不觉地融入母语者的生活中。但是把汉语作为目的语学习的留学生，在语感的培养上是有很大欠缺的。不在目的语学习环境中的学生，日常生活中接触汉语的机会更少。因此，教师必须充分利用课堂来营造一个积极的汉语环境，加强语感教学。

六、结语

"是……的"句是对外汉语教学中重要的语法项目，同时也是难点所在。本文在"是……的"本体研究和第二语言习得相关研究的基础上，对北京语言大学 HSK 动态作文语料库进行了考察，选取了考试等级为 B 的考生的语料偏误进行了分析，运用偏误分析理论，总结了留学生习得"是……的"句时存在的偏误类型，发现 B 级水平的留学生在运用"是……的"句时，最主要的偏误出现在"是……的"句（二）上，特别是容易遗漏"的"。本文认为"是……的"句偏误的产生与学习者母语知识负迁移、目的语知识泛化、目的语规则掌握不完全等多种因素有关。在此基础上，本文提出了针对"是……的"句式的对外汉语教学建议，教师应该采取分阶段教学、情景式教学，同时应该强化语感教学。另外，教师应该正确地区分两种句式的"是……的"，以免学生混淆。同时汉语教师应注意不同国家的留学生对该语法点掌握情况的不同，来调整自己的教学方法。本文仅是基于 HSK 动态作文语料库的部分语料进行的分析，对于"是……的"句式类型的涉及不是很多，难免有一些不足，在今后的研究中会加以改进。

参考文献

金立鑫（2005）《对外汉语教学虚词辨析》，北京：北京大学出版社。
卢福波（2002）"了"与"的"的语用差异及教学策略，《暨南大学华文学院学报》第 2 期：59-65。
鲁健骥（1994）外国人学汉语的语法偏误分析，《语言教学与研究》第 1 期：49-64。
吕叔湘（1980）《现代汉语八百词》，北京：商务印书馆。
吕必松（1982）关于"是……的"结构的几个问题，《语言教学与研究》第 4 期：21-37。
刘月华等（2001）《实用现代汉语语法》，北京：商务印书馆。
牛秀兰（1991）关于"是……的"结构句的宾语位置问题，《世界汉语教学》第 3 期：175-178。
施家炜（1998）外国留学生 22 类现代汉语句式的习得顺序研究，《世界汉语教学》第 4 期：77-98。
唐文成（2010）《越南学生汉语"是……的"句式的习得研究》，广西民族大学硕士学位论文。
吴中伟（2007）《怎样教汉语——语法教学理论与实践》，上海：华东师范大学出版社。
谢福（2010）《外国学生"是……的"句的习得研究》，上海师范大学硕士学位论文。

杨石泉（1997）"是……的"句质疑，《中国语文》第6期：439–442。

杨春雍（2004）对外汉语教学中"是……的"句句型分析，《云南师范大学学报》第5期：73–76。

张宝林（1994）"是……的"句的歧义现象分析，《世界汉语教学》第1期：15–21。

张井荣（2009）《印尼学习者习得汉语"是……的"结构偏误分析》，暨南大学硕士学位论文。

汉语表达动作行为意图性特征考察

北京语言大学国际汉语教学研究基地　韩　超

摘　要　本文从认知语义和功能考察的视角出发，考察汉语动作行为方式中隐含的行为意图性功能语义特征，归纳出判别行为意图性程度的参项和依据，指出类似意图性这样的功能语义特征不仅客观存在，并且深深地内化在汉语的语言认知系统中，反映出汉语使用者的语言认知特点。

关键词　动作行为方式　意图性特征　认知功能考察

一、引言

单音节动作行为动词其词义内部，从词典释义上看，蕴含着丰富的隐性的行为方式语义，但还有很多在词典释义中并未明示的行为方式特征，却是更为隐性的，且往往是具有功能性的。税昌锡、邵敬敏（2006）认为语法语义特征分为认知语义特征和功能语义特征，前者要受到后者的制约。认知语义特征分为相容性语义特征（即一组词语在语义上相关联的共同的语义要素）以及区别性语义特征（即从一组具有相容特征的词语中提取出的，能够在分布、语义关系或语用功能上相区别的语义要素）。功能语义特征依赖结构或语境而存在，是附属性语义特征，可分为词语组合和词语聚合时体现出的词汇性附属特征以及结构性附属特征。

比如内化在动作行为中的"有意"或"无意"的隐性义，体现出汉语使用者对于动作行为实施方式的意图性特征的认知。如"我没推他，只是碰了他一下"，此句中"推"和"碰"同样是"接触"，但因动作实施"方式"而异，"推"往往被认定为"有意"的，"碰"则往往被认定为"无意"的。以《现代汉语词典》（第5版）释义为例，"推"和"碰"的释义有很大区别：

【推】①：向外用力使物体或物体的某一部分顺着用力的方向移动。
【碰】①：运动着的物体跟别的物体突然接触。

词典释义大致只能反映概念语义的差别，却不能反映出概念语义背后潜藏的，与行为方式所关联的行为意图性的有无或强弱。而这样的意图性特征不仅客观存在，且已深深地内化在汉语认知系统中，反映出汉语使用者的语言认知特点。

二、行为方式潜在的意图性特征

汉语表达行为的意图性已经受到多位学者的关注。比如张黎（2003）就曾定义：所谓"有意"是指主体对事件或动作本身以及动作所涉及的场所、性状、可能、方式等语义范畴的自觉性的观照；所谓"无意"是指上述语义范畴在经过动作后，超越主体的意识而形成的客观态势。"有意"是一种主体表现范畴，在汉语中是通过核心动词前后的镜像对照而反映出的无标记范畴。"有意""无意"实际上指涉各种意象同主体之间的联系。同时他认为，有的动作动词在不同的句法环境下既可表有意又可表无意，动作的"有意"和"无意"是同动词的隐性词义结构相关的。在此基础上，周红（2010）认为"有意"和"无意"是致使范畴的下位分类的一对变量，致使的"有意"和"无意"表现为致使力传递的有意与无意，以及致使结果的有意与无意（即结果的"预期"与"非预期"）。王丽彩（2008）根据方式成分跟动作实现的相关度，而将行为方式分为致使类方式和非致使类方式，致使类方式又分为有意致使和无意致使两小类，非致使类方式又分为伴生类和非伴生类；同时根据动作主体对方式的控制度，将行为方式分为可控方式和非可控方式。三者观点共同之处在于都持"有意"和"无意"的二分法。我们认为在"二分法"基础上应当推进一步，既然行为的意图性是一个标示各种意象尤其是动作行为同主体之间关系的语义范畴，那么也就应当是一个具有典型至非典型程度差异的连续统，我们可以设定一些判别意图性程度高低的参项，帮助我们鉴定典型成员与非典型成员之间的差异。

同样注意到这一点的还有张伯江（2002）。该文提到"从强意志性，到弱意志性，到非意志性，其间是一个连续统"。另外，张国宪（2005）在分析性状词的句法成分定位时将语用动机分解为"恒久—临时"、"有意—无意"、"主观—客观"等几对基本要素，指出典型的状语是临时、有意和主观的交集，而典型的补语是临时、无意和客观的交集。他给出三个例句：

a. 奶奶为大孙子<u>厚厚地</u>做了件新棉袄。
b. 面包上<u>厚厚地</u>抹了一层奶油。

c. 桌子上厚厚地落了一层灰。

他指出，a是意志句和高及物施动句式，c是非意志句和低及物的存在句式，b介于两者之间。这三句在"有意"强度上呈现出a>b>c的递降态势，而在"主观性"程度上则表现为a<b<c的递增态势，正好形成一个镜像关系。

这里探讨的是性状词错位作状语的情形，但已经涉及"有意"强度递降斜坡，颇具启发性。我们就从这三个例句入手，可以发现，若没有状位的性状词，仍然可以呈现"有意"强度递降的斜坡，请看：

a′. 奶奶为大孙子做了件新棉袄。
b′. 面包上抹了一层奶油。
c′. 桌子上落了一层灰。

首先单从动词自身隐性词义结构看，句中粗体显示的核心谓词"做""抹""落"，其中"做"和"抹"都是人为实施的动作行为，而"落"则非人为实施的，因而c′句的"有意"强度最低。其次从句中动词所示动作行为、主体及其联系来看，a′句行为主体"奶奶"是句中凸显的，是高生命度施事主体，b′句的行为主体未出现，被言者隐去了，因而整句的"有意"强度降低，也就同时影响了句中动词的"有意"强度。不仅如此，a′句还出现了目的状语"为大孙子"，更凸显出"有意而为"。可见，去掉性状词，三句的"有意"强度仍是a>b>c。

可以说，"有意"强度即意图性程度是同动词及其小句所体现出的及物性特征密不可分的。王丽彩（2008）在讨论"有意致使方式"时，指出大部分有意致使方式句全部具备或部分具备了检验及物性程度高低的特征参项（由Hopper & Thompson 1980年所提出的，经由沈家煊1999年引介）。具体参项如下：

1. 动作的参与者在两个以上；
2. 动词表示的是动作（过程）而不是状态；
3. 动作是瞬间完成而不是持续的；
4. 动作是人为的、有意图的；
5. 动作是现实的而非虚拟的；
6. 动作的施事对受事有很强的支配力；
7. 动作的参与者有很强的个体性。

然而我们并不能就此通过及物性特征参项来检验意图性程度的高低，比如：

d. 他<u>不小心</u>打碎了杯子。
e. 他<u>丢</u>了钱包和手机。
f. 他<u>假装</u>睡着。

这三个句子中，d 句除了不符合及物性特征参项中第 4 项的"有意图的"以外，其他都符合，因为施事主体"他"是"不小心"而不是"有意"打碎杯子的，因而属于高及物性但低意图性；e 句同 d 句类似，也是除第 4 项特征以外其他都符合，但动词"丢"是一种"无意"行为，因而也是属于高及物性而低意图性；f 句参与者只有主体"他"，没有受体，及物性较低，且"睡着"是一种状态，但"假装"则凸显了"有意"的行为方式，因此属于低及物性而高意图性。

以上例句中"丢"和"假装"都是动词，其自身语义在汉语中早已烙上了"无意"和"有意"行为方式特征的认知烙印。而"打碎"本是强意图性的行为，但在组合中受到表示无意的"不小心"的限定，从而强意图性被勾销。

三、意图性程度特征考察参项

汉语语言表达行为实施方式意图性的手段，有的是显性的，有的是隐性的；有的是聚合向度上的，有的是组合向度上的；有词汇层面上的，也有句法及话语语用层面上的。

3.1 显性参项

首先，<u>汉语表达中经常使用一些显性表达行为者意图的词语</u>，比如"不小心、下意识地、不经意间、故意、有意、特地、特意、假装、主动、积极、好不容易、终于、总算"等。这些词语与动作行为搭配组合时，无论动作行为动词所隐含的意图性程度如何，组合后语义表达的意图性首先决定于这些显性标记词语的意图性，而非首先决定于行为动词。

除此之外，显性标记还有一些表示凭借或者依凭类的，以及表示行为对象、目标类的介词短语。比如：

g. 他<u>用绳子</u>捆住鸡爪。
h. 他<u>按照地图</u>找出工厂的位置。
i. 她<u>以自己的美貌</u>骗取别人的钱财。

j. 老王<u>为儿子</u>烧了一桌菜。
k. 他<u>替女儿</u>扛行李。
l. 小李<u>为了多挣钱</u>打了好几份工。

当然，这些介词短语并不像那些专门标示意图性的词语那样具有绝对的显性判定的功效，而是需要结合其他参项才能综合考察表达中行为的意图性程度。因为首先，一个动作行为将要进行或正在进行时，主体需要凭借某种工具或材料的话，说明主体一定是有意识地在进行或准备进行该动作行为；同样，如果主体在进行动作行为之前或之时已经确定行为的对象，或是此行的目的、目标，那么因着某种目的、目标、对象而从事某种行为，一定是高意图性的凸显。其次，这些介词短语源自谓词短语的降级，其所标示的述谓语义是先于核心动作行为的，即先时的，或者至少是与核心动作行为同时存在的，符合张黎（2003）列出的有意范畴语义特征中第二条，即"先时性"。

这些介词短语之所以不能作为决定性的判定参项，还源于这些介词短语本身的抽象度差异，以及整句所体现出的言者陈述是倾向于具体事件过程还是描写主体状态。比如句 l 就偏向于描写小李的一种工作生活状态，由于言者的主观性参与而淡化了施者主体的意图性程度。再比如"以"字的介词短语所带宾语往往是较为抽象的或精神层面的名词：

m. 他<u>以自己的大公无私</u>赢得了世人的尊重。（转引自王丽彩，2008）
n. 小姑娘<u>以顽强的毅力</u>战胜了病魔。（转引自王丽彩，2008）

以上两句介词"以"所带宾语都是抽象的精神层面的名词，从而动作性减弱，动作的及物性降低，行为的意图性程度自然也随之削减。

3.2 隐性参项

如果说以上可谓显性参项的话，那么下面我们将谈谈较为隐性的参项。

3.2.1 聚合向度隐性参项

首先，从聚合维度考察，前文已提到动词自身语义中隐含意图性特征，比如"推"和"碰"，"扔"和"丢"，"偷"和"捡"等，对比之下，前一个动作常规意图性归为"有意的"，后一个动作常规理解为"无意的"。为什么说是"常规"呢？因为动作动词有的既可表无意也可表有意。有的动作动词在常规无标记语境中表达"有意"或"无意"往往具有一定的倾向性，形成常规意图性认知识解。比如"推""扯"等许多手部动作行为就是"有意"特征凸显。但特定语境中，或在言者主观性的参与下，含有"有意"特征的行为可能转变为表达"无意"，含有"无意"特征的行为可能转变为表达"有意"。比如：

o. 他推门进屋。
o′. 人群推着我往前。
p. 我在路上捡了一个绿色的背包，里面有两本书、一个钱包和一串钥匙。
p′. 清洁工正在捡地上散落的垃圾。

例句 o 和 o′ 中主要动词都是"推"，但 o 是"有意"的，是常规意图性识解，而 o′ 对"我"来说是"无意"的；例句 p 和 p′ 的主要动词都是"捡"，但 p 是"无意"的，是"我"无意中捡到的，而 p′ 是"有意"的，是清洁工正在工作，捡拾地上的垃圾。

对于如何分辨哪些动词在常规认知识解下具有"有意"的意图性特征，我们可以通过形态结构的变换来进行大致的考察。比如，"有意"的行为往往是可控的，是可以预演或复制的，而"无意"的行为往往是不可控的，不能预演或复制。张旺熹（2006）在考察动词重叠的语义特征时得出，动词重叠最本质的意义属性是"惯常性"，所谓"惯常"是指在一种周期性、规律性时间参照下的习惯性的行动，这种习惯性的行动通常是非限量重复的。因而"有意"的动作往往可以有重叠形态，理论上是可以非限量重复的，而"无意"的动作则不行。比如：V（一）V 重叠。

推（一）推　　拉（一）拉　　扔（一）扔　　踢（一）踢　　吃（一）吃
说（一）说　　打扫打扫　　学习学习　　抬（一）抬头　　眨（一）眨眼
＊碰（一）碰（被动的"碰"）　　＊丢（一）丢（丢东西的"丢"）
＊倒（一）倒　　＊失（一）失手（除非"故意"的前提下可成立）
＊听说（一）听说　　＊死（一）死　　＊错过（一）错过

但并非所有的动作动词都可以进行意图性特征的认知识解，比如一些偏于表现性状类的动词，像"出现、消失、变化"等等就不含意图性特征。换言之，意图性是一种依附于动作行为（包括心理、感觉行为）的隐性的行为方式特征。另外，我们还可以通过将动词置于祈使指令句中，看是否能构成合理语义表达，从而判断该动词是否在执行过程中需要通过意识主导和控制。这一点同马庆株（1988）所提出的自主动词和非自主动词的鉴别基本相通。但需要强调的一点是，动词的自主与非自主并不与其意图性特征完全一致。周红（2010）曾给出同一自主动词在不同的言语表达中体现为"有意"和"无意"的差别，以及在同一句式下（包括致使宾语句、具体递系句、动结句、"把"字句、"被"字句）同一自主动词也会有两种不同的意图性特征表现。我们认为需从组合维度上进一步探寻。

3.2.2 组合维度隐性参项

从组合维度上看，我们可以找出哪些判别行为意图性程度的参项呢？

第一，具有意图性的行为体现为在人的意识控制下实施的动作行为。虽然意图性是依附于动作行为的，但更是由行为主体主导和控制的。张黎（2003）所列出的有意范畴语义特征中的第一条就是"主体性"，即有意范畴所表达的都是主体的选择、判断、目标等。并且意图性特征所体现的是行为主体同动作行为之间的一种联系或是关系，因此判定意图性程度高低，主体是必须考察的一个参项。李临定（1984）曾经探讨过施事的"意愿性"特征，认为施事有"意志施事"和"非意志施事"之分，可以依据施事主体的生命度等级特征来判别。张伯江（2002）进一步就施事性强弱的问题，从主语名词的词汇语义、动词的自主性、句式以及说话人的主观态度等几个方面做了细致的考察和描写。他归纳国外认知语义研究者们包括 Talmy、Delancey、Langacker、Croft、Jackendoff 等对于施事所共持的观点，即施事属性的确定是典型的名词属性（如生命性，意愿性）和典型的事件属性（如行为性，致使性）的混合。他认为不能仅从词汇属性的角度来确定和预测施事角色，施事的理解很大程度上还是语用作用的结果。我们的想法与此不谋而合。其实，虽然张伯江（2002）一直探讨的是施事性，主要是其关注焦点在于施事角色的属性，而同样的言语表达的画面，如果我们将关注焦点转移到行为属性上，看到的则是行为意图性的强弱。从这种意义上说，其实主体的施事性程度和行为的意图性程度是同一个问题在不同视角下的呈现。

第二，所表达的动作行为是处于"做态"还是"成态"也是一个很重要的参项。关于"做态"和"成态"的差异，池上嘉彦、木村英树、张黎等学者都有所提及，主要是源于日语表达中的する和なる这对语法范畴的对立。指的是句式所表达的事态因动词的自主和非自主而形成两种态势，"做态"一般指因意图性的行为所产生的过程性事象，"成态"一般指因非意图性的行为所产生的结果性事态（木村英树，2013）。比如"切片、切块、切丝"这几个动词：

q. 这些土豆小王在切块，小李在切丝。

r. 那些土豆我已经都切块了。

例句 q 中"在 + V"是正在进行的动作行为，体现为过程性事象即做态，因而"切块、切丝"凸显的是有意的行为方式，是意图性高的行为。例句 r 中的"已经……了"表示已然的动作行为，"都"表示行为操作的范围。整句在于强调行为实施后的结果，"切块"是所呈现的结果状态即成态。这样结果状态凸显，而行为则退为背景，所以行为的有意程度自然没有 q 句高。

第三，意图性是体现主体和行为之间关系的一类特征属性，主体实施动作行为从物理的角度而言就是在"做功"，"做功"即存在能量转化或能量传递的过程，能量转化或传递得越多、效率越高，则功效越大。周红（2010）曾探讨过致使范畴中存在的致使力传递的问题，她指出致使力的传递是致使的语义核心，可以是致使力由致使者传递到被使者，或是由一个事件传递到另一个事件。致使力传递的有意与无意是指致使者是否有意识地作用于被使者。

我们认为致使是一种功效范畴，行为的"有意"往往伴随着"致使"，而"致使"力的传递并不一定源自行为的"有意"，也可能是"无意"行为所导致的"致使"。"无意"的行为可能会引起"致使"力的传递，但也可能是"零做功"，即凸显为行为状态的情形。同时，意图性和致使都与原因/起因、目的/结果相系联，但系联的情形不同，致使关注的是整个事件图景，且注意力重心在于致使力传递的终端上；而意图性关注的是事件图景内部主体同行为之间的关系，即主体实施动作行为的方式、方法所体现出的属性特征方面，注意力重心在主体和动作行为的关联上。可见行为意图性同行为致使两个范畴既相区别又紧密联系。这也就是为什么一些动作动词词义内部可以分解出"使……怎么样"这样的表示致使或目标的语义，其意图性方式特征总是较为凸显。比如一些单音节动词，其释义分解如下：

【磕】② ［磕打；碰］ + 〈向地上或者较硬的东西上〉 + ｛使附着的东西掉下来｝

【捋】 ［抹过去］ + 〈顺着〉 + （用手指） + ｛使物体顺溜或干净｝

【推】 ［用力］ + 〈向外〉〈顺着用力的方向〉 + ｛使移动｝

【夹】① ［加压力］ + 〈从两个相对的方面〉 + ｛使物体固定不动｝

3.3 动态考察参项

汉语表达的意图性程度高低不仅受到以上这些显性和隐性的、聚合和组合向度上的因素共同作用，还会在具体的言语交际使用中，受到言者表达主观性的影响。也就是说，决定语言表达的意图性程度高低的因素，有的来自语言自身系统静态的词汇、句法层面，也有的来自语言交际使用的动态话语层面。张黎（2013）曾在第七届现代汉语语法国际研讨会（新加坡 2013 年 12 月举办）的大会报告中提出汉语在一个句子中不同层级的意愿关系构成一个意愿函数式：

（（话者意愿→（（施者意愿）→行为意愿→结果意愿）））

语言表达的基础任务是陈述语义，而最终目的是用于言语交际，是归于语用层面的。言者意愿对于听话人准确地解码所接收到的信息有着至关重要的决定性作用。通过言者意愿这一参项界定语言表达的意图性程度，实际反映的是言者主观性的植入程度，即说话人的移情程度等级，对此可以参考沈家煊（2001）对 Kuno（1987）有关移情观点的引介。

3.4　行为意图性程度考察参项归总

至此，我们可将考察言语表达所呈现动作行为的意图性程度参项梳理如下：

① 是否使用了显性表达行为意图的词语，比如"不小心、下意识地、不经意间、故意、有意、特地、特意、假装、主动、积极、好不容易、终于、总算"等；

② 是否出现了显性标示凭借或依凭类的，或表示行为对象、目标类的介词短语，如"用、以、按照、替、为、为了"等介词引导的介词短语；

③ 聚合向度上，考察核心动词词义内部是否隐含行为意图性的方式语义，或是否可以进行意图性特征的认知识解，方法包括考察核心动词是否可重叠，或是置于祈使指令句中，看能否构成合理语义表达；

④ 组合向度上，看施事主体的生命度等级和施事性程度等级，等级越高，则意味着其实施动作行为时可能伴随的意图性程度越高；

⑤ 组合向度上，看全句所表达的动作行为是凸显为"做态"还是"成态"，凸显为"做态"即过程性事象时，往往动作行为是体现为主体采取有意的行为方式，意图性高，"成态"则往往是凸显结果状态，行为则退为背景；

⑥ 组合向度上，看主体实施动作行为的过程是否存在能量传递或功效传递，能量转化或传递得越多，功效越大，意图性程度越高；

⑦ 从动态语用层面看言者主观性的植入程度，即说话人的移情程度等级，说话人移情程度越高，主观性越强，则句中施事主体的行为意图性就越易被削弱。

以上 7 条参项中，①②可谓较显性的标记，③④⑤⑥⑦较为隐性；③是聚合向度上的，其他几条是组合向度上的；⑦是动态语用层面上的，其他几条是静态词汇句法层面上的。可以说除了第①条是具有绝对性的判定标记以外，其他任何一条都不具有绝对的判定功能，考察言语表达的意图性程度高低必须综合所有参项进行判定。参项条件同时符合得越多，主体同行为之间的关系越体现为一种高意图性的主体施动行为，符合得越少，越体现为低意图性的行为方式。因而我们应该跳出"有意"和"无意"行为的二分法，更多关注主体实施动作行为所体现出的行为意图性方式特征的程度差异，从而改进"泾渭分明"的判定标准。

四、结语

本文详细探讨了汉语表达中行为方式的意图性这一功能性特征范畴。可以看出，有些动作行为总是同某种意图性特征相关联，或是"有意"，或是"无意"，或是弱意图性，或是强意图性。那么这些常规语境下总是与某个动作行为相关联的意图性特征，就可能因固化倾向的关联，而最终内化于汉语使用者的语言认知中。比如我们总是会将以下一些结构搭配视为常规搭配结构，即无标记的语义搭配，像"不小心丢了……""故意隐瞒""不经意间遇到"等，而像"不小心宰了一头猪""故意睡醒了""不经意间监视他"等就会发生语义不相宜的情形。

曾有苏联学者 O. 郭特立波（1991）《试论现代汉语行为方式的几个问题》一文，通过对比俄语同汉语的行为方式间的差异，列举出汉语可能具有的一系列有关行为的方式特征：比如静态方式（如"站""坐""躺"）、相关方式（表示相互关系的，比如"爱""恨"）、一般结果方式（如"吃完""穿好"）、完全结果方式（如"吃光""用尽"）、过渡性结果方式（动作在空间移动方面所达到的结果，如"跑过""爬过"）等。可见意图性特征只是汉语行为方式语义范畴中的一类较凸显的功能性特征范畴，还有很多隐性的行为方式语义特征有待更进一步的挖掘。另外，考察行为方式中所隐含的功能性特征范畴是具有语言类型学价值的一个课题，在跨语言的比较中可能更加明确汉语使用者的语言认知类型特点。

参考文献

李临定（1984）施事、受事和句法分析，《语文研究》第 4 期。
马庆株（1988）自主动词和非自主动词，《中国语言学报》第 3 期。
木村英树（2013）汉语语态的结构化和范畴化，《中国语文法研究》第 3 期，日本京都：朋友书店。

0. 郭特立波（1991）试论现代汉语行为方式的几个问题，《语言教学与研究》第1期。

沈家煊（2001）语言的"主观性"和"主观化"，《外语教学与研究》第4期。

税昌锡、邵敬敏（2006）论语义特征的语法分类，《汉语学习》第1期。

王丽彩（2008）《现代汉语方式范畴研究》，暨南大学博士学位论文。

张　黎（2003）"有意"和"无意"——汉语"镜像"表达中的意合范畴，《世界汉语教学》第1期。

张伯江（2002）施事角色的语用属性，《中国语文》第6期。

张国宪（2005）性状的语义指向规则及句法异位的语用动机，《中国语文》第1期。

张旺熹（2006）《汉语句法的认知结构研究》，北京：北京大学出版社。

中国社会科学院语言研究所词典编辑室编（2005）《现代汉语词典》（第5版），北京：商务印书馆。

周　红（2010）从有意与无意看致使表达的功能与特征，《乐山师范学院学报》第3期。

《飘》汉译本中的"把"字句考察
——兼谈对相关研究的印证

北京语言大学国际汉语教学研究基地　郭雅静

摘　要　本文考察了英文著作 GONE WITH THE WIND 的中文译本《飘》中"把"字句的使用情况,主要考察了两个问题:一是"把"字句与原著中语句的对应情况;二是"把"字句的宾语与原著的对应情况,考察了三个方面,1)"把"字句中"把"后的宾语在原著中的结构类型;2)"把"后宾语在原著中做什么成分;3)"把"后的宾语是否与上下文有同指关系。

通过对以上问题的考察和分析,我们认为,"把"字句的语义特征确实是与因果关系相联系,因此英语中动词后带介词或者补语成分的更容易译为汉语的"把"字句;"把"字句中"把"后的宾语以定指性名词为主,在英语中多是相应动词的宾语;"把"后的宾语大部分与上文有联系,与下文的联系较少,也存在很多与上下文没有联系的现象。

关键词　"把"字句　语言对比　《飘》

一、引　言

"把"字句是汉语特有的句式,很多学者都进行过系统的研究。金立鑫(1997)指出,语法研究的目标在于对句法结构做出充分的解释,所要解释的问题主要是:1. 结构的语法意义,什么样的结构表现的是什么样的语法意义,或者反过来;2. 某一类句法结构内部的结构规律,结构的组织过程;3. 结构体的形成(选择)和使用上的规律。据我们考察,在这三个方面,前人对"把"字句都有很好的研究。

吕文华(1994)指出,50年代和60年代的对外汉语教材中对"把"字句持"提宾说",认为:"把"的功能是将宾语提前。70年代以后教材中较注意对"把"字句表达的意义进行描述,提出了"处置说",如:当我们要强调说明动作对某事物有所处置及处置的结果时，就可以用"把"字句。吕文通过语料统计给出了"把"字句的语义分类。张旺熹（2001）认为，典型的"把"字句凸显的是一个物体在外力作用下发生空间位移的过程，这种空间位移过程的图式通过隐喻拓展形成了"把"字句的系联图式、等值图式、变化图式和结果图式等四种变体图式。沈家煊（2002）认为"把"字句的语法意义是表达主观处置，所谓主观处置是指说话人认定甲（不一定是施事）对乙（不一定是受事）作某种处置（不一定是有意识的和实在的）。"把"字句的主观性体现在三个方面：说话人的情感，说话人的视角，说话人的认识。前人的观察和认识各有道理，同时也说明，"把"字句的语义仍然是研究的难点。

关于"把"字句的内部结构，崔希亮（1995）有一个很好的概括，该文认为"把"字句的句法结构实际上可以分为三类：1) A 把 B – VR（如：我把衣服洗干净了）；2) A 把 B – DV（动词的重叠形式，如：你把衣服洗洗/你把衣服洗一洗），A 把 B – V（"一"加动词，如：把头一甩）；3) A 把 B – V – NM（动词＋数量，如：把他批评了一顿）。这样的概括和分类基本上包括了所有"把"字句的基本形式。

张旺熹（1991）通过对实际语料的考察，总结了把字结构在语用上的基本规律，就是它始终处于一个明确的因果关系（包括条件关系、目的关系）的意义范畴之中，当人们强调这种因果关系时，便使用"把字结构"的语句形式。吕叔湘（1983）和金立鑫（1997）都认为篇章衔接是选用"把"字句的一个因素，沈家煊（2002）则指出，篇章衔接并不能解释所有问题，该文认为"把"字句的语法意义是表示主观处置，认为"把"字句和因果关系和目的相联系，充当句子成分受限制。

通过分析前人的研究我们发现，"把"字句的语义、结构规律和使用规律都存在可以进一步研究的地方，因此我们尝试运用语言对比的方法，比较原著 GONE WITH THE WIND 和傅东华译本《飘》，找出译本中的"把"字句，再与原著对照，分析英文原句译为"把"字句的各种情况，以期对"把"字句的研究做一点工作。

美国作家玛格丽特·米切尔的 GONE WITH THE WIND 原著有上百万字，傅先生的译本分为上下两册。我们统计了上册（第一章至第三十章），"把"字句共计出现 936 例；为了比较，我们也统计了译本中重动句的情况，共计 13 例，可见译本中出现的"把"字句数量是非常大的。为了便于研究和分析，我们选取了第一章至第十五章中的"把"字句（共计 432 例，有效例句 424 例）作为本文的语料，通过对"把"字句和原著中的英文语句进行对比，对相关研究进行印证。

二、"把"字句与原著中语句的对应情况

英文原著中什么样的句子被译为"把"字句，这是我们首先要考察的问题。在我们统计的432例"把"字句中，有8例属于译者自行补充，在原文中找不到对应的出处。424例有效语料中，"把"字句与原文对照情况有两种：一是"把"字句中"把"后的动词与原文相应动词对应；二是与相应的句子对应，找不到直接对应的动词。下面我们具体分析。

2.1 与原文相应动词对应（共344例，占81%）

语料统计发现，大部分的"把"字句中"把"后的动词与原文中的相应动词相对应，例如：

（1）War was men's business, not ladies', and they <u>took</u> her attitude <u>as</u> evidence of her femininity.

他们以为战争是男人的事，不是女人的事，因此他们就把她的这种态度看作她富有女性的一个证据。

（2）And just before we got home, he'd about <u>kicked</u> the stable <u>down</u>.

我们还没到家，它竟把咱们的马房也差点儿踢翻了。

例（1）中 took……as 即"看作、当作"的意思，例（2）的 kicked……down 即"踢翻、踢倒"，与汉语中"把"字句的动词对应。这里的动词后面都有表示对象或结果的介词 as 和 down。

（3）There is noting worse a barbecue <u>turned into</u> an indoor picnic.

要是把一个野宴变成了室宴，天下没有比这再扫兴的事儿了。

（4）Cloaking her triumph, Mammy <u>set down</u> the tray.

嬷嬷知已胜利，却不现出来，便把托盘重新又放下。

例（3）和（4）中英文原句的动词也与"把"字句的动词是对应的，但是动词后都带有表示结果的介词 into 和 down。

(5) That's why we left him at home to explain things to her.
今天我们把他留在家里跟妈解释，也就是这个缘故。

(6) Now, Scarlett, we've told you the secret.
思嘉，现在我们已经把这秘密告诉你。

例（5）和（6）也是与"把"字句的动词对应的，但是后面没有表示对象或结果的介词，而是有宾语 him 或者是双宾语 you the secret。

仔细考察例句，我们发现，译为"把"字句的英文原句中，动词的后面经常会间接带有一个介词，如例（1）和（2），或者直接就是一个动词短语，如例（3）和（4），另外就是光杆动词的情况，如例（5）和（6）。这几种情况我们以下表说明。

表1 "把"字句相应动词情况分析表

动词情况	数量	百分比
间接带介词	138	40%
动词短语	65	19%
光杆动词	141	41%

间接带介词和动词短语共计占59%，这些后附的介词说明了动作的方向、对象、目的、结果等意义，更容易译为汉语中的"把"字句。但是余下的141例光杆动词的例子，其中的光杆动词也并不是只有动词，后面总是附有其他成分，如宾语、程度副词等等，这些后附成分同样表明了动词的作用对象、结果等。

上文提到，张旺熹（1991）认为，把字结构始终处于一个明确的因果关系（包括条件关系、目的关系）的意义范畴之中，当人们强调这种因果关系时，便使用"把字结构"的语句形式。沈家煊（2002）也认为，"把"字句的语义特征包括与因果关系和目的相联系。根据我们对中英对比语料的考察，发现英文中的动词都是复杂形式的，大部分后面直接或者间接地接着介词或者其他形式，由此我们可以证明，"把"字句的语义特征确实是与因果关系有关。

2.2 与原文相应句子对应（共80例，占19%）

有些"把"字句在原文中找不到对应的动词，例如：

(7) ……the wide Panama hat that was instantly in his hand when he saw her.
一见了她，就把帽脱下来拿在手上。

(8) ……but he differed from all the rest in that these pleasant activities were not the end and aim of life to him.

可是他跟其余的人有一点差别，就是他不<u>把这些娱乐当作人生的目的</u>。

例（7）中 in his hand 意思是"在手里"，汉语中译为带有动词的"脱下来拿在手上"；例（8）中 were not the end and aim of life to him 本意是"不是他人生的目的"，汉译本中译为带有动词的"当作人生的目的"。

(9) She dropped her head upon her <u>folded hands</u> so that her mother could not see her face.

<u>她把一双手摊了开来</u>，将头埋在里面，好使母亲看不见她的脸。

(10) With a start, she realized that Gerald had finished and her mother's eyes <u>were on her</u>.

这当儿，她突然感到父亲的念诵已经完毕，母亲正<u>把眼睛注在她身上</u>。

例（9）中名词性的词组 folded hands 意思是"摊开的手"，汉译本中译为"把一双手摊了开来"；例（10）的介词短语 on her 本意是"在她身上"，但是汉译本中译为带有动词的"注在她身上"。

例（7）和（8）都是根据意思意译的情况，（9）和（10）虽然没有相应的动词，但都有类似名词性结构与之对应。为什么英语中的句子或者名词性结构也可以译为"把"字句呢？上文我们说到，"把"字句的语义特征是与因果关系有关的，这种因果关系也应该包含条件关系和目的关系，以上译为"把"字句的结构虽然没有明显的动词与"把"后的动词对应，但是其中也暗含了"把"字句的因果关系。如例（7）"把帽脱下来拿在手里"对应的"in his hand"是他见到她之后的结果，这就是一种条件关系。

三、"把"字句的宾语与原著宾语的比较

本节我们将要讨论三个问题：1)"把"字句中"把"后的宾语在原著中的结构类型；2)"把"后宾语在原著中做什么成分；3)"把"后的宾语是否与上下文有同指关系。

3.1 "把"后宾语在原著中的结构类型

"把"字句中"把"后的宾语一般认为是定指性成分，我们尝试把宾语放回

英文原文中，更好地考察宾语的类型。得到下表：

表2 "把"后宾语在原著中的结构类型情况表

宾语类型	定冠词+名词	代词(+名词)	定冠词+名词	专有名词	这/那+名词	数量词+名词	小句	不定冠词+名词	光杆名词	宾语隐含
数量（总424）	46	161	90	37	6	6	12	3	14	49

从"定冠词+名词"到"小句"都是定指性成分，据考察，这几类成分共出现358例，占总数的84%；"不定冠词+名词"和"光杆名词"是不定指的成分，共出现17例，占4%；宾语隐含的情况，即"把"后的宾语在原著中找不到对应的成分，占总数的12%。

可见，"把"字句中"把"后的宾语以定指性成分为主。

3.2 "把"后宾语在原著中做什么成分

下面我们考察"把"字句中"把"后的宾语是原句中的什么成分。请看下表：

表3 "把"后宾语做原句中的成分情况表

宾语成分	动词宾语	介词宾语	主语	小句	无
数量	305	24	36	10	49

由上表可以看出，"把"后的宾语主要是对应的动词的宾语，或者是相应的介词的宾语。例如：

(11) Give me your gown, Scarlett.
把你的舞衣拿来吧，思嘉。

(12) She dragged her eyes away from his without smiling back.
她把眼睛收回来，并没有回他的微笑。

例(11)中"把"后的宾语 your gown 也是原句动词 give 的宾语，(12)同。有时候，"把"字句的宾语也可能是原句中的主语。例如：

(13) I get so bored I could scream!
把我厌烦得简直要嚷起来！

(14) He has to talk around in circles till Ma gets so confused that she gives up.
他得兜着圈子说话，等到把妈说糊涂了，妈才肯让步。

在例（13）中，英语中是"我"厌烦得要嚷起来，可是翻译为汉语后，变成了"把我"厌烦得要嚷起来，前面的事件是父亲一直谈论战争，郝思嘉对此很不耐烦。例（14）中，英语是"妈"糊涂了，译为汉语后变成"把妈"说糊涂了。这里英语和汉语中都是主谓关系，但是英语中在主语位置上的词，译为汉语后变成了"把"的宾语。

为什么"把"后的宾语是原句中的主语呢？沈家煊（2002）指出，把字句的语法意义是表达主观处置，在英语中作为客观事件主语的名词或代词，由于表达的是一种主观处置的语法意义，在汉语中就容易进入把字句，成为"把"的宾语。可见不同语言中，对同一类事件的表述方式是不同的。

另外，同样是表达主谓关系，英语中动词前只有一个主语位置，但是在汉语中，动词前却有两个位置可以放置名词，而这两个位置都可以与动词构成主谓关系。这其中的原因也值得我们进一步思索，或许"把"字句的意义就在于提供动词前的两个名词位置？

3.3 "把"的宾语是否与上下文有同指关系

前人研究认为，"把"字句的篇章衔接功能之一就是"把"字句中"把"后的宾语与上下文有同指关系。根据我们的考察，把字句的宾语确实有很多情况下可以在上下文中找到相应成分。但与前人研究不同的是，我们发现，也有很多情况下这种联系很难找到。请看下表：

表4 "把"的宾语与上下文之间的关系情况表

	上文宾语	上文主语	上文提及	下文宾语	下文主语	下文提及	无
数量（总424）	54	42	117	20	22	10	159
总数		213			52		159
百分比		50%			12%		38%

可见，"把"字句中"把"后的宾语有62%是与上下文有同指关系的，另外38%是与上下文没有同指关系或者在原句中找不到"把"后宾语的情况。在与上下文的同指关系中，与上文的同指关系明显要比与下文的同指关系更普遍。与上文的同指关系包括三个方面，请看例句：

(15) "I swear I don't want to go home and listen to Ma……"
"老实说罢,我实在不愿意回去听妈训话……"
"Maybe Boyd will have smoothed her down by now."
"也许保义在家里,现在已经把妈的气说平下去了。"
(16) He's a small farmer, not a big planter, and if the boys thought enough of him to elect him lieutenant,……
他虽不是大地主,到底也是个小农民。现在营里既然把他举出做尉官……
(17) Scarlett would be forced to reveal everything to her mother, or think up some plausible lie.
那末自己就不得不把事情的真相对妈和盘托出,不然就得编造出一篇可以自圆其说的谎话来。

例(17)是与上文宾语同指的情况;(18)是与上文主语同指的情况;(19)是上文没有直接对应"把"后宾语的词,但是上文有所提及,"everything"指的就是上文交代的郝思嘉一直喜欢希礼,听到希礼与别人订婚而郁郁寡欢。

与下文的同指关系也包括三个方面,暂不举例。

可见,"把"字句与上文的联系更紧密一些。但是仍有159例属于例外的情况,其中有49例找不到对应宾语,另外110例与上下文很难找到联系。这不能简单地归为例外,因此,我们认为单靠把字句的宾语与上下文的同指关系来证明把字句的篇章衔接功能存在一定的不足,还需要找到更加合理的证据。

四、结论

本文通过对比《飘》的中英文版本,考察了"把"字句在英文原著中的情况,得出以下结论:"把"字句的语义特征确实是与因果关系相联系,因此英语中动词后带介词或者补语成分的更容易译为汉语的"把"字句;"把"字句中"把"后的宾语以定指性名词为主,在英语中多是相应动词的宾语;"把"后的宾语大部分与上文有联系,与下文的联系较少,也存在很多与上下文没有联系的现象。

参考文献

崔希亮（1995）"把"字句的若干句法语义问题，《世界汉语教学》第 3 期。
吕文华（1994）"把"字句的语义类型，《汉语学习》第 4 期。
金立鑫（1997）"把"字句的句法、语义、语境特征，《中国语文》第 6 期。
沈家煊（2002）如何处置"处置式"？——论"把"字句的主观性，《中国语文》第 5 期。
沈家煊（2011）《语法六讲》，北京：商务印书馆。
张旺熹（1991）"把字结构"的语义及其语用分析，《语言教学与研究》第 3 期。
张旺熹（2001）"把"字句的位移图式，《语言教学与研究》第 3 期。

趋向动词"开"的虚化与限制认知动因

石河子大学文学艺术学院
北京语言大学国际汉语教学研究基地　　孙鹏飞

摘　要　本文从语义动因、主观化、隐喻和转喻三个方面对"V开"结构中"开"的虚化加以认知分析，我们认为"开"的虚化是三者共同作用的结果，隐喻和转喻占主要地位。文章亦尝试揭示了"开"的虚化限制动因。

关键词　虚化　动因　认知　限制

一、引言

"开"是现代汉语中比较常用的动词，在句中可单独做谓语；"开"也经常跟在一个动词性成分后，我们记为"V开"，可以表示结果、位移、起始等意义。这种用法使用的频率非常高，通常被认为是一种动补结构。由于使用频率高，有些"V开"结构已经凝固为一个动词了，如"离开、想开"等。有些"V开"虽然没有凝固成一个词，但"V"与"开"之间的关系已经相当密切，具体表现为：时态助词"着、了、过"不能插入其中而要放在其后，语气的停顿也要在"V开"之后。在"V开"结构中，有的"开"意义比较具体，有的已经相当抽象；有的"开"意义在空间域，有的已经从空间域转向时间域。具体看来，"V开"结构中"开"的虚化程度不等，"V"和"开"关系的紧密程度也不同。虽然"V开"结构的表现形式、用法和意义非常复杂，但学界对"V开"结构中"开"的研究较少，只有吕叔湘（1980）、刘月华（1998）、孟琮（2005）等少数语法学家对"V开"中"开"的语法意义做了简单的分类和粗略的描写，但都没有进行相关的解释。实际上，"开"从本义发展到抽象结果义和起始义有其独特的发展规律。

本文试图在前人研究的基础上，尝试从语义动因、主观化、隐喻和转喻三个方面对"开"的虚化加以分析，我们认为"V开"结构中"开"的语法化是三者共同作用的结果，隐喻和转喻占主要地位。

二、"V开"中"开"的虚化动因

2.1 语义动因

"开"的本义是开门。"开门"这个动作至少具备三个最基本的特点：
1）门的打开
2）门的移动
3）门从关到开的过程。

由此我们概括出"开"的最具原型性的三个语义特征：
a. 物体的展开（终点）
b. 物体的位移
c. 物体由合到开的过程

我们把"开门"假设为"开"的"理想化认知模式"（idealized cognitive models，简称ICM）。"理想化认知模式"是指认知域中所建构出来的认知结构统合，是一个综合体或者说是完形感知（gestalt），是不同程度的抽象化的结果，它反映了语言使用者对某个或某些领域经验的、统一的理想化理解（张敏1998）。完全符合这个模式的是这个范畴中的原型（prototype）。原型成员比非原型成员更具有代表性，具有特殊的认知地位。"开"的原型语义特征可以进一步抽象概括为：[+分裂]、[+位移]、[+起始]。

由于词的虚化是本义向其他意义的引申，这个过程总是排列成一个具体到抽象的等级。这也是人们进行认知域之间投射的一般规律：

人 > 物 > 事 > 空间 > 时间 > 性质

所以从"开"的原型语义特征[+分裂]、[+位移]、[+起始]出发，引申出了具体结果义的"开"，然后又引申出具有"离开"义的位移义"开"。不论是结果义还是位移义，都还只是在空间域内的引申。而"起始义"则是一个时间概念，由于时间的存在和计量必须依靠事物的运动和变化来感知，物体被分离了，造成部分物体在空间上的运动，改变了原来的位置，我们才能知道时间的推移，所以"开"又引申出了"起始"的概念。

2.2 主观化

"主观化"是一个语用、语义演变的过程,是指语义越来越基于说话人对所说的主观理解、说明和态度。(Lyons,1977)"开"的虚化也伴随着"主观化",即虚化的语法意义偏于说话者对事物、事件的主观态度和情绪。"开"从具体结果义"使关闭的物体不再关闭"到抽象结果义"清楚、透彻"正是客观义向主观义的延伸。

"开"的具体结果义"使关闭的物体不再关闭",就人们的主观心理而言,"关闭、封闭"给人的感觉一般是不好的、不如意的,如:

(1) 这里,原是一个交通闭塞、资源匮乏、土薄石厚、水贵如油的贫困县。(老舍《无名高地有了名》)

(2) 长期闭关自守,把中国搞得贫穷落后,愚昧无知。《邓小平文选·第三卷》

(3) 道东尼内向、多愁善感,有时候还钻牛角尖,思想灰色,甚至有轻微自闭症。(岑凯伦《还你前生缘》)

上例中的"交通闭塞""闭关自守""自闭症"是贬义词,一般给人感觉是不如意的。而"开"给人的感觉一般则是好的、如意的,如下例中的"开心""开朗""开明"。

(4) 女孩放声笑起来,笑得那么肆无忌惮,那么开心。(王朔《一半是火焰,一半是海水》)

(5) 别那么心胸狭窄,开朗点,你还真得学习学习大人的涵养。(王朔《我是你爸爸》)

(6) 你的儿子丹朱是个开明的人,继承你的位子很合适。(岑凯伦《还你前生缘》)

心理学家曾提出一个"乐观说",即人总是倾向于生活中的光明的乐观的一面,而不是黑暗的、悲观的一面,就像打开窗子的屋子使空间明亮,开放心房才能获得光明与愉悦,敞开心扉自然就是愉悦状态,反之则是不快乐。"开"作为实义动词时,不存在主观性;当跟在动词后作补语,表达具体结果义"使关闭的物体不再关闭"时,主观性不强,所以此时"V开"结构对动词本身没有严格的要求;由具体结果义引申为抽象结果义"清楚、透彻"时,"开"的积极义增强,主观性也明显增强,形式上表现为表抽象结果义的"V 开"对"V"有明显的要求。"V"主要有两类:一类是表示思维活动的动词,仅限"看""想"等少数几个;另一类是表示言语行为的动词,如"说""讲""挑"等。动词的限制同时使得"V 开"结构的如意或积极主观义得到了固化。

2.3 隐喻和转喻

我们认为,"V 开"结构中"开"的虚化路径为:

"开" $\begin{cases} 本义 \to 具体结果义 \to 抽象结果义 \\ 本义 \to 具体结果义 \to 位移义 \to 起始义 \end{cases}$

"开"的三种意义中,具体结果义直接来源于动词"开"。位移义和抽象结果是由具体结果义引申而来,而起始义则由位移义引申。演变的动因是隐喻和转喻。隐喻是指用一个相似的概念(源域,往往是可见的、具体的)来说明另一个概念(目标域,往往是不常见的、后认识的具体的或抽象的),是两个相似的认知范畴之间的"投射"(mapping)。(Lakoff,1987)对语言的隐喻模式进行发掘和研究是近 20 年才发展起来的认知语言学对语言理论的重大贡献之一。这项研究从认知的角度观察隐喻,把隐喻的认知观引入自然语言应用这个更广泛的范畴。隐喻不再仅仅是一种对词语起修饰和美化作用的语言表层变异现象,更是一种反映人们深层思维方式与认知过程的语言常规现象,其实质就是通过某一类事物来理解和体验另一类事物。隐喻认知的实质就是借助具体的为人们所熟知的概念,来表述抽象的陌生的概念,使概念从一个认知域投射到另一个认知域,所以隐喻的表达方式必定要利用不同认知域概念之间存在的某种"相似性"来启动人们的联想,因此概念之间的相似性是隐喻的基础和灵魂。下面我们就分别对"开"的两条虚化路径进行解释。

2.3.1 "开"的本义→具体结果义→抽象结果义(隐喻)

认知语言学认为,人类最初的生存方式是物质的,人类对物体的经验为我们将抽象的概念表达、理解为"实体"提供了物质基础,由此而派生出实体隐喻。在这类隐喻概念中,人们将抽象的和模糊的思想、感情、心里活动、事件、状态等无形的概念看作是具体的、有形的实体。实体隐喻最典型的和最具代表性的是容器隐喻(container metaphor)。人是独立于周围世界以外的实体,每个人本身就是一个容器,有身体分解面、里外等。人们将这种概念投射于人体以外的其他物体,如房子、丛林、田野、地区,甚至将一些无形的、抽象的事件、行为、活动、状态也看作一个容器。根据容器隐喻的转换,比如说一个箱子是一个封闭的容器，箱子由合到开的过程和门窗由关闭到打开的过程是一样的，因为房子也可以看作一个大容器，箱子和门原本都是封闭状态的容器，然后打开容器成为一个开放的状态。所以"打开箱子"与"打开门"的结果具有相似性，都体现了物体原本是合拢、由动作的结果造成了分裂的状态，所以"开"衍生了"分裂"的语义。例如：

(7) 方方开门送她们出去，回来坐在吴迪旁边和她说话。（王朔《一半是火焰，一半是海水》）

(8) 上回李应买来的羊肉，把刀刃切钝了，也没把肉切开。（老舍《老张的哲学》）

(9) 他连包裹也不解开，背着包裹就上法堂了。（老舍《老张的哲学》）

例（8）、（9）两句中的"肉"和"包裹"，我们可以把它们看成是两个封闭的容器，动作"切"和"解"的结果使得这两个容器由封闭的状态到分裂的状态。这与"开"的本义"开门"的结果有相似之处，所以便引申出表"分裂"的具体结果义。

当容器全面开放向四周伸展开来时，"开"又衍生了"展开"的语义。如：

(10) 两人提心吊胆得像看唐代名画似的把那张戏报展开。（老舍《赵子曰》）

(11) 小凤展开红旗，斑斑点点全是勇士们的签名。（老舍《无名高地有了名》）

上例的"戏报""红旗"的展开与容器的展开同样具有相似性，所以不难理解通过隐喻，"开"有了"展开"的引申义。

我们把"房子""箱子"等看作容器，既然是容器就可以容纳东西，因为容器本来就是用来盛放东西的。所以"开"又有了"容纳"的义项。如：

(12) 这间屋子十个人也住开了。（吕叔湘《现代汉语八百词》）

同样，我们也可以把人的"大脑"、"心"等看作容器。把"心"看作容器，可以装入人的情绪，如"高兴、快乐"，把"大脑"看作容器，如"想开了"，于是"开"又衍生了"清楚、开阔"的意思。例如：

(13) 您瞧您，事儿说开了不就完了？（王朔《无人喝彩》）

(14) 我似乎想开了，一个中国人何苦替猫人的事动气呢。（老舍《猫城记》）

正如上面所说，我们可以把人的大脑、心等看作容器。隐喻将心理/言谈内容视为可移动的物质，所以能从自身（起点）移出，例（13）以"说"的方式，把不清楚、不明白的说出来，移出的是"观念"，例（14）以"思考"的方式移出烦恼，把不愉快、疑惑的事情想清楚、明白。

2.3.2 具体结果义→位移义→起始义（转喻+隐喻）

1. 具体结果义→位移义（转喻）。

"开"的位移义是通过转喻从"具体结果义"虚化而来的。转喻是用一个概念来指称另一个相关的概念，是两个相关认知范畴（往往属于同一个认知域）之间的过渡，以一个概念为参照点建立与另一个概念（目标概念）的心理联系。（沈家煊，1999）最常见的转喻是整体和部分之间的转喻，可以是整体转指部分，也可以是部分转指整体。如"狗咬人"实际上是"狗的牙齿咬人"，是整体转指部分，而我们叫一个人"大鼻子"是因为他的大鼻子是最突出的特征，是部分代替整体。但无论是哪一种转喻都遵循这样的规律：用具体的有关联的事物代替抽象的事物，用显著的转指相对不显著的。"开"从具体结果义到位移义的演变也是如此。因为"位移"和"分裂、分离"之间存在着相关性联系，一般来说，"分裂、分离"是"位移"这个过程的一部分，是运动的起点，显著度较高，所以可以用来转指物体位移。"开"的具体结果义一般都是可见的、具体的动作，位移义则是相对抽象的动作。而且它们之间存在着一定的关联，所以虚化出位移义。

(15) 我回到房间，回到书桌前面，打开玻璃窗，在继续执笔前还看看窗外。（巴金《静寂的园子》）

(16) 大赤包亲手给他们煮了来自英国府的咖啡，切开由东城一家大饭店新发明的月饼。（老舍《四世同堂》）

(17) 走了几步，又回来看看，可一旦有招徕他的，便又红了脸跑开。（王安忆《等待歌星》）

上例的"打开"（玻璃窗）、"切开"（月饼）都是把合拢的物体分裂，都是具体的、可见的、易于理解的动作。而"跑开"则是比较抽象的、可能可见也可能不可见、难以把握的动作。但不论是"打开"（玻璃窗）、"切开"（月饼）还是"跑开"，各动作之间具有相关性，所以转喻的结果使得"开"的位移义产生。

2. 位移义→起始义（隐喻）。

我们认为不管是表具体结果义的"开"还是表位移的"开"都是在空间里进行的动作。而"哭、吵、闹、哆嗦"等动词后的"开"已经由空间转向时间。这也是通过认知语言学中隐喻所造成的结果。但空间概念用于其他概念，并不是凭空想象出来的，而是来自人自身的经验。这些经验模式帮助我们理解抽象概念并指导我们推理，形成有形体的想象式理解。想象结构有两种：意象图式（image schemata）和隐喻投射（metaphorical projections）。（赵艳芳，1999）意象图式即来自空间概念，反映我们与自然界相互作用及不断反复出现的类似的动态的形式，赋予我们经验一致性的结构。比如垂直意象图式来自我们经验结构中运用上下方位的倾向。由于地球的引力，人是垂直行走的，人体于是有上下，物体有高低，水面会上升等等，我们从对物质世界的相似感知和经验中抽象出了垂直结构，进而将其运用到其他非空间概念。王寅（2007）也指出隐喻模式是指一个命题或意象图式从某一认知领域投射到另一认知领域的相应结构上。很大一部分隐喻来自空间概念，在人类认知发展的连续体中，空间概念的形成先于时间概念。根据"方位主义"（localism）的观点，空间关系及词语是最基本的，这可能因为人的最初感知是从感知自身运动和空间环境开始的。在认知和语言的发展过程中，最初用于空间关系的词语后来被喻指时间、状态、过程等抽象概念，这是概念隐喻认知的结果。例如英语中的"at"，最初是用于空间域，后来映射到时间域、状态域等。

（18）She is at home.（空间域）

（19）I will call you at six o'clock.（时间域）

同样"哭开、吵开、哆嗦开、闹开、嚷开"等中的"开"也已经从表示空间的具体结果义和位移义转向动作的开始并持续。也就是说"开"已经从空间关系喻指时间。例如：

（20）"好哇，"他一本正经用挖苦的口气吵开了。（老舍《鼓书艺人》）

（21）黑夜里，路不好，车坏了，又伤心，就哭开啦。（张承志《黑骏马》）

如上例中的（20）、（21）两句，"开"既不表"具体结果义"也不表"位移义"，而是表示动作在时间上的展开。而"开"的这种"起始义"是从"位移义"衍生而来的。我们可以用下图来表示"开"的位移义：

下图中的"lm"表示界标（landmark），"tr"代表射体（trajector），"t"代表时间。下图表示随着时间（t）的进展一个个体（称作射体）从另一个体（称作界标）的附近离开。

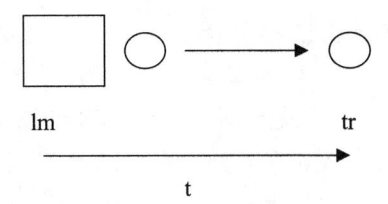

```
    ┌──┐  ○ ─────→ ○
    │  │
    └──┘
    lm            tr
    ──────────────→
            t
```

同样我们可以用一幅图来描述表"起始义"的"开"。如下：

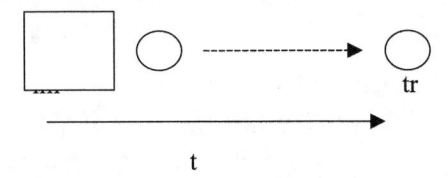

```
    ┌──┐  ○ - - - -→ ○
    │  │
    └──┘              tr
    ──────────────→
            t
```

同样表示随着时间（t）的进展一个动作（射体）从静止状态（界标）开始并持续。

齐沪扬（1998）认为"移动动词+趋向动词"和"非移动动词+趋向动词"在表示物体的移动时是不同的，前者的位移是一种具体的移动，是从动词本身的意义上可以了解到的，这种位移是显性的；后者的位移是一种抽象的运动，无法通过动词本身的意义得到体现，是一种引申的位移，所以这种位移是隐性的。从上图我们可以清楚地看到，表动作"起始义"的"开"和表"位移义"的"开"具有明显的相似性，前者表示人或物体从某起点开始位移，是一种具体的位移，是显性的；后者表示某动作的开始并持续，是引申的位移，是隐性的。也就是说，"开"的"起始义"是从"位移义"引申而来的，隐喻则是这种引申的机制。

综上所述，我们把"开"的虚化途径图示如下：

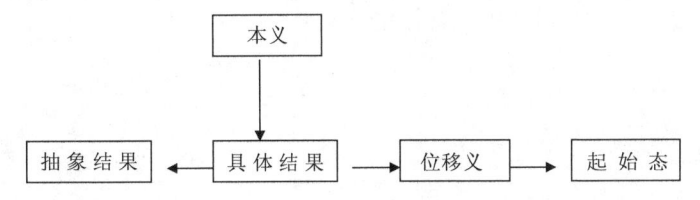

```
              ┌─────┐
              │ 本义 │
              └──┬──┘
                 ↓
┌────────┐ ← ┌──────┐ → ┌──────┐ → ┌──────┐
│ 抽象结果│   │具体结果│   │ 位移义│   │ 起始态│
└────────┘   └──────┘   └──────┘   └──────┘
```

按照人类社会和人类认知能力的发展规律，人类最初认识的事物和动作往往是有形的、具体的。当认识进入高级阶段，它就获得了参照已知的、具体事物和动作的概念认识经历、对待无形的、难以定义的概念的能力，于是借助于表示具体事物和动作的词语表达抽象的概念,形成了不同概念之间相互关联的隐喻语言。所以我们认为隐喻是"V开"结构中"开"虚化的主要机制。

三、"开"虚化限制的认知动因

和"起来""上"相比,"开"前所能搭配的词汇和词类不是很多也不是很普遍。比如"起来"前可以经常和形容词搭配,而"开"则极少可以。而且表抽象义的"V开"还可用于"把字句",而表状态义的"V起来"和"V上"则不能用于"把字句"。也就是说"开"的语法化程度还不是很高,语法化通常指语言中意义实在的词转化为无实在意义或表语法功能的成分的过程或现象,也就是我们常说的虚化。Hopper & Traugott(2001)认为一种语言形式在话语中出现得越多,它就越容易被看作具有语法性的成分,也就是说语言形式的使用频率是影响语法化的一个因素,频率越高,越有可能语法化,频率越低,越难以语法化。我们对北大语料库老舍的作品进行穷尽的检索,做补语的"起来""上"和"开"的频率分别为2852、1965和632。也就是说语言形式的使用频率是影响语法化的一个因素,频率越高,越有可能语法化;频率越低,越难以语法化。

我们发现"开"从动词到跟在动词后表结果义、位移义再到表起始义,"开"的空间容器意象似乎一直在操纵着整个"开"的虚化过程,例如表抽象结果义的"开"。

(22) 您瞧您,事儿说开了不就完了?(王朔《无人喝彩》)
(23) 我似乎想开了,一个中国人何苦替猫人的事动气呢。(老舍《猫城记》)
(24) 过去曾经有这种愿望,后来没有了,看开了。(池莉《太阳出世》)

为什么感官动词,"说""想""看"能与"开"搭配表示抽象结果义,而同样是感官动词的"听""闻"却不能。如:

(25) *她听开了。
(26) *他又闻开了。

我们认为这是受"开"的空间意象的制约,"开"的空间意象表示物体或容器由合拢到开,所以"开"具有[+向外]的特征,不论是表结果的"切开""分开"还是表位移的"走开""跑开",都具有这一特征。所以"说""想""看"等几个动词可以表示通过思维/言谈把不清楚、不愉快的事情从自身这个容器向外移出。而像"听""闻"等具有[＋向内]语义特征的词不能和"开"搭配表示抽象结果义，同样具有[＋聚拢]义的动词也不能和"开"搭配表示结果义、位移义。

即使在"开"表示"起始义"的句子中，我们同样可以发现"开"的空间意象的影子。例如：

(27) 大伙也都议论开了。(《人民日报》1999.9.6)

(28) 大家接过话题，七嘴八舌讲开了。(《人民日报》1994.9.4)

例(27)中"议论开"除了有"开始议论"的意思，还隐含着"扩大范围"的意思，而"议论起来"则不能表达这层意思；同样例(28)中的"讲开"也含有"不约束""扩展"等意思，这说明表"起始义"的"开"同样受"开"的空间意象的制约。

因此，虽然"开"可以表示动作的起始，但一般关于"时态"或"时相"的文章都没有把它列入范围内，但"开"确实和其他趋向动词一样经历着语法化的过程，我们推测由于"开"的空间和动作意象太强，限制了其语法化过程，使得"开"在和动词的搭配上不如"起来""上"自由，虚化程度也不如"起来"和"上"走得远。

参考文献

刘月华（1998）《趋向补语通释》，北京：北京语言文化大学出版社。

吕叔湘（1980）《现代汉语八百词》，北京：商务印书馆。

孟琮等（1999）《汉语动词用法词典》，北京：商务印书馆。

齐沪扬（1998）《现代汉语空间问题研究》，上海：学林出版社。

沈家煊（1999）转指和转喻，《当代语言学》第1期。

沈家煊（2006）《认知与汉语语法研究》，北京：商务印书馆。

束定芳（2000）《隐喻学研究》，上海：上海外语教育出版社。

王　寅（2007）《认知语言学》，上海：上海外语教育出版社。

张　敏（1998）《认知语言学与汉语名词短语》，北京：中国社会科学出版社。

赵艳芳（1999）《认知语言学概论》，上海：上海外语教育出版社。

Lakoff, G.（1987）*Women, Fire, and Dangerous Things*：*What Categories Reveal about the Mind.* Chicago：The University of Chicago Press.

Lyons, J.（1977）*Semantics.* 2 vols. Cambridge：Cambridge University Press.

Paul J. Hopper and Elizabeth Closs Traugott（2001）*Grammaticalization*、Cambridge：University Press.

平衡图式对汉语等量语法单位的制约作用
——以助动词"配"为例①

北京语言大学国际汉语教学研究基地　邓莹洁

摘　要　在汉语系统的各层级中，都有蕴含等量关系的语法单位。关于这类语法单位的教学，我们认为可从人类思维共识层面出发给以说明，认知语言学中的双秤盘平衡图式便可以用于教学。本文以助动词"配"为例，用双秤盘平衡图式解释了"配"字句的句法制约：在"配"字句的平衡图式中，一端包含被估价对象，另一端是用于评价的量器，被估价对象只具有客观性，而量器由评价者赋予了主观性。为了维持"配"字句的平衡性，其左右都需体现主观性，这需要在和量器相反的一端附加与主观性相关的成分。后续研究中，我们希望继续探究承载等量关系的一系列语法单位的使用制约原因，以期对汉语教学有所裨益。

关键词　等量关系　量范畴　双秤盘平衡图式　助动词"配"

一、引言

汉语中存在一些和"等量"概念密切相关的语法单位，从词到短语，到句式，甚至到篇章，各层级都有本身蕴含"等量"关系或在更大语言环境中体现等量关系的语法单位②。举例来说，以下这些语法单位蕴涵着等量关系：首先，在词的层面上，反义词，并立式复合词与连词"和、跟、同""或者""与其……不如"等等都蕴含等量关系；其次，在短语层面，同位性偏正结构、联合结构和一些汉语熟语，如"一半一半""一上一下"和"十年河东、十年河西"

---

① 本文曾发表于《云南师范大学学报（对外汉语教学与研究版）》(2014年第6期)，本次对文中的疏漏进行了修正。
② 本文的语料来源于国家语委现代汉语语料库、北京大学CCL语料库检索系统以及百度搜索引擎，为了方便行文，文中所列语料不再一一注明出处。

等（吴海英，2011）蕴含等量关系；再次，在句式层面，表示比较方式的句式"A 跟 B 一样""A 有 B 那么（这么）……"，体现量的配比的"双数量结构"（"两个人一间寝室"与"一间寝室两个人"），（张旺熹，2012）具有等值图式的"把"字句（我们把生活当作一个扩大了的游乐场）（张旺熹，2012）和"被"字句，这些句式也蕴含着等量关系；最后，在篇章层面，有的分句之间是平行的并列关系，此时也可以使用等量关系来进行解释说明。

在涉及到以上这些蕴含等量关系的语法单位教学时，有时会遇到困难，而认知语言学中的意象图式理论对于汉语体系中一些不易说明的语言现象有着较强的解释力，能够从人类思维的共识层面出发解决汉语理解难题，对于对外汉语教学来说有着不可忽视的重要意义。关于蕴含等量关系的语法单位，我们可以使用意象图式中的双秤盘平衡图式向汉语学习者形象浅显地揭示其中内在的使用规则。

二、双秤盘平衡图式和量范畴

2.1 意象图式理论与双秤盘平衡图式

意象图式是认知语言学为描写语义结构而提出的假设。Lakoff 和 Johnson（1980）认为意象图式是建立在身体经验基础上所形成的基本认知结构，对于意象图式的理解侧重于身体与外部世界环境的互动关系（Lakoff, G. &M. Johnson, 1980）。为了适应环境，并且认识和把握客观世界，人们的感觉和知觉、行为会建立起一定的模式。这些反复出现的模式、程式就形成了意象图式的基础。其中，身体的空间运动模式、操纵物体的经验等感知模式是最基本的意象图式。由于意象图式的体验性和逻辑性，某些意象图式可作为解释句法结构的分析工具。

Lakoff（1987）总结了人类经验中的多个重要的基本意向图式，如容器图式、部分—整体图式、中心—边缘图式、系联图式等等，其中还包括平衡（balance）这一图式（Lakoff, G., 1987）。"平衡"图式具有对称性特征，它为相等关系或等价关系提供了经验。具体来说，平衡图式又包括 AXIS – BALANCE（轴平衡图式）；POINT – BALANCE（点平衡图式）；TWIN – PAN BALANCE（双秤盘平衡）；EQUILIBRIUM（平衡图式）（Croft, W. &Cruse, D. A. 2004）。我们认为，助动词"配"的意象图式为双秤盘平衡（TWIN – PAN BALANCE）图式。

双秤盘平衡（TWIN – PAN BALANCE）图式是涉及作用于一个支点两侧的物理或隐喻性的平衡力量的平衡模式。双秤盘平衡图式的构成要素包括支点和杠杆的两边。其基本逻辑为：（1）对称性。A 和 B 平衡，那么 B 和 A 也平衡。（2）它们之间的等价关系以支点为中心。双秤盘平衡要求支点两边数量等同，比如左边杠杆有 2 kg 的苹果，那么为保持平衡，右边杠杆也必须有 2 kg 的苹果（或其他物品）；左边添加 1 kg，右边也得添加 1 kg，这样才能继续保持平衡。在此平衡图式中，杠杆的支点就相当于等式中的等号。（吴海英，2011）

2.2 量范畴理论

李宇明（2000）指出，"量"是人们对世界进行认知、把握和表述的重要范畴，人类认知世界中的事物、事件等都含有"量"这样的因素，比如，事物具有几何量和数量等，事件具有动作量和时间量等。"'量'这种认知范畴投射到语言中，即通过'语言化'形成语言世界的量范畴。"（李宇明，2000）此外，人们在表述量时，往往带有主观评价，这样的带有主观评价的量叫作"主观量"，反之不带主观评价的量即为"客观量"。

朱德熙（1982）认为"配"表示估价，《实用现代汉语语法》中也将"配"划入表示评价的一类助动词中，而"估价"和"评价"都是对认知世界中的事物、事件等所含有的"量"的主观评判认定。

2.3 小结

汉语等量语法单位能够用双秤盘平衡图式来解释，这种平衡图式是关于隐喻性力量平衡的图式，而结合量范畴的概念，能够让等量语法单位的内在关系得到更加明晰、具体的解释。下面，本文以助动词"配"为例，运用双秤盘平衡图式，从量范畴的角度来解释负载等量关系的"配"在句法上的使用限制，以探寻解释汉语中等量关系的新角度。

三、关于助动词"配"的疑问

《现代汉语八百词》是这样来对助动词"配"进行分析的：作为助动词，其意思是"有资格；够得上"。"配"多用于反问句和否定句。在肯定句中，"配"常常和副词"只、才、最"等同时出现。此外，"配"后不用否定词语。（吕叔湘，2008）在《语法讲义》中，朱德熙先生认为"配"表示估价。《实用现代汉语语法》将"配"划入表示评价的一类助动词中（刘月华、潘文娱、故韡，2007）。下面对"配"字句的各种句法结构进行梳理。

3.1 "配"字肯定句的句法结构

在肯定句中，助动词"配"一般不会单独出现，其前总会有"只、最、才"之类的副词。检索语料库发现，带有助动词"配"的肯定句的句法结构一般为："NP_1 + 副词 + 配 + VP + NP_2"：

(1) 只有它，才配称作真正的宝石。①

(2) 你以为我就那么好欺侮，只配在你找不到旁人的时候请你吃饭，陪你看戏，一旦有人来了，就得乖乖地滚到一边去？

3.2 "配"字否定句的句法结构

助动词"配"常常出现在带有否定副词"不"的否定句中，其基本结构为"NP_1 + 不 + 配 + VP + NP_2"，如：

(3) 对于这篇报道，身为英国陆军最高军事首长的杰克逊称，如果调查证明指控属实，施虐者不仅违法，而且不配穿英军军服。

(4) 从前三等没有睡车，似乎是暗示三等客人原不必睡觉——或者是不配睡觉。

事实上，否定词"不"也属于副词的类别，因此我们也可以将这一类结构归入"NP_1 + 副词 + 配 + VP + NP_2"，"配"字肯定句和"配"字否定句可以同时讨论。

3.3 "配"字反问句的句法结构

前面已经考察了"配"和副词同时出现的情况，那么，在反问句中，我们不再选取二者同现的例子，而是查找"配"前不带副词，单独出现的情况。通过观察，发现带有单独"配"字的反问句一般为是非问形式和特指问形式，它们的基本内部结构如下：

3.3.1 是非问形式的反问句

在是非问形式的反问句中，"配"字句的基本结构为"NP_1 + 配 + VP + NP_2

---

① 本文的语料来源于国家语委现代汉语语料库、北京大学CCL语料库检索系统以及百度搜索引擎，为了方便行文，文中所列语料不再一一注明出处。

+吗"。

（5）你配点菜吗？我吃什么，你就跟着吃什么吧。

（6）等到了店子再给你们算账！……叫你们喊他们等等，你们偏不叫！……这样配当轿夫吗？

在此，"配"前没有附加副词或其他成分，是单独出现的，这种情况在"配"字句中较为少见。

3.3.2 特指问形式的反问句

在特指问形式的反问句中，"配"字句的基本结构为"NP_1 + 疑问代词（怎么、哪等）+ 配 + VP + NP_2"。

（7）要不然，我怎么配做你的外交大臣呢！

（8）要在中国，谁不叫我外国叫花子，哪配进北京饭店一类的势力场；……

需要注意的是，"配"前的疑问词"怎么""哪"在这里发挥的都是非疑问的作用。这些词从疑问用法到非疑问用法的语法化过程是一个客观意义缩减、主观性意义增加的主观化过程。（唐燕玲，2009）在特指问形式的反问句中，"配"前的疑问词与主观性表达相关。

3.4 小结："配"字句的各类常见句法结构

以上梳理了"配"字肯定句、"配"字否定句和"配"字反问句的句法结构，各类常见句法结构如下表所示：

表1 "配"字句的各类常见句法结构

"配"所在的句类		各类常见句法结构	基本句法结构
肯定句		NP_1 + 副词 + 配 + VP + NP_2	NP_1 + 副词 + 配 + VP + NP_2
否定句		NP_1 + 不 + 配 + VP + NP_2	
反问句	是非问形式	NP_1 + 配 + VP + NP_2 + 吗	NP_1 + 配 + VP + NP_2 + 吗
	特指问形式	NP_1 + 疑问代词（怎么、哪等）+ 配 + VP + NP_2	NP_1 + 疑问代词 + 配 + VP + NP_2

助动词"配"常常出现的句类是带有特定副词的肯定句、否定句和反问句，以上总结了"配"字句的各类常见句法结构，这些句法结构中，最常见的结构为"NP_1 + 副词 + 配 + VP + NP_2"。

对于助动词"配"的使用,我们存在着疑问:一、为何"配"一般用于反问句、否定句和带有特定副词的肯定句?二、除了在反问句中,为何"配"没有不附加其他成分独立出现的情况?传统语法著作中,更常见的是对"配"的使用规则进行限定,至于为何"配"的使用带有种种限制则未给予详细解释。我们认为,双秤盘平衡图式能够解释"配"字句的种种句法制约。本文试图基于双秤盘平衡意象图式,从量范畴的角度对助动词"配"和与之相关的成分进行分析,尝试回答以上疑问,对"配"的使用限制做出解释。

四、"配"字句中的"量"和主观性

"配"是"估价""评价"的行为,将两个不同领域的"量"相联系、相等同,"配"字结构蕴涵着一种等量关系。关于"配"字句,我们是否可以做这样的理解:(1)"配"字句中,"配"前的 NP_1 是等待估价的对象,是客观的,在这一结构中等待被评估其所具有的"量"的大小;(2) NP_1 后面的成分是对其的主观评价,"$VP+NP_2$"被赋予了主观性,至于主观性如何体现后面再做分析;(3) 若要使得"配"结构成立,需要满足量的平衡,即维持一种等量关系。下面,我们将从"配"字句的各个要素入手观察其中的"量"与主观性。

4.1 "配"字句中的 NP_1 和 $VP+NP_2$

人类认知世界中的事物、行为都含有"量"的范畴,NP_1 所指称的事物和 $V+NP_2$ 所代表的行为都可以具有"量"这样的因素,它们都具备了被"量化"的条件:

(9) 这种专为野兽扩张爪牙的文化(NP_1),实在只配叫作武化($V+NP_2$)。

(10) 梁启超认为中国老百姓的素质(NP_1)极差,不仅不配搞民主共和($V+NP_2$),连搞君主立宪的条件也不具备,……

(11) 这个不要脸的(NP_1),搞不上对象顶不住了,有本事自己到外找去,在家里勾引男人算什么,还配做姐姐($V+NP_2$)吗?

(12) 魏得材见小兰抚摸花洋布时那种喜欢,他也就没有勇气叫张广升拿走了,只是说:"我们穷人家闺女(NP_1),哪配穿这样的洋布($V+NP_2$)?"

然而,这两种"量"却存在着性质上的区别:NP_1 是等待被评价、估量的客观对象,其所具备的量为"客观量",无论其本身在常态价值评判体系中处于何种地位,在"配"字句中它都只是仅具备客观量的待估物;VP + NP$_2$本身也只是客观世界中的行为动作,具备客观量,但在此被用作主观评价的手段,说明它已被赋予主观性,那么,VP + NP$_2$就是"客观量+主观性"的组合。

4.2 "配"字句中和主观性有关的副词

"配"字句中,NP$_1$后面的成分是对其的主观评价,这个评价的主观性主要通过该结构中的副词来实现,即便是副词没有在其显性句法结构中出现的反问句,在其语义层面仍留有副词的位置。

《现代汉语八百词》中说到常出现在"配"前的副词有"只、才、最"等,通过对语料的观察,我们发现,除了这些副词,可以置于"配"前的副词还有"就""真"等。总的来说,能和"配"同时出现的副词种类有限,这些副词一般属于范围副词、程度副词和时间副词,而这一现象与李宇明(2000)提出的观点基本相契合:与主观量表达关系较密切的副词,是范围副词、语气副词和个别程度副词。

在肯定句中,"配"不单独使用,其前总会出现副词,如"只""才""最"等,在否定句中,"配"前总会有否定副词"不",而未与副词同现的"配"的反问句的句法结构所负载的语义可以用否定句的结构进行表示,在这之中,"不"带有主观评价的意味。"配"字句较为常见的句法结构为"NP$_1$ + 副词 + 配 + VP + NP$_2$","配"前一般会出现一个和主观量表达有关的副词,是表示主观性的副词。

4.3 "配"字反问句和主观性

前面我们考察的是不带副词的"配"的反问句,这些反问句一般都表示否定意义。胡德明(2010)认为:"反问句的否定是从价值观念层面作出的否定,反问句的否定语义来源于反问语气,反问语气则是通过语法形式表达的说话人针对句子命题的一种主观否定态度。因此,从根本上说,反问句的否定语义来自说话人主观上的否定态度。"这说明"配"字反问句所表达的否定是和主观性相关的否定。

关于反问句的两种情况,首先看特指问形式的反问句,在这一类型的反问句中,"配"字前有疑问词"怎么""哪"等,这些疑问词已经不再表达疑问之义,是与主观性有关的成分;接下来是不与副词同现的是非问形式的反问句,这种类型的反问句在所有"配"字句中形式最为特殊,其他"配"字句的"配"字前都会附加其他成分，这样的"配"字句中，"配"是单独出现的，如上面的例句"你配点菜吗？"这里的"吗"不再表示疑问，而是表示反诘语气，体现了说话人的主观倾向性。（杨永龙，2003）

4.4 "配"字句与"量"和主观性

结合上面的分析，我们对"配"字句中的"量"和主观性做一个梳理：

表2 "配"字句中的"量"和主观性

"配"所在的句类		各类常见句法结构	基本句法结构	"量"和主观性的体现
肯定句		NP$_1$ + 副词 + 配 + VP + NP$_2$	NP$_1$ + 副词 + 配 + VP + NP$_2$	客观量 + 主观性 + 配 + 客观量 + 主观性
否定句		NP$_1$ + 不 + 配 + VP + NP$_2$		
反问句	是非问形式	NP$_1$ + 配 + VP + NP$_2$ + 吗	NP$_1$ + 配 + VP + NP$_2$ + 吗	客观量 + 配 + 客观量 + 主观性 + 主观性
	特指问形式	NP$_1$ + 疑问代词（怎么、哪等）+ 配 + VP + NP$_2$	NP$_1$ + 疑问代词 + 配 + VP + NP$_2$	客观量 + 主观性 + 配 + 客观量 + 主观性

由上表可以看出，在肯定句、否定句以及特指问形式的反问句中，量和主观性在"配"两侧的分布是一样的，都是"客观量 + 主观性 + 配 + 客观量 + 主观性"，即在"配"的前后都有"主观性"和"客观量"的组合。然而，是非问形式的反问句和其他"配"字句不同，量和主观性是这样体现的："客观量 + 配 + 客观量 + 主观性 + 主观性"。在这里，将"客观量 + 主观性 + 配 + 客观量 + 主观性"视为"配"字句中量和主观性排列的原型模式，而另一种模式则为其变式，具体情况下文将进行分析。

五、双秤盘平衡图式对"配"句法制约的解释

5.1 "配"字句的双秤盘平衡图式

前面分析，"配"字句的常见结构一般是这样的：NP$_1$ + 副词 + 配 + VP + NP$_2$，在"配"字前后，量和主观性的存在多是这样的：客观量 + 主观性 + 配 + 客观量 + 主观性。NP$_1$是"配"所估价的客观对象，位于"配"的一端，等待被估量、评定其价值，而 V + NP$_2$ 是已知其量的另一端的行为动作，凭借隐喻的方式，充当另外一端的量器，这个量器具备主观性。"配"是一种评价、估价，将两端的对象进行隐喻性的量等同。因此，助动词"配"所在结构的意象图式相

当于一个双秤盘平衡（TWIN-PAN BALANCE）图式，在"配"字句的平衡图式中，"配"字是平衡的支点，用下图表示：

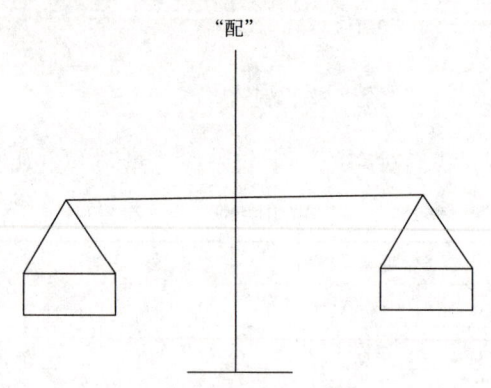

"配"

图1　"配"结构的意象图式

"配"字句的意象图式为双秤盘平衡图式，在这一图式中，"配"字前后的成分通过隐喻的方式达到两边的"量"的平衡。以例（9）为例，若要保持该"配"字句意象图式的平衡，在"量"上，我们可以将"配"前后的NP、V和副词做这样的关系认定：

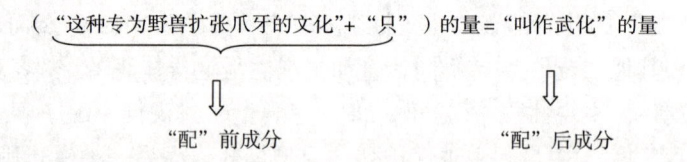

（"这种专为野兽扩张爪牙的文化"+"只"）的量＝"叫作武化"的量

⇩　　　　　　　　　　⇩

"配"前成分　　　　　"配"后成分

NP_1 "这种专为野兽扩张爪牙的文化"是"被估价物"，等待说话人对其"量的大小"进行主观评价。即助动词"配"前的组成成分中会出现一个待估价的 NP_1，其后会出现一个等价的成分，而对于听话人和说话人来说，这个等价物的量的大小他们都了然于心。从认知角度来看，NP_1 可被视为未知其量的事物，而等价物可被看作言者和听者双方都已知其量的量器，换句话说，就是用量器"VP + NP_2"（"叫作武化"）来评估待估价的 NP_1（"这种专为野兽扩张爪牙的文化"），为了保持"配"字句的意象图式平衡，图式两端"秤盘"中的成分需要等量。然而，量器"VP + NP_2"（"叫作武化"）的量不仅包括行为动作本身的客观量，也蕴涵着主观性；"被估价物" NP_1（"这种专为野兽扩张爪牙的文化"）却只具备客观量。因此，待估物一端需有具主观性的"只"才能维持平衡。

5.2 "配"字句中的量器

在"配"字句中,"配"后的量器用来表示主观评价中被估价物的量的大小,而量器本身量的大小,有的包含具体的数量,有的表面包含具体的数量实际不表示数量,还有的不包含具体的数量。

5.2.1 包含具体数量的量器

相对来说,在"配"字句中,带有具体数量的量器比较少见,如:

(13) 这个也说他搓得不好,那个也说他搓得不好,甚至有人说他只配搓50个铜板的麻将!

在这个例句中,量器为"搓50个铜板的麻将",其数量具体可见。

5.2.2 包含具体的数量实际不表示数量的量器

此类量器中,有明显的数量词,这些数量词中数词的部分都为"一",这里的数量词不是为了表示数量,而是为了强调事物所属类别。

(14) 因此他立刻恭恭敬敬地请柯林斯先生伴着他女儿们一块儿去走走,而柯林斯先生本来也只配做一个步行家,不配做一个读书人,于是非常高兴地合上书本走了。

该例句的量器为"做一个步行家"和"做一个读书人",在此,"一个"被用来凸显名词的属性意义,在"步行家"和"读书人"的对比语境中体现得尤为突出,这种属性意义具有主观性。(刘安春,2003)

5.2.3 不包含具体数量的量器

在"配"字句中,最普遍的是没有具体数量的量器。然而,即使没有具体的数量,这些量器也仍被用作表示被估价物量的大小的手段。这些量器具备主观量,是在客观量的基础上被赋予了主观性,而这些主观量一般属于"直赋型主观量",(李宇明,2000)其量的大小主要由"配"字结构中的副词赋予,如:

(15) 只有三好学生才配听胡子爷爷的故事哩,明白吗?

(16) 你只配老老实实地,待在那个四合院儿里,当孝顺的养子,规矩的姑爷,……

以上两例中,一个量器为"听胡子爷爷的故事",另一个量器相对较为复杂,为"老老实实地,待在那个四合院儿里,当孝顺的养子,规矩的姑爷"。这些行为、状态通过隐喻性的方式进入"配"字结构充当量器,虽然没有具体可见的数量,但在此也具备了"量"的元素。

5.2.4 量器的构成

例(13)和例(14)中,量器分别为"搓 50 个铜板的麻将"与"做一个步行家"和"做一个读书人"。从常态数量系统来看,"搓 50 个铜板的麻将"由于具体数量明确,即便单独出现也较易判断其量的大小,主观性的体现没有那么明显。但是,对于隐喻"量"而言,"做一个步行家"和"做一个读书人"孰大孰小只有在具体语境中才能得到答案,主观性影响着它们"量"的大小。

例(15)和例(16)中,量器"听胡子爷爷的故事"和"老老实实地,待在那个四合院儿里,当孝顺的养子,规矩的姑爷"若脱离"配"所在语境,和被估价对象一样,也是客观的,不受估价者主观影响。然而,这些对象已经进入语境,形成量器,由副词赋予了其主观性,这个时候,除了其本身所具有的量,还负载了由估价者附加的主观性。也就是说,现在量器的组成部分,除了客观的"听胡子爷爷的故事"这类事物或事件所具有的客观量,还有评价者的主观性,主观性是评价者使用副词附加上去的。

根据上述分析,衡量被估价物量的大小的量器可以这样表示:

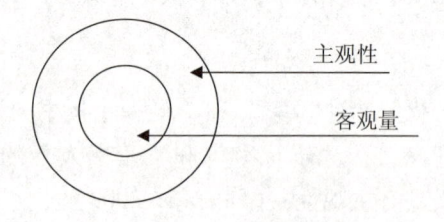

图 2 "配"字句中量器的组成

5.3 双秤盘平衡图式对"配"字句的要求

由于被估价物只有客观量,而量器除了客观量以外还带有主观性,如果仅将被估价物置于"配"字"双秤盘平衡图式",会破坏"配"的意象图式的平衡性,出现如下情况:

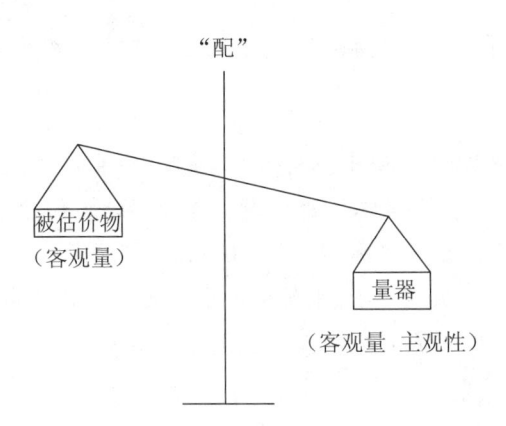

平衡图式对汉语等量语法单位的制约作用——以助动词"配"为例

图3 没有副词或其他主观性成分的"配"字句意象图式

下面这个例子就是因待估物一端缺少主观性而导致的句法错误：

(17) *……只是需要抛弃那些尾巴主义的思想和清规，只是需要让主动性和首创精神，"计划"和"谋略"能自由发展，那时我们（客观量）配做伟大革命阶级的代表（客观量+主观性），……

(18) *这一种人（客观量）因为不能够把世界上的音乐作品，一一拿来当很好的教师学习，所以一直到死，配做一个学生（客观量+主观性）。

若要保持上两例"配"的意象图式的平衡，则必须在"双秤盘"的另一端同样附加主观性。而另一端的被估价物是客观存在，等待评价估量的对象，是客观量。这个时候，就需要加上一个表示主观性的成分。与主观量表达关系较密切的副词，如范围副词、语气副词和个别程度副词等可以充当表示主观性的成分。加上副词之后，"配"的双秤盘平衡图式才能够保持平衡，如图所示：

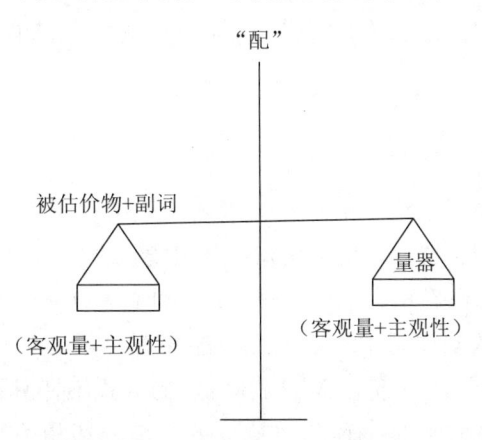

图4 保持平衡的"配"句的意象图式

还是上两个例句，在待估物一端增加了副词"才"和"只"，保持了图式的平衡：

（17）'……只是需要抛弃那些尾巴主义的思想和清规，只是需要让主动性和首创精神，"计划"和"谋略"能自由发展，那时我们才（客观量+主观性）配作伟大革命阶级的代表（客观量+主观性），……

（18）'这一种人（客观量）因为不能够把世界上的音乐作品，一一拿来当很好的教师学习，所以一直到死，只（主观性）配做一个学生（客观量+主观性）。

"配"字肯定句、否定句以及特指问形式的反问句都符合上图意象图式的平衡模式，唯有是非问形式反问句"NP_1+配+VP+NP_2+吗"是"客观量+配+客观量+主观性+主观性"的模式，这样看来似乎不符合平衡图式。事实上，这一模式可以视作"配"字句平衡模式的变式：疑问语气词"吗"的管辖范围为"NP_1+配+VP+NP_2"，意象图式中，支点"配"一端是NP_1（客观量），另一端是VP+NP_2（客观量+主观性），这样的图式显然无法维持其平衡，"吗"是在对这个图式进行质疑，对这样的图式的平衡性提出疑问。

5.4 结论

通过上述分析，本文得出如下结论：在"配"字句中，VP+NP_2这一量器除了具备客观量，还是说话人主观态度的一种体现，负载了主观性。而待估物只是一个客观事物，不具备主观性。在"配"的双秤盘平衡图式中，为了维持其平衡性，其左右都需体现主观性，然而待估物NP_1本身是没有主观性的，只有依靠其后的副词或与主观性相关联的成分来显示主观性，以维持这个图式的平衡。

六、结语

本文运用意象图式理论中的双秤盘平衡图式解释了助动词"配"的使用限制。在今后的研究中，我们希望从认知角度出发解决更多的语言问题，通过意象图式理论揭示更多潜藏在语言之中的规则，并使这样的方式能够浅显易懂地呈现于教学中。在人的认知体系中，万事万物都含有"量"的概念，投射到语言系统里，"量"在各个语法层级上都会以其特定的方式维持其平衡状态，带来语法制约，双秤盘平衡图式便是一种和"量"的平衡密切相关的意象图式。在后续研究中，我们将运用平衡图式理论对蕴含等量关系的语法单位进行更进一步的系统研究，以探索适宜于汉语教学的更为直观、便捷的方法。

参考文献

李宇明（2000）《汉语量范畴研究》，武汉：华中师范大学出版社。
刘安春（2003）《"一个"的用法研究》，中国社会科学院研究生院博士论文。
刘月华、潘文娱、故韡（2007）《实用现代汉语语法》，北京：商务印书馆。
吕叔湘（2008）《现代汉语八百词》，北京：商务印书馆。
胡德明（2010）《现代汉语反问句研究》，合肥：安徽人民出版社。
唐燕玲（2009）疑问词的语法化机制和特征，《外语学刊》第5期。
吴海英（2011）意象图式理论视角下的英汉数字隐喻，《大连海事大学学报》（社会科学版）第2期。
杨永龙（2003）句尾语气词"吗"的语法化过程，《语言科学》第1期。
张旺熹（2007）《汉语特殊句法的语义研究》，北京：北京语言大学出版社。
张旺熹（2012）《张旺熹汉语语言学论文集》，北京：北京语言大学出版社。
朱德熙（2007）《语法讲义》，北京：商务印书馆。
Croft, W. &Cruse, D. A. （2004）*Cognitive Linguistics*. Cambridge：Cambridge University Press.
Lakoff, G. &M. Johnson. （1980）*Metaphors We Live By*. Chicago & London：The University of Chicago Press.
Lakoff, G. （1987）*Women, Fire, and Dangerous Things. What Categories Reveal About the Mind*. Chicago：The University of Chicago Press.

"V+了+时量成分+(的)+N"中"的"的隐现规律

北京语言大学语言科学院 姬新新

摘 要 本文论证了"V+了+时量成分+(的)+N"中"的"的隐现与时量成分的类型无关,与时量成分的语义所指有关,并指出该结构中"的"的语法功能主要属于语用层面,它是对比焦点的标记,具有突出强调时量成分、添加句子语用意义的作用,在分析考察真实语料的基础上,进一步指出"的"的隐现规律与人的主观意图也有密切关系。

关键词 对比焦点标记 时量成分 主观意图

一、引言

语言学界对"V+了+时量成分+(的)+N"句式的研究颇多,如朱德熙(1982)、邢福义(1996;1999)等对时量成分的语法功能有不同认识。朱德熙(1982)将结构中的"时量成分"称为"准宾语",表示动作延续的时间,他认为"等了一会儿车"这一结构为双宾语结构,"一会儿"是准宾语,"车"为真宾语,它们相互之间没有结构上的关系,他还指出时量词在名词前头出现时,往往跟名词凝聚成偏正结构,因而他认为"住了两个星期(的)医院"是单宾语结构,而不是双宾语结构;邢福义(1996)称"动词+时量短语"结构为动补结构,时量短语被称为时量补语,后来邢福义(1999)又进一步指出"看了一下午书"中的"一下午"是一种"数量+X结构",X是时间词,数量部分是基数,整个结构表时段,与动词相关。马庆株(1981)和陈平(1988)分别从动词的语义特征(semantic features)和情状类型(situation type)这两个角度对"动词+时量短语"结构作了更为细密的分析。

虽然前人从不同角度对该结构做了研究,但是对于该结构中的"的",很少有人作专门的讨论,可见他们实际上是把有无"的"当成该结构的两种自由变体。个别学者虽然注意到这个问题，但"的"的研究仍需进一步深入。如蒲喜明（1983）曾指出结构助词还有另外三种特殊用法，其中第三类就是："他当了三年的兵""老师教了我们一年半的语文"，他认为"的"用在"谓+补+宾"结构的补语和宾语之间，其作用是为了在补语之后造成一定的语音停顿，从而帮助强调和突出这类补语。这篇文章已经认识到"的"的语用方面的功能，但并没有作专门的讨论。赵明慧、李平华（2011）曾发表专论讨论"的"隐现的规律，认为"的"的隐现不仅与时量成分的类型有关系，与时量成分的语义所指也有关。该篇论文对本文有很大启发，但是有些观点我们持异议，后面会作详细讨论。我们认为"V+了+时量成分+（的）+N"结构中"的"的语法功能主要属于语用层面，为了进一步揭示"的"的用法和隐现的规律，我们引入了焦点理论和标记理论，认为"的"是一种对比焦点标记，突出强调时量成分，认为"的"的隐现不仅与时量成分的语义所指有关，与人的主观意图和焦点标记也有很大关系。

研究"V+了+时量成分+（的）+N"结构中"的"的用法和隐现规律不仅对语言学有重要意义，在对外汉语教学中也有重要意义。像"看了三天（的）书"这样的结构，其中的"的"时隐时现，其用法使留学生难以捉摸，给留学生掌握该句式带来了很大困难，从而造成了一些语法偏误，例如：

*a. 今天早上去上班，在路上堵了一个小时车，急死我了。
*b. 小王听了一会儿的新闻。

a 例中的"的"需要出现，而 b 例中的"的"需要隐去该句才能成立。对于"的"什么时候出现，什么时候隐去，对外汉语教学中并没有给出答案。我们试图弄清这种结构中"的"的用法和功能，寻找其中"的"的隐现规律，对上面偏误用例做出合理的解释。

二、时量成分与"的"的隐现

关于"的"隐现的规律，赵明慧、李平华（2011）曾发表专论，认为"的"字的隐现情况与时量成分（T）有密切关系，不仅与时量成分的类型有关系，而且与时量成分的语义所指也有重要的关系，我们来讨论这种说法。

他们在论证"的"的隐现与时量成分的类型有关时，先将时量成分分为两类，即确定的时量成分（用符号标记为 T 确定，指由数词（+量词）+像"年、天、小时"时间名词组成的数量名结构,有时也涉及概数+时间名词组成的结构,如"几天"、"几年"等)和不确定时量成分(用符号标记为 T 不确定,包括"一会儿"、"一阵儿"等等)。通过对语料的考察和研究,他们发现当时量成分为 T 确定时,"的"字可隐可现,比较自由。举例如下:

(1) 在以后的岁月里,<u>她仗着念过几天(的)书</u>,根本不把这家人放在眼里,动不动就拿很脏的话骂他母亲。(路遥《平凡的世界·第一部》)

(2) 罗杰笑道:"他们管得了我么?无论如何,我在这<u>做了十五年(的)事</u>,这一点总可以通融。"(张爱玲《沉香屑·第一炉香》)

根据他们的观点,由于例句中的"几天""十五年"都是确定的时量成分,因此两例句中的"的"可以自由隐现,不受限制。但是,同样是确定的时量成分"几天"和"十五年",为什么下面的例句插入"的"后就不能够成立?

(3) a. 这门课太容易了,我看了几天书就学会了。
　　＊b. 这门课太容易了,我看了几天的书就学会了。

(4) a. 我本来打算给老东家当一辈子的管家,可是做了十五年事就被辞退了。
　　＊b. 我本来打算给老东家当一辈子的管家,可是做了十五年的事就被辞退了。

他们认为当时量成分为 T 不确定时,"的"字不能够出现,举例如下:

(5) a. 薇龙站住了歇了一会儿脚,倒有点怅然。(张爱玲《沉香·第一炉香》)
　　＊b. 薇龙站住了歇了一会儿的脚,倒有点怅然。(张爱玲《沉香·第一炉香》)

(6) a. 车里光线那么柔和,睡一会儿午觉也正好。
　　＊b. 车里光线那么柔和,睡一会儿的午觉也正好。

同理,按照他们的说法,由于例句中的"一会儿"是不确定的时量成分,那么"的"的出现就要受到限制。但是,根据马庆株(1984)对时量成分的分类,像"一辈子""好长时间""很长时间"等这样的时量成分也属于不确定的时量成分,当它们进入"V+了+时量成分+N"句式时,"的"就可以出现,例如:

（7）他当了一辈子的厨师，厨艺却一般。
（8）我七点就出来了，等了很长时间的汽车。

通过上面的反例，我们可以得出这样的结论：确定的时量成分的后面有时也不能够插入"的"，不确定的时量成分的后面未必不能够出现"的"，也就是说，"的"的隐现与时量成分的类型没有必然联系。

此外，赵明慧、李平华（2011）认为"的"的隐现与时量成分的语义所指有关，我们赞成他们的说法。时量成分的语义所指就是指其在具体的语言环境中的语义内涵，包括言长和言短两种情况。当时量成分言长时，"的"可隐可现，例如：

（9）初搬来的时候，他卖了些旧书，买了些烩饭的器具，自家烧了一个月（的）饭，因为天冷了，他也懒得烧了。（郁达夫《沉沦》）
（10）来中国以前，李忠文学过三个月（的）汉语。

当时量成分言短时，"的"的出现就要受到限制，但是言短的时量成分并不是绝对不能进入该结构，若时量成分的前面有像"才""只"等这样的状语修饰语时，"的"就可以出现，如例（3）b和例（4）b时量成分的前面若加上副词"才"就都可以成立了。

（3）b′. 这门课太容易了，我才看了几天的书就学会了。
（4）b′. 我本来打算给老东家当一辈子的管家，可是才做了十五年的事就被辞退了。

虽然他们指出"的"的隐现与时量成分的语义所指有关，但是他们并没有进一步指出当时量成分语义所指言短时，为什么"的"的出现总会受到限制；当时量成分语义所指言长时，影响"的"可隐可现的具体因素是什么。此外，也没有说明"的"的有无会对句义产生什么影响。这些问题都需要我们对"的"的隐现规律作进一步的研究。

三、焦点标记与"的"的隐现

3.1 "的"的语用功能——焦点标记

为了进一步探讨"的"的隐现规律,我们引入了焦点理论和标记理论。"注意是我们认知客观世界的重要一环。"(沈家煊,1999)焦点(Focus)是人们最希望引起听话人注意的内容,属于语用概念,是说话人想要强调的重点,被赋予了最高的信息强度。在现代汉语中焦点的表现手段是多种多样的,包括语音表现手段(如重音)、词汇表现手段(如使用焦点标记词"是""连")和句法表现手段(如使用语序和句式来表现焦点)。我们认为"V+了+时量成分+(的)+N"中"的"的语法功能主要属于语用层面,它是使用词汇手段表现焦点的具体表现形式。

张伯江、方梅(1996)认为焦点标记词的判定应遵循三个原则,一是作为标记成分,它自身不负载实在的意义,因此不可能带对比重音;二是标记词的作用在于标示其后的焦点身份,所以焦点标记后的成分总是在语音上凸显的成分;三是标记词不是句子线性结构中的基本要素,因此它被省略以后句子依然可以成立。根据这三条原则,他们认为现代汉语的焦点标记词只有两个,即"是"和"连"。我们却认为"是"和"连"在现代汉语里是典型的焦点标记词,现代汉语中"的"在某些情况下也可以用来标记焦点。

赵元任先生(1968)在讨论"的"的时候很早就注意到"的"的语用功能,他认为"是……的"句里"的"的作用在于指出意思里的重点,这对我们研究"的"的用法和功能极富有启发意义;后来徐阳春、钱书新(2005)专门撰文研究了"的"对焦点的逆向凸显作用,指出偏正结构中的"的"有凸显偏向的作用,人们为了凸显偏向的修饰性使用"的"来充当标记;非偏正结构中的"的",凸显已发生动作的条件(时间、处所、方式等)和施事,这些被凸显的部分是对比焦点。

我们之所以认为"V+了+时量成分+(的)+N"中的"的"是焦点标记,起标记焦点的作用,不仅是因为有学者做过这方面的探讨,更是因为该结构中的"的"符合焦点标记词的判定原则。结合张伯江、方梅(1996)的观点,我们可以得出现代汉语焦点标记词的具体判断标准,即本身不负载实在的意义,不带重音,使用的唯一目的在于标记焦点。它不是线性结构的一部分,因而省略之后句子的理性意义不发生变化，只能在语用上起作用。但是我们认为这个焦点不一定只在焦点标记词的后面，也有可能在焦点标记词之前，这一点与他们的观点略有不同。为了验证"的"焦点标记的身份，我们先来观察几个例子：

（11）她坐了十个小时（的）飞机。
（12）我丈夫学了八年（的）英文。
（13）徐太太道："你真有兴致，晕了几天（的）船，还不趁早歇歇？今天晚上，算了吧！"（张爱玲《金锁记》）

上面例句中的"的"自身不负载实在的意义，不带语音重音，将其隐去，原句的理性意义并不会发生改变，这说明它并不是线性结构的一部分。使用它的唯一目的在于强调句中的某个成分，具体强调哪个成分并且"的"的出现对原句的语用意义产生了什么影响，我们将在下文详细讨论。

3.2 "的"标记焦点的作用与"的"的隐现

根据对焦点的广义解释，每个句子都至少有一个焦点。我国学者对焦点的分类有不同看法，如陈昌来（2000）、董秀芳（2003）等将焦点分为无标记焦点和有标记焦点；范开泰和张亚军（2002）将焦点分为结构性焦点和语气性焦点等等，我们采用张黎（1987）和方梅（1995）的说法，将焦点分为常规焦点和对比焦点，常规焦点处于句末，也叫句末焦点，它是无标记的，与此相对的是对比焦点，它是说话者着意强调的信息，它是有标记的。我们认为"的"不仅是一种焦点标记，具体来说，它是对比焦点的标记，这个对比焦点就是"V+了+时量成分+（的）+N"结构中的时量成分。"的"的标记对比焦点的作用主要表现在以下两个方面：

一是赋予时量成分重音，突出强调时量成分。"的"的出现使听话人的注意力集中到结构中的时量成分，表现在语音形式上，就是赋予时量成分重音。例如：

（14）a. 我等了两个小时″火车。
　　　b. 我等了″两个小时的火车。
（15）a. 妹妹看了一上午″电视。
　　　b. 妹妹看了″一上午的电视。

在（14）a 和（15）a 中，句子的焦点是常规焦点，处于句末，因而句子的语音重音在"衣服"和"电视"上,"的"的出现使得(14)b和(15)b的焦点不再是常规焦点,而被对比焦点时量成分所取代,因而时量成分"一天"和"一上午"也就被赋予了语音重音。

既然时量成分是对比焦点,那么该时量成分就应该有一个对比项与之相应。通过观察分析语料我们发现,与时量成分相应的对比项在语义上往往是言短的,这就可以解释为什么像"一会儿""一阵儿"等言短的时量成分总不能进入该结构的原因,这是因为与这些言短的时量成分相应的对比项总是言长的,缺乏言短的对比项与之相对应。

二是对句义产生影响,即在不改变理性意义的基础上会使句子产生附加的语用意义。这种语用意义具体指什么需要我们进一步探究,我们还是先来观察几个实例:

(16) a. 昨天是周末,我洗了一天衣服。
　　　b. 昨天是周末,我洗了一天的衣服,(把我累坏了/看我厉害吧)。
(17) a. 爸爸抽了一上午烟。
　　　b. 爸爸抽了一上午的烟,(满屋子都是烟味)。
(18) a. 郭老师在山区教了一辈子书。
　　　b. 郭老师在山区教了一辈子的书,(我很敬仰他)。

通过对例句(16)a、b,(17)a、b和(18)a、b的对比分析,我们发现,当说话者说出(16)a、(17)a和(18)a时,往往是在客观地陈述事实或向对方述说一件事情;但当说话者说出(16)b、(17)b和(18)b时,说话者往往偏重于强调一种不寻常、不一般的情况,意在强调事件的时长,话语也会流露出说话者的某种主观情绪,这种情绪抑或是否定的,如向对方表达自己的不满情绪或发牢骚;抑或是肯定的,如表达自己对某事件的赞许或向别人自诩。到底具体流露什么样的情绪,取决于话语出现的具体语境。这种话语所流露出来的某种主观情绪就是焦点标记"的"所带来的语用意义。

"的"的这种给句义带来附加语用意义的功能,从另一个侧面也说明了"的"的隐现与人的主观意图也有很大关系。当说话者有意强调一种不寻常、不一般的情况以及表达自己的某种主观情绪时,作为焦点标记的"的"就会出现;当说话者只是客观地陈述某一事件时,"的"就可以隐去。这恰恰解决了我们在第二部分所提出的另一个问题,即当时量成分的所指是言长时,影响"的"出现的具体因素是什么。

四、结论

本文通过对"V+了+时量成分+(的)+N"结构中"的"的考察分析,可以得出如下结论:

1. "V+了+时量成分+(的)+N"结构中"的"的语法功能主要属于语用层面,它是对比焦点的标记,具有赋予时量成分重音,突出强调时量成分以及给句义带来附加语用意义的功能。

2. "的"的隐现是有规律的,与时量成分的类型无关,不仅与时量成分的语义所指有关,而且与人的主观意图及句子所要强调的焦点有密切关系:

（1）当进入该结构的时量成分的所指言长并且说话者有意向别人强调一种不寻常、不一般的情况及表达自己的某种情绪（如肯定或否定）时,就需要作为对比焦点标记的"的"出现。

（2）但若说话者只是向别人客观陈述动作事件的时量并且该句式中的时量成分的所指言短时,"的"就需要隐去。

参考文献

陈昌来（2000）《现代汉语句子》,上海:华东师范大学出版社。
陈　平（1988）论现代汉语时间系统的三元结构,《中国语文》第6期。
董秀芳（2003）无标记焦点和有标记焦点的确定原则,《汉语学习》第1期。
方　梅（1995）汉语对比焦点的表现手段,《中国语文》第4期。
范开泰、张亚军（2002）《现代汉语语法分析》,上海:华东师范大学出版社。
靳古隆（2007）说"动词+时量补语+'的'+宾语",《焦作大学学报》第1期。
李　敏（2002）数量短语与助词"的"连用的认知分析,《暨南大学华文学院学报》第3期。
陆丙甫（2003）从"的"的分布看它的基本功能和派生功能,《世界汉语教学》第1期。
马庆株（2005）《汉语动词和动词性结构》,北京:北京大学出版社。
马庆株（1981）时量宾语和动词的类,《中国语文》第2期。
沈家煊（1999）《不对称和标记论》,南昌:江西教育出版社。
蒲喜明（1983）结构助词"的"还有另外三种用法,《陕西师范大学学报》第2期。
王　艳（2012）小议"动词+时量成分+宾语"结构中的偏正短语,《华中人文论丛》第1期。
魏晓莉（2011）简述"V+了+时量短语+(的)+N"结构的分类及语义特征,《宿州教育学院学报》第5期。

邢福义（1996）《汉语句法学》，长春：东北师范大学出版社。
邢福义等（1999）"时间方所"，见马庆株编，《语法研究入门》，北京：商务印书馆。
徐阳春（2006）《虚词"的"及其相关问题研究》，北京：中国社会科学出版社。
徐阳春、钱书新（2005）试论"的"字语用功能的同一性——"的"字逆向凸显的作用，《世界汉语教学》第3期。
袁毓林（2003）从焦点理论看句尾"的"的句法语义功能，《中国语文》第1期。
赵元任（1968）《汉语口语语法》，北京：商务印书馆。
赵明慧、李平华（2011）V+T+（的）+N句式中"的"字隐现规律考察，《作家》第3期。
周小兵（1997）动宾组合带时量词语的句式，《语言教学与研究》第4期。
朱德熙（1961）说"的"，《中国语文》第12期。
朱德熙（1982）《语法讲义》，北京：商务印书馆。
张伯江、方梅（1996）《汉语功能语法研究》，江西：江西教育出版社。
张国宪（1994）"的"字的句法、语义和语用分析，《淮北煤师院学报》第1期。
张　黎（1987）句子语义重心分析法刍议，《齐齐哈尔师范学院学报》（哲社版）第1期。

跨方言视角下的现代汉语虚词"了₃"研究

北京语言大学国际汉语教学研究基地　苏若阳

摘　要　学界一般将普通话中的虚词"了"分为词尾的"了₁"和句尾的"了₂"。我们从开封话、北京话和普通话的语言事实出发,认为"了"可以分为"了₁""了₂"和"了₃",三者都表示"发生"的语法意义,但各自的时间性有所不同。"了₃"具有非现实的特性,在开封话和北京话中一般读作"喽"[·lou]。

关键词　喽　了₃　非现实　时间参照

一、引言

将虚词"了"分为动态助词"了₁"和语气词"了₂"的做法具有深远的影响。黄伯荣、廖序东（2007）主编的《现代汉语》中说:"了（指"了₁"）用在动词、形容词后面,表示动作或性状的实现,即已经成为事实。"① 在句尾而且不带宾语的"了",则处理为"了₁+了₂",兼有语气词和动态助词的作用。北京大学中文系现代汉语教研室主编（2004）的《现代汉语》（重排本）也是这样划分二者,并指出:"从意义上看,动态助词'了₁'表示完成,语气词'了₂'表示变化,即一种新的情况的发生或出现。"②

二分法可以追溯到黎锦熙（1924）的《新著国语文法》,书中将轻读的"了"分为附在动词后的助动词和在句末决定语气的助词。吕叔湘（1980）根据句法位置的不同,明确把虚词"了"分为"了₁"和"了₂"并说明它们的句法位置。朱德熙（1982）认为"了"分为动词后缀和只在句尾出现的语气词。如果句尾"了"前面也是动词,这个"了"既可能是语气词,也可能是动词后缀"了"和语气词"了"的融合。刘月华（1983）、房玉清（1992）、张谊生

---

① 黄伯荣、廖序东主编（2007）《现代汉语·下册》增订四版,北京:高等教育出版社,P. 31。
② 北京大学中文系现代汉语教研室（2004）《现代汉语》（重排本）,北京:商务印书馆,P. 295。

（2000）等学者也同样做了"了$_1$"和"了$_2$"的区分。

马希文（1983）较早注意到北京口语中读轻声的"了"还有 [·lou] 这一读音，认为这个"了"可用作补语。王维贤（1991）在此基础上将"了"分为三个。"了$_3$" [·lou] 出现在动词或形容词后面，是带有表导致结果意义的动态助词，有时也出现在句尾。金立鑫（1998）、刘春卉（2004）把"太好了""可漂亮了"这类句子末尾的"了"另立为一类。彭利贞（2007）也提到了"了$_3$"，认为"了$_3$"具有补语性质和非现实意义。

综上所述，现代汉语虚词"了"的分类在学界仍有分歧。目前对"了$_3$"的研究局限于它在动词后和祈使句等单句中的使用，比较片面。我们基于对开封话和北京话的研究，认为普通话中的"了"可以分为三类，并从认知和时体两个方面对"了$_3$"展开论述。

二、开封话中的"喽$_1$"

虚词"了"在开封方言中可以分为述宾之间的"啦$_1$" [·la]，句尾的"啦$_2$" [·la]，句法位置比较灵活的"喽$_1$" [·lou]，以及补语可能式中的"喽$_{0b}$" [·lou]①。开封方言中的"啦$_1$""啦$_2$"和"喽"整体相当于普通话词尾和句尾"了"的总和。本文主要关注其中比较特殊的"喽$_1$"。

2.1 "喽$_1$"的句法分布

"喽$_1$"既可以位于述语与宾语之间，也可以位于述宾短语之后，还可位于光杆动词/形容词之后。下面我们从"喽$_1$"所在的谓词性成分的位置出发，对"喽$_1$"的使用情况进行概括。

2.1.1 无后续谓词性成分的"喽$_1$"

（1）吃喽$_1$！
（2）反正是通过这个事儿不是，赶紧把这个问题解决喽$_1$。

以上例句中的"喽$_1$"位于单一谓词性成分中，主要用于祈使句或者其疑问形式。"扔喽$_1$它"可以转换成"把它扔喽$_1$"，可以看出这一类句子大部分可以转

---

① 参见苏若阳（2015）《开封方言中的"了"根虚词研究——兼论普通话中"了"的分类》，北京语言大学硕士学位论文。

换成"把"字句，而且带有较长宾语的此类祈使句更倾向于用"把"字句形式。张旺熹（2001）分析了普通话的"把……V+（了）"结构，指出这一类句子可用"结果图式"来解释。以上例句中动词后的"喽₁"也有使结果得以凸显的作用。"喽₁"凸显的这种结果是未成为现实的，很多时候不能省略它或者省略后意思会有变化。

（3）就这着不中，你应该把线拆喽₁。（这样不行，你应该把线拆了/拆掉。）

（4）我现在不在学校，我后晌下午赶快过去办手续把他开除喽₁。（小号字为方言词汇的释义，下同）

（5）……只要您①你们几个再敢狠着玩儿游戏，我立马摔喽₁它。

以上例句包括谓词性宾语句、连谓句和兼语句等。这类句子中的"喽₁"都位于最后一个谓词性成分后。单一谓词性成分后的"喽₁"和位于复杂谓词中最后一个谓词性成分的"喽₁"实际上是同一性质的，它们后面都没有其他谓词性成分，而且处于最小层级的短语上。

2.1.2 有后续谓词性成分的"喽₁"

这类结构中的"喽₁"并不要求动词具有［+消除］义，表现出更复杂的特点，目前对此类结构中"喽"的研究很少。

（6）天热迁就几天，卖喽₁瓜给你买空调去。

（7）你是家属你来喽₁骂人冇？你了解情况冇？

以上连谓结构中，两个谓词性成分有时间上的紧密关系，而且后一成分的发生把前一成分的发生作为一个时间参照。前一成分不能独立存在，而是作为一个结点后续其他的谓词性成分。

（8）想看啥戏喽₁，可以去买嘛，这也不值啥。（要是想看什么戏曲片了，可以去买嘛，这也不是什么难事。）

（9）俺情愿交给他（物业）钱，他说："（就）您自己（交）俺冇法收，俺收喽₁吧，您要是（向上）反映喽₁，俺不管是俺的责任。俺要管喽₁吧，意思是，这么多人，就您自己交，不划算，就是这（情况）。"

---

① 您，音［nen3］，"你们"的合音，有的写作"恁"，一般没有普通话中"您"的敬语意味。本文以"1/2/3/4"分别表示阴阳上去四个调类。

以上例句都是假设复句。"喽₁"都位于前一分句，表示某种假设的情况发生后，以此为条件产生某种结果。

（10）交警来**喽₁**他也不能拍我的车。（就算警察来了，他也不能拍我的车。）

此类句子是让步转折复句。前一分句退一步说某种情况的发生，后一分句表达语义转折。

（11）他说扒**喽₁**就给您盖，这也扒罢啦，遥嗨儿［iau2·hɐr］现在多少天啦，也冇盖。（他说扒了就给你们盖，这也扒过了，现在都多少天了，也没有盖。）

（12）刚搬来，这来**喽₁**这儿的物业就走啦。这垃圾天天堆得都臭啦。

此类句子，类似"一……就……"句式，是一种条件从句。带"喽₁"的分句表示一个时间条件，也就是在时间上与后一分句有紧密关系，两个事件前后相随，它们并不一定有内在因果上的关系。

复句中前一分句的"喽₁"使用得比较多，不亚于单句中"喽₁"的使用频率，复句的类型也有多种。以上复句中，假设复句和让步转折复句也可以视为条件句的一种，所以带"喽₁"的前一分句常常表示一种条件。其中未然的条件比较多，因此假设条件复句的使用频率相对突出。

2.2 "喽₁"的非现实性

Givón（1994）认为"现实"和"非现实"是语言中对立的两种情态类型，是语言内具有连贯性的功能语义或语用的整体，同时也是一种类型学上的现象。一般认为，"非现实"是一个情态语义范畴，表达未实现或想象中的事件或情景，如可能的、假设的、希望的、命令的、等等；可以通过情态动词、情态副词、动词的形态变化等形式手段来表达（张雪平，2008）。

由上文可知，不少"喽₁"的使用情景都能跟上述定义相吻合。本文在界定现实性与非现实性上，是以谓词性成分为最小单位的。一个整体上表示不确定内容的句子，虽然可能含有表示"可能""疑问"等的情态成分或者语气，但是只要句子暗含有一个现实的事件，我们就有理由认为句子是具有现实性成分的。

（13）总共可能修**啦₁**一个月多。

（14）他上哪**啦₂**？

上述两句话的"修啦₁一个月多"和"上哪（某地）啦₂"是在现实中可以定位的现实性成分，因此句子虽然表示对这种现实性的估计或者疑问，但仍旧可以使用标记现实性的"啦₁""啦₂"。在研究现实和非现实范畴时，我们认为应该区分整体的非现实意义和句子中的现实性内容。

"喽₁"在祈使句、条件句以及其他无外部时间参照的谓词性成分中都具有标记非现实句或者非现实成分的作用。

（15）都好好瞅瞅，别把东西忘车上**喽₁**！
（16）万一年纪大的人从这过滑倒**喽₁**，那就不好办啦。
（17）他赢**喽₁**钱就回来啦。

2.3　"喽₁"的时间参照

Reichenbach（1947）用三个时间点来说明句子的时间性：①S（time of speech，说话时间即句子说出的时间）；②E（time of event，事件时间即句子表示的事件所发生的时间）；③R（time of reference，参照时间指句子表达事件时观察其发生时间或进展所参照的时间点）。

Comrie（1985）将时间参照分为绝对时间参照（absolute time reference）和相对时间参照（relative time reference）。绝对时间参照以说话时间为指示中心（deictic centre），分出过去、现在、将来三种时态。相对时间参照以语境给出的某一时间为参照，体现事件时间与该参照时间的相对关系。

郭锐（2013）对普通话"了₁""了₂"的时间参照问题有过精彩的论述，其中所说的内部时间参照使我们很受启发。外部时间参照可以在现实世界的时间轴上定位，使句子成为现实。而内部时间参照则是一种句子内部的相对定位，不能独立存在，也不与现实直接联系。可以认为内部时间参照是用来表明汉语的多个谓词性成分之间的相对时间关系的。如果把默认可以缺省的说话时间归为参照时间的特例，那么也可以认为汉语只需要相对时间参照就可使句子成立。

开封话中的"喽₁"完全符合郭锐（2013）所说的内部参照。本文希望从"了"组语尾的角度进行重新诠释。对于普通话来说，就是从三个"了"的分类法出发，分析各自的时间参照。从开封方言和普通话的现实来看，将"了"分为三个或许能更清晰地解释汉语虚词"了"的时间性，这样就不需要在两个"了"的内部进一步做区分或者寻求其他解释了。开封方言在语音上也方便进行三分，能够直观地印证我们的论述。

"啦₁""啦₂"具有外部时间参照,在时空中有现实的定位点。"喽₁"没有外部时间参照,当有后续谓词性成分时,以该谓词性成分为内部时间参照。

(18) 扔**喽**₁它吧,有啥用啦。(前一句为祈使句,无时间参照。后一句的"啦"是"啦₂",具有外部时间参照,默认以说话时间为参照。)

(19) 他来**喽**₁二话不说就开始踢门。(内部时间参照为"踢门"发生的时间)

(20) 目前这社会风气,有个老年人摔倒**喽**₁周围的人都不敢扶,怕讹住**喽**₁。(前一个带"喽₁"的谓词性成分的内部参照为"不敢扶";后一个没有时间参照,这里标记非现实性中的可能性。)

三、"了₃"与北京话中的"喽"

3.1 "了₃"的研究现状

一些学者很早就注意到北京口语中读音为[·lou]的所谓"了₃",如马希文(1983)和王维贤(1991)。他们关注的重点基本上是单句动词后的"了₃"[·lou],而对复句着墨较少。原因可能是口语中最容易注意到的是单句的现象,而且与动词结合紧密的那一部分"了₃"也较容易保留原来的读音。由于普通话并没有收录"了"的这一读音,"了₃"的读音也就因人而异了。不过生活中仍可听到不少人读[·lou]:

(21) 今天就讲到这儿吧,也不早了[·lə],别太冷了[·lou]。

邵敬敏(1988)分析了普通话中表达未然的"V了"结构,认为这类动词形成一个小类,它们都有一个[+消除]的语义特征。这种"V+了"表示的语法意义是"消除"。袁毓林(1993)研究现代汉语祈使句时也发现了这个比较特殊的"了",并认为其前面的动词具有[+取除]义。彭利贞(2007)在研究汉语情态时也关注了这个现象,并尝试从情态的角度区分"了₃"和"了₂"。

以上各家或从动词语义或从情态范畴角度,都同意汉语中有一个不同于"了₁""了₂"的"了",但关注的范围比较窄,主要从动词出发,认为"了₃"具有补语的性质。对于句子则主要关注祈使句等单句。

不过,如果把"了₃"看作补语,例(21)中的"别太冷了"就不太适用。

下面的例子中，"了"与动词离得较远，看作补语也不合适，而看作是未然状态的"让/把/给……V（P）了"的等价形式可能更恰当，如下例：

（22）各位乘客都收拾好行李，别（把包）落到车上了！

目前的研究没有从更大的范围和更广泛的语法意义上进行普遍性的研究，因此对"了$_3$"的语法意义及其地位都缺乏足够的认识。我们认为，学界所关注的这种"了$_3$"其实是一个更大的系统中的局部。通过对开封话和北京话的考察，我们能够更清晰地认识到这一点。

3.2 北京话中的"喽"

以下行文中，我们将北京话和普通话的虚词"了"分为"了$_1$""了$_2$"和"了$_3$"。"了$_3$"的范围要大大超过上一小节各家研究的"了$_3$"，"了$_1$""了$_2$"的范围则有所缩小，语法意义也更单纯。除了"了$_3$"，其余位于谓词性核心末尾而不带宾语的是"了$_2$"，主要位于述宾之间的是"了$_1$"。

"了$_3$"相当于开封方言的"喽$_1$"，在北京口语中的读音一般同样为［·lou］，但是由于普通话影响或者自身的发展，也可能读作［·lə］。开封方言的"喽$_1$"则一以贯之，在任何情况下都保持［·lou］的读音，这为我们研究它提供了语音上的便利，也有助于研究"了$_3$"。"了$_3$"不同于普通话中表示夸张、欢欣、感叹语气的语气词"喽$_y$"。"喽$_y$"是句尾的"了$_2$"附加更多语气成分形成的。理论上很多"了$_2$"都可以加上这种语气成为"喽$_y$"，比如：

（23）太棒**喽$_y$**！可以去海边**喽$_y$**！
（24）我终于写完作业**喽$_y$**，哈哈……

"喽$_y$"的语义是简单的，只是从"了$_2$"的进一步语气化发展而来。"了$_3$"却不是这样。以下例句都来自北京语言大学语言研究所的北京口语语料库（BJKY），语料中的"喽"即我们所说的"了$_3$"。

（25）我中午还出去，还是活动去。哎，活动完**喽**，回来，该做晚饭啦，啊。做完晚饭就没什么事儿了就是。
（26）到时候儿**喽**，父母呢都得跟着呀，也得挂念着，就是这样儿。

以上两例，"喽"（即"了$_3$"）都在前一谓词性成分，作为后一成分的内部时间参照。带"喽"的谓词性成分没有外部时间参照，是非现实的成分。试对比"活动完**喽**回来该做晚饭**啦**"的"喽"和"啦"。"做晚饭"具有未来的现实性，"该"表明句子的外部时间参照是将来的某一时刻。"活动完"并不是说"活动完了"这一事件的发生，只是表明两个事件的相互时间关系。两个谓词性成分互相作为对方的内部时间参照。

(27) 这孩子是，学习呀，我是不敢说紧吧，反正我不敢忒放松**喽**。

"喽"（了$_3$）与句尾"了$_2$"的区别是，"了$_2$"默认是现实的事件或者将来成为现实的事件。而这里的"喽"则是非现实的，表示未然而且不能在时间轴上定位。例（27）的"不敢忒放松**喽**"是"不敢放松"，如果改成"不敢忒放松了"则会有一个外部时间参照，表明原来"放松"了，现在变为不敢"放松"。

(28) 哇，你要是好好儿学习，家长也高兴，缺什么少什么，家长也愿意支援你们，是不是，当然你这儿胡搞，家长知道**喽**，能同意吗？

(29) 这一加一等于二，这我能给他看看作业。一多**喽**我就不认识了。

以上例句都表示条件或者假设，带"喽"的谓词性成分在前。这与开封方言是一样的。分句表现出明显的非现实性，前后两个分句在时间上互为内部参照。

四、"喽"类虚词小结

通过上文的论述可以看出，北京话的"喽"与开封话的"喽$_1$"都具有非现实的特性。不同在于，开封方言的[·lou]系列读音能表示的非现实性意义更多，如可能性等。普通话中的补语可能式"V得C"在开封方言中为"VC（O）喽$_{0b}$"。如以下例子：

(30) 俺这种点儿菜也不容易，你这儿不叫卖，那儿不叫卖。有的你上行里兑，**兑掉喽$_{0b}$**还好，**兑不掉**的你不下来零卖咋弄？

(31) 城管走到跟儿，发给你个宣传单，就是叫你上哪儿哪个地方去。按着这个图纸去找，**找着地儿喽$_{0b}$**。

开封话补语可能式中的"喽$_{0b}$"其实是现实义的"了"在未然语境下使用并逐渐固定下来的凝固格式。仍然是现实与非现实的对立。

我们发现，读作［·lou］的"喽$_{0a}$""喽$_{0b}$"跟"喽$_1$"一样，都具有非现实的意义。用一个相异的读音表达可能、假设等语法意义，这不是偶然的，几乎可以认为，所有现实性的"了"都可以变读为［·lou］表达非现实的意义：①在述补结构中，表达可能性；②在祈使句中，表达使令性；③在［+消除］义动词后，表达非现实的"消除"；④在一个谓词性成分后，表达条件性以及作为后续谓词性成分的内部时间参照。这里所指的现实性的"了"在开封方言中一般为"啦$_2$"，因为"啦$_1$"标记过去时间，在转换为表示可能、条件等的"喽"时受到限制。

表1 "啦"与"喽"的对立

跑快啦$_2$；写完啦$_2$（现实发生）	跑快喽$_{0b}$；写完喽$_{0b}$（跑得动；写得完。表示可能性）
冻感冒啦$_2$（现实发生）	冻感冒喽$_{0b}$（提示会冻感冒，可能性）
扔啦$_2$（现实发生）	扔喽$_1$（祈使，促使发生）
别吃啦$_2$（"吃"已然开始）	别吃喽$_1$（"吃"的动作未然）
把问题解决啦$_2$（已经解决，现实性）	把问题解决喽$_1$（尚未开始解决，表示祈使、意愿等）
看好啦$_2$（已经看好，现实性）	看好喽$_1$再说（还没有看，表示意愿和要求）
他到学校啦$_2$（已经到学校，现实性）	他到学校喽$_2$你得接我（还没有到学校）
天热啦$_2$，去游泳吧。（现实已然"天热"）	天热喽$_1$怎么办？（假设"天热"，非现实）

可见，"喽"实际上已经成为一个非现实的标记。"喽"与"啦"的对立是可以从语音上进行解释的。我们认为，开封话和北京话的动词"了"在语法化为虚词的过程中，语音上首先都经历了［·lou］的阶段，之后表示现实义的"了"语音继续弱化，最终读作［·la］，而非现实意义的"了"则保留了［·lou］的读音。二者的分工是明确的，在口语中不会造成歧义。在北京话中，［·lou］一般不具有可能性这一层意义，北京话使用了另一种补语可能式"V得C"，因此非现实的"了"没有贯通所有情形。其他表示现实义的虚词"了"趋于弱化为［·lə］。在普通话中，［·lou］的标记性减弱，现实与非现实的虚词"了"都趋于读作［·lə］。演变途径以下图表示：

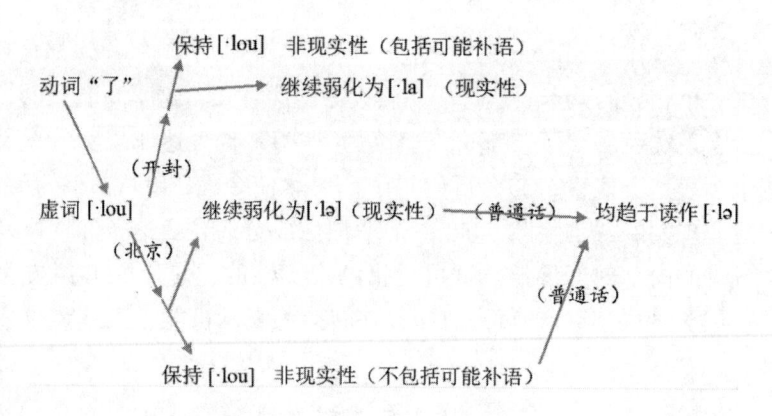

```
                    保持 [·lou]   非现实性（包括可能补语）
动词"了"
                    继续弱化为 [·la]（现实性）
         （开封）
虚词 [·lou]  继续弱化为 [·lə]（现实性）——（普通话）——→ 均趋于读作 [·lə]
         （北京）
                                                （普通话）
                    保持 [·lou]   非现实性（不包括可能补语）
```

图1 "了"的虚化与分化路径①

五、二分法的疑难与不足

以上我们谈到了现代汉语虚词中的"了₃"。目前根据词尾和句尾的不同将普通话虚词"了"二分的方法存在一些不足。一是没有考虑到非现实性的"了"（即"了₃"）与现实性的"了"的对立。二是"了₃"的使用范围比以往所关注到的要大，将"了₃"强行归入现实性的"了₁"和"了₂"会造成解释和界定的双重困难。

5.1 "了₁""了₂"的内部时体差异

在二分法的体系下，如何说明"了₁""了₂"的语法意义是一件比较困难的事情。因为其内部还要再作进一步区分，以至于最后的结论比较复杂，使问题显得迷雾重重。

"了₁"的完整体性质本来是比较显著的，陈前瑞（2003）对此有过明确的论述。但由于其内部的不一致，以下例子就无法用完整体解释：

(32) 左宗棠摇着手说："我明天看了制造局，后天就回江宁了。有好些事

---

① 我们认为，动词"了"在开封话和北京话中都经历了[·lou]读音的阶段。目前在两种方言中，标记非现实性的虚词"了"仍多读作"喽"，而标记现实性的"了"则在这一读音的基础上进一步虚化为[·la]或者[·lə]。[·lou]这一读音更为存古，应是动词"了"在两种方言中读音虚化的一个阶段。根据韵图和学者的拟音，中古汉语的动词"了"为四等韵，不少学者认为当时的四等韵并无介音，将动词"了"拟音为[leu]（李荣、郑张尚芳等）。动词"了"的虚化在这一读音阶段已经开始，因此作为动相补语或者语尾的"了"没有介音是可以成立的，其读音逐渐虚化为[·lou]。此后标记现实性的"了"的读音在两种方言中进一步虚化，最终失去韵尾。

情跟你谈谈，不忙走。"（BCC①）

（33）你以后有了钱，说啥也要把路修通。（BCC）

完整体表示一件事成为现实而不可分割，具有发生在过去，与现实和其他事件相对隔离的性质。以上两例既是未然的，也是非现实的，我们认为归入"了$_1$"会带来麻烦。

郭锐（2013）对"了$_1$""了$_2$"的时间参照的分析十分精到，但在二分的体系下论述过程相对复杂。既要说明"V 了 O"一般是内部时间参照，又要解释"V 了 + 数量 + O"是外部时间参照。

（34）他脱了大衣，"扑通"一声跳下水去。（只有内部时间参照，以后续事件的时间为参照）

（35）他去了三次。（有外部时间参照，默认以说话时间为参照）

以上两例中，我们认为第一例的"了"归入"了$_1$"并不合适。

5.2 各家对"了$_1$""了$_2$"的界定

王维贤（1991）希望从语音方面区分"了$_1$""了$_2$"，认为"了$_1$"读作[·lə]，而"了$_2$"读作[·la]。实际上这样的分法不具有操作性。首先普通话对于两个"了"的读音没有作区分，实际读音很难判定。其次，从开封方言来看，除了[·lou]以外的词尾和句尾"了"都读作[·la]，语音上没有区别。

卢英顺（1991）提出五种方法离析鉴定"了$_1$""了$_2$"：①还原法；②鉴定字法；③变换法；④添加法；⑤删除法。比如还原法，句中的"了"能还原为"V（P）了 O"的是"了$_1$"，若只能还原为"V（P）O 了"则为"了$_2$"：

衣裳揭开了→揭开了$_1$衣裳；字认识不少了→认识不少字了$_2$

这种结果应该是数量短语造成的，因为数量短语和名词之间不能插入动态助词。以上述结果类推，对带有数量短语的句子显然不公平。删除法则是把"了$_2$"看作纯粹的语气词，认为可以删除而不影响整体意思。但"了$_2$"仍有时体意义，即使其他较为纯粹的语气词也是不能任意删除而不改变句意的。

吴凌非（2002）区分"了$_1$"和"了$_2$"的方法是插入时间成分（作者以过去的时间为鉴定工具），能成立的是"了$_1$"，否则是"了$_2$"。这种认识实质上是

---

① 注明"BCC"的例句来自北京语言大学汉语语料库。

将"了₁"视为已然标记,将"了₂"视为纯语气词。问题在于,这只是对现有的句子进行已然和未然的分类,不能解释已然的"了"在句尾和句中不同句法位置时的差异。

六、结语

把虚词"了"二分为"了₁"和"了₂"难以说明各自的语法意义,对二者进行界定也比较困难。本文研究了开封话的"喽₁"与北京话的"喽",由此认为可以把普通话中虚词"了"分为"了₁""了₂"和"了₃"。本文所说的"了₃"具有更大的内涵与外延,包括具有内部时间参照和非现实意义的虚词"了"。具有外部时间参照和现实性意义的"了"则可以分为述宾之间的"了₁"与不带宾语的"了₂"。三分法便于说明"了₃"的非现实性与"了₁""了₂"的现实性特点。"了₁""了₂"的不同主要在于,前者一般只是表示事件在过去"发生",后者则具有潜在的现时相关性。

北京话同样以"喽"〔·lou〕这一读音标记非现实意义。相比开封话,北京话中"喽"读音的标记作用正在削弱,与"了"〔·lə〕读音呈现显著的不对称。在普通话中,现实性与非现实性的"了"的读音趋于一致,但它们的语法意义仍然不同。方言的相关研究有助于更深入地认识普通话虚词"了"的内部差异。

参考文献

陈前瑞(2003)《汉语体貌系统研究》,华中师范大学博士学位论文。
房玉清(1992)动态助词"了""着""过"的语义特征及其用法比较,《汉语学习》第1期。
郭　锐(2013)汉语谓词性成分的时间参照,新加坡南洋理工大学:第七届现代汉语语法国际研讨会。
金立鑫(1998)试论"了"的时体特征,《语言教学与研究》第1期。
黎锦熙(1924)《新著国语文法》,北京:商务印书馆,1982年重印。
刘春卉(2004)"了"的分类问题再探讨,《齐齐哈尔大学学报(哲学社会科学版)》第6期。
刘月华(1983)《实用现代汉语语法》,北京:外语教学与研究出版社。
卢英顺(1991)谈谈"了₁"和"了₂"的区别方法,《中国语文》第4期。
吕叔湘(1980)《现代汉语八百词》,北京:商务印书馆。
马希文(1983)关于动词"了"的弱化形式/lou/,《中国语言学报》第1期。

彭利贞（2007）《现代汉语情态研究》，北京：中国社会科学出版社。

邵敬敏（1988）形式与意义四论，《语法研究和探索4》，北京：北京大学出版社。

苏若阳（2015）《开封方言中的"了"根虚词研究——兼论普通话中"了"的分类》，北京语言大学硕士学位论文。

王维贤（1991）"了"字补议，《语法研究和探索》（五），北京：商务印书馆。

袁毓林（1993）《现代汉语祈使句研究》，北京：北京大学出版社。

张旺熹（2001）"把"字句的位移图式，《语言教学与研究》第3期。

张雪平（2008）"非现实"研究现状及问题思考，《解放军外国语学院学报》第5期。

张谊生（2000）《现代汉语虚词》，上海：华东师范大学出版社。

朱德熙（1982）《语法讲义》，北京：商务印书馆。

Comrie, B. (1976) *Aspect*. Cambridge: Cambridge University Press.

Givón, T. (1994) Irrealis and the subjunctive, *Studies in Language*. 18 (2): 265-337.

Reichenbach, Hans. (1947) *Elements Of Symbolic Logic*. New York: The Macmillan Company.

播客在对外汉语教学中的应用
——以 iMandarinPod 为例

北京语言大学汉语进修学院　　Daniel S. Worlton

摘　要　信息时代涌现出了大量前所未有的语言学习工具，其中，播客能满足认知和二语习得理论的基本要求，尤其在对外汉语教学领域。本文分析了语言教学播客的结构，并对 iMandarinPod 的语料库进行了详细的词汇分析。以词的分布度为标准，发掘出了该播客系列的内隐大纲，并提出一个难度评测算法。通过词汇习得计算模拟，本文证明播客对学习者的词汇增长具有重要意义。

关键词　播客　词汇分析　分布度　HSK 大纲

一、引言

随着汉语热的升温，高校、孔子学院、培训机构及私人辅导的汉语教育市场日益旺盛。与此同时，各种各样的网站、软件、博客、在线电视及广播等信息时代的网络资源给学习者提供了丰富多样的汉语学习资源，也使学习者的学习方法和途径更加多元化。那么，这些资源能否使汉语学习者在脱离传统课堂和汉语语言环境的情况下仍然成功地掌握汉语？本文在简单回顾第二语言习得相关理论的基础上，讨论汉语学习的特点，并介绍汉语教学播客在汉语习得中的大量与可理解性输入的作用。

二、从认知角度看二语习得

应用语言学界普遍认为在一语和二语的习得过程中绝大部分的词汇是在日常的听读活动中无意识地掌握的（Hulstijn, 2003）。这样的无意识学习又称为内隐学习，又称为伴随性学习。就词汇学习而言，伴随性假说指学习者在不同语境中多次接触某个词以后，会自然而然熟悉这个词（Coady, 1997）。美国多项关于学生词汇量的研究发现学生的词汇并不仅仅来自课堂教学，还有相当数量的词汇是伴随性习得的，因此，伴随性学习已经为母语词汇习得领域公认（Nagy 等，1985）。研究者经常提到的 Krashen（1989）输入假说就是伴随性学习的特例。Krashen 认为语言习得是无意识的过程，并且强调只有这种情况才叫"习得"。输入假说对输入提出两个要求：一是要有大量的语言输入，二是输入必须是可理解的。为了满足大量输入的要求，要保证阅读材料的丰富性才能吸引学习者的兴趣，并鼓励他们大量阅读。关于可理解性，Laufer（1989）提出学习者必须掌握文本中 95% 的词才能理解其意义，如果能达到 97%～98%，读者就能轻松理解全文（Hirsch & Nation, 1992）。换句话说，只要能理解 95% 以上的词，学习者就能够通过语境来猜测生词承载的主要信息。因此，减少生词带来的压力非常重要。在英语中（含文学作品），要达到 95%～98% 的词汇覆盖率需要掌握 3000～5000 词族（word family），或者 5000～8000 词项（lexical item）（Nation, 1990）。对于初、中水平的学习者来说，大量输入和可理解性输入存在一定的矛盾，因为词汇要通过广泛阅读而习得，但是学习者需要先掌握不少词才能理解更多篇的文本（Coady 1997）。

大量输入不仅对词汇习得起重要的作用，而且是信息加工理论重点关注的问题。在理解之前，阅读（或听）的过程伴随着一系列的认知加工，如分词、识别词、提取语义、进行语法分析等。这些认知模块随着训练的增加，进行重组和自动化（Segalowitz, 2003；McLaughlin & Heredia, 1996）。自动性认知加工使阅读者（或听者）的理解又快又准。因此，二语学习者只有通过大量的输入增强训练，才能进一步提高语言水平，并且攻克越来越难的输入。

三、汉语学习的特点

世界上绝大部分的语言使用表音文字，而汉语使用表意文字，即汉字。上万个汉字需要一个一个去学习其写法、读音、意义以及构成的词。为了减轻汉语学习者畏难情绪，有一种说法认为只需要掌握 2000～3000 汉字就能读懂一份报纸。"常用字表"包含的 2500 字在普通文本中的覆盖率达到 97.97%，再加上另外 1000 个"次常用字"的 1.51% 覆盖率，一共达到 99.48% 的覆盖率（邢红兵，2007）。那么，理论上讲，掌握 3000 左右最高频汉字就可以看懂大部分的阅读材料，这比掌握英语的 3000 词族更有效。但实际上，这个说法是有问题的。词才是语言中的最小的独立承载意义的单位，而不是汉字。2500 常用字能构成 46814 词，加上 1000 次常用字构成 5.2 万余词（周上之、金朝炜，2014）。这样的词汇量对母语者来说，已经很不错了。在汉字习得方面，邢红兵（2007）分析了5套小学语文教材，发现每套教材平均含3245字种。可见，汉语母语者需要6年专门的训练才能掌握3000多汉字。对于初学者来说，在进入伴随性学习的阶段之前，这2500个字及其构成的几万词汇量是非常高的门槛。

汉字音和形的分离对母语为拼音文字的学习者带来了更多的困难。Brown & Haynes（1985）研究过来自日语、西班牙语及阿拉伯语背景的以英语作为第二语言的学习者。以表音文字（即西语和阿语）为母语的学生阅读能力和听力的相关性很高，日语母语者的阅读能力和听力则几乎没有相关性。这说明，如果母语和二语都使用拼音文字，那么其二语的听读技能之间有传递效应。然而，对于拼音文字母语者来说，汉语的两个模式（听说与读写）是相对独立的系统，因此，广泛阅读对他们的听力不会有明显的影响。

另外，音节作为汉语语音系统的基本单位，本身的一些特点对听力有干扰。平均每个音节有16个相似邻居（李梅秀等，2014）。邻居指通过增加、替换或者删减一个音节中的任意一个音位得到的合法音节。由于不同语言音位的划分不同，再加上汉语音节的邻域密度普遍很高，所以二语者在听辨汉语语音时有很大的困难。除此之外，汉语存在大量的同音字，一个音节最多能对应92个汉字，平均对应8个汉字（苏新春、林进展，2006）。而且，每个汉字还对应多个义项和构词数。这就使得二语学习者从语音通达语义的加工过程更加困难。

综上所述，虽然有个别特例，但是我们认为除非二语者已经达到较高的语言水平，否则真实语料和自然环境对他们的伴随性学习作用不大。因此，要解决初学者大量输入与可理解输入之间的矛盾，须利用适合学习者水平的材料为其循序渐进的学习搭建阶梯，比如，分级阅读和课本。另外，学习者还需要一个训练听力的工具。

四、播客

播客是指由个人或者机构录制的音频或视频，它们通过网络的新媒体方式传播。中国学者很早就意识到播客对教学的重要意义（孙伟彦，2008；赵子剑等，2008）。白乐桑、栾妮（2012）具体论述了播客在对外汉语教学领域的突破：播客作为教学辅助工具，改变了"以教师为中心"的教学模式，培养了学生的自主学习能力，并且使培养的重点从传统的听、说、读、写四个技能的培养转变为交际能力的培养。为学生提供了无负担、趣味性的学习途径。播客本身能够保证足量的语言输入，增加口语表达的机会，增加学生听、说汉语的时间。这些文章提到了一些播客的优点，实际上，白乐桑和栾妮（2012）并没有完全理解播客的性质，他们将播客理解为一个用来辅助课堂教学的学习工具，但播客其实是一个可超越课堂的学习途径。

4.1 汉语教学播客

本文不详细讨论如何建立一个完整的播客分类法，只讨论语言教学播客。我们将语言教学播客粗略地分三大类：一是短语练习，即把目的语和教学用语（通常为听者的母语）的句子对应，并让播客的收听者自己重复目的语的句子。这种基于听说法的播客教学类似旅游者常常买的常用语手册，每节播客的内容围绕某个生活中的话题展开。如，OneMinute Mandarin 和 Chinese Survival Phrases。二是从易到难、循序渐进的系统性教程。随着课程的进展，播音员（即老师）把越来越多目的语融入教学用语，直到相对高级的阶段，完全用目的语来解释新的内容。如，Chinese Learn Online（基于台湾），第一集没有汉语，最后一集没有英语。三是分模块教学。即把每一节的内容作为一个独立教学模块。如，iMandarinPod（基于天津），Chinese Pod（基于上海）及 Popup Chinese（基于北京）。前两种播客只不过是把已有磁带语言教程（如 Berlitz 或者 Pimsleur 公司的 Language Learning Tapes）改成新媒体传播方式。我们感兴趣的是第三种，下文"播客"只指第三类语言教学播客。

4.2 播客的结构

大部分的语言教学播客有一个共同的结构。有两个人兼主持人和老师的身份，其中一个是目的语母语者，另一个是高级二语者。他们首先播放一个场景对话。重复播放几遍之后，主持人用教学用语逐句解释对话内容，对生词、语法点及文化点进行说明解释，并提供一些例句。播客结束之前，会再次播放对话以巩固所学内容。可见，播客基本包含了传统课本里的所有元素。会员可以上官方网站做练习或者获得更多的增值服务。因为播客音频一般用 MP3 文件，该文件格式可带文本内容，可以在 MP3 或者手机播放时边听边看。

4.3 播客与传统教材的对比

播客与传统教材（即课本）的最大区别在于播客的单元没有固定的大纲和严格的顺序。不过，播客缺乏大纲并不是劣势，而是优势。因为没有大纲的束缚，播客制作者可以追踪时尚，讨论时事和热点话题。比如，2008年北京奥运会期间，Chinese Pod 当时制作了一系列关于运动的播客，既体现了热点话题，又具有时效性。与此相比，课本从编撰到出版需要很长的时间，有时候，课本还没印刷，内容已经过时。另外，作为一种商业模式，播客必须把学生视为客户，重视他们的满意度，才能很好地应对市场竞争。因此，虽然播客制作者没有跟一个固定的大纲，但至少会有一个内隐的大纲，即对理想客户，什么样的内容既实用又有意思。另外，播客制作者还会给播客分级以供学习者选择适合他们的难度和兴趣的内容。因为制作者不知道收听者的身份，有可能是大学生、商人等等，因此必须设计各种不同难度和题材的话题，甚至包括一些带争议性的内容，以保证不同身份的收听者都可以找到满意的学习材料。再加上汉语教学播客中有一个主持人是汉语学习的亲历者，比较了解一般学习者可能遇到的问题，从学习者的角度来设计播客的内容，有助于学习者顺利地克服学习难点。

　　一家播客机构运营几年之后，会积累成百上千的播客集，远远超过最大规模的课本系列。以《新使用汉语课本》为例，一共有6册，合计72节课，每节课都包含课文、附加阅读、对话及听力练习，合起来还是不到300个语段。播客的课文设计互相独立，数量庞大。重复的内容是常用的或高频的，学习者在学习过程中会自然得到强化，而且播客囊括的内容远比课本内容丰富。

五、播客词汇分析——以 iMandarinPod 为例

5.1　iMandarinPod 介绍

　　为了更详细地探讨汉语教学播客，我们选择其中一个例子进行词汇分析。iMandarinPod（"爱汉语播客"）由天津的一家公司营运。该播客可以分两个系列：慢速新闻广播和课文。课文的话题一般为日常生活对话、俗语、历史故事、现代中国及中华民族传统文化等。与前文介绍的略有不同，"爱汉语播客"没有难度分类，都相当于中级，最适合已有一定基础的学习者。该播客的另一个特点是主持人均为中国人，教学用语全是汉语，即生词、语法点等都以相对简单的汉语讲解。老师会在播放课文之前提两三个问题来引导收听者。由于该播客侧重中国文化且使用僵硬的课文设计方式（"cookie cutter" approach），其内容缺乏灵活性和趣味性。

5.2 iMandarinPod 定量分析

我们通过 iTunes 的播客订阅功能收集了 iMandarinPod 自 2010 年 6 月到 2014 年 7 月播放的大部分播客,并把课文和新闻分别建成语料库。本文只考虑课文类播客。由于该播客的 RSS 只保留最近上传的几十集,在收集过程中因没能及时同步而错过部分课文。MP3 显示的"歌词"就是每节课文的核心内容。我们把这些内容都转换成纯文本文件,进行基本的文本处理并建成语料库。在文本处理过程中,将播客的标题与内容分别导入 Microsoft Visual Foxpro,使用自制的分词软件对课文内容进行分词,并进行局部的分词校对。在统计中不考虑英文字母、数字及符号。建成的语料库一共含 573 节课、101468 词次、165527 字次。

5.2.1 词汇特征

总体上看,该播客语料库的词汇非常丰富,一共有 11711 词种。其中,有 1284 个(11%)超出我们词典的范围①。超出词典的"生词"包括分词错误、新词、专有名词等。最高频的词"的"出现 5047 次,只出现 1 次的词占接近一半的词种,平均频次是 8.66,标准差是 66.52(频次分布见表 1)。

表 1　词汇频次的分布

频次	词种数	频次（10）	词种数	频次（100）	词种数
1	5223	10－19	846	100－199	74
2	1912	20－29	231	200－299	26
3	988	30－39	103	300－399	12
4	649	40－49	69	400－499	12
5	437	50－59	35	500－599	4
6	341	60－69	33	600－	12
7	289	70－79	26		
8	206	80－89	17		
9	155	90－99	11		

从表 1 可以看出,高频词(频次大于 100)只有 140 个,中频词(频次为 10～99)有 1371 个,低频词(频次低于 10)有 10200 个。另外,播客词汇频次与我们词典内的频率信息有非常高的相关性,$r = 0.829$。这意味着,播客词汇的分

---

① 我们参考的电子词典是《现代汉语词典》、汉英词典"CE‐DICT"、北京大学语料库制成的词表和北京语言大学语料库制成的词表的合并,包含多于 12 万词条。

布与真实语料有一定的一致性。词汇分布不一致的部分源于播客语料库词汇本身的特点，即部分词汇出现率远远超出规范语料库的频率，包括主持人的名字（如安娜、小云、小丽、张红等）和一些播客或者教学的用语（如大家、俗语、意思、咱们等），这些词的频次都非常高。

针对对外汉语教学，我们可以利用汉语水平考试（简称HSK）词汇大纲来评判播客词汇的性质。词汇丰富固然好，但是如果播客词汇偏离HSK大纲太多，则有两种可能，要么是该播客的词汇对学生来说实用性太小，要么就是HSK大纲编得不够合理。首先，11711词种比旧HSK的8634个词和新HSK的4993个词都多[1]。两个HSK大纲只有4499个共有的词，HSK共同词汇分别占新HSK和旧HSK大纲词汇的90%和52%。"爱汉语播客"同HSK大纲只有一部分共有词汇，播客词汇覆盖53%（4614/8634）的旧HSK大纲词和60%（3002/4993）的新HSK大纲词。如果习得HSK词汇是学习者的最终目标，那么通过iMandarinPod学汉语似乎不是最有效的学习办法，因为通过iMandarinPod学习不但遇不到关键词汇，而且还要学习7000超纲词，这个结果看起来不太理想。我们将HSK分等级，发现低级词的覆盖比较全面，而且该词的出现率相对较高（见表2和表3）。

表2 旧HSK词汇大纲分级在播客库的覆盖

HSK 等级	甲	乙	丙	丁
HSK 词汇量	999	1968	2119	3548
见于播客库	932	1486	1069	1127
百分比	93.3%	75.5%	50.5%	31.8%
播客平均频次	59.37	7.95	3.91	3.00

表3 新HSK词汇大纲分级在播客库的覆盖

HSK 等级	1	2	3	4	5	6
HSK 词汇量	150	147	298	598	1300	2500
见于播客库	148	141	278	538	967	930
百分比	98.7%	95.9%	92.3%	90.0%	74.4%	37.2%
播客平均频次	191.0	75.2	28.4	13.4	5.5	2.93

但是，低级词汇的高度重叠只是说明常用词的定义比较明确，而高级词汇因为是使用频率相对较低的词，所以在真实语料中比较难遇见。

---

[1] 各HSK大纲报告其含8822与5000词，但是我们发现各大纲内有重复的词。

因为播客语料库的词都由各集播客分成单元，我们可以使用比出现率更有效的指标——分布度。我们将分布度定义为某个词种出现的播客集数。因为播客语料库只包含573集播客，理论上讲，一个词的分布度限定于1到573。与频次一样，播客语料库中分布度最高的词仍然是"的"，分布度为560，不过，整个播客库里仍然有13集不包含"的"①。其平均分布度（标准差）是5.31（20.22）。把词按照其分布度进行排序，发现我们的分布与频次分布相似（见表4）。

表4 分布度

分布度	词种数	分布度（10）	词种数	分布度（100）	词种数
1	6374	10–19	522	100–199	66
2	1870	20–29	147	200–299	19
3	870	30–39	81	300–399	4
4	543	40–49	52	400–499	4
5	313	50–59	36	500–599	2
6	272	60–69	25		
7	189	70–79	19		
8	152	80–89	11		
9	124	90–99	16		

可见，高分布词（分布度大于100）只有95个，中分布词（分布度为10~99）有909，低分布词（分布度低于10）有10707。分布度与频次有一定的相关性，某个词的频次不可能少于其分布度。因此，出现1次的5223个词必定包含在分布度为1的词的范围内。不过分布度为1的词也可能有相对高的频次，如夜市、献血、垃圾、牌坊、空竹、婚帖、邮票等，分布度都是1，而频次在15以上，这些词都跟其所在的播客话题有关。我们认为频次基于分布度的比例可以作为发现主题词的标准。

我们假设分布度代表播客的内隐大纲，一个词的分布度越大，该词越应该优先学习。换句话说，常用的词不是教学目的而是播客制作者心目中学习者的默认词汇。于是，我们可以假设所有分布度大于或等于10的词（即1004个词）是核心词汇，反过来，分布度越低该词越可能是专用词或跟某个话题有关。为了更详细地理解所谓的低分布词，我们把词按分布度由大到小排列，将词汇范围扩展到分布度更低的词，分别计算累计的词种和词次在整个播客库的覆盖率（见表5）。

---

① 但是要注意的是"的"构成其他的词不计算在内。"的"字出现在569个播客中。

表 5 分布度的长尾巴

最低分布度	累计词种数	累计词种比例	累计词次比例
10	1004	8.57%	69.61%
9	1128	9.63%	71.10%
8	1280	10.93%	72.66%
7	1469	12.54%	74.45%
6	1741	14.87%	76.73%
5	2054	17.54%	78.84%
4	2597	22.18%	81.92%
3	3467	29.60%	85.67%
2	5337	45.57%	91.04%
1	11711	100.00%	100.00%

表 5 表示如果某个学习者已经掌握了分布度最高的词种，那么他已有的词汇能覆盖整个语料库的 78.84%。他需要再学 4.64% 的词种使覆盖率增加 3.08%。但表 5 的结果仍然不太理想，因为按照伴随性学习（即可理解性）的要求，光按分布度排列词汇学习永远达不到一个 95% 以上的覆盖率。

5.2.2 播客分集统计

我们以播客的课文为单元进行更多的统计分析。表 6 列出了播客的长度。

表 6 播客长度

	词数	字数
最少	35	55
平均（标准差）	177.08（52.19）	288.78（82.77）
最多	382	576

可见，一节课文并不长，有几十个词到几百个词。这些统计只不过是播客里核心内容的（如对话、故事等）一部分，顶多是整个播客的十分之一。要想进行词汇覆盖统计，最好从独立的播客入手。在表 7 中，我们将播客词汇分为 10 级，将词汇从分布度大于等于 10 的范围逐步扩展到播客库的所有词，以各级词汇为标准分析了 573 集播客的词汇覆盖率。

表 7　以播客为单位的平均覆盖率

最低分布度	最低覆盖率	平均覆盖率（标准差）	最高覆盖率	覆盖大于90%的播客数
10	39.29	68.9（11.66）	92.44	4
9	40.48	70.41（11.37）	93.28	7
8	42.86	71.98（11.17）	94.29	14
7	44.02	73.80（10.79）	95.45	25
6	49.65	76.12（10.19）	96.10	45
5	51.06	78.29（9.56）	96.43	76
4	53.90	81.42（8.63）	97.73	128
3	59.57	85.25（7.57）	99.32	218
2	64.88	90.75（5.64）	100	363
1	100	100（0）	100	573

从表 7 我们可以看出，在各级词汇标准中，都有"可理解"的播客，不过这里的可理解性标准为 90% 以上的覆盖，而不是 Laufer（1989）的 95%。可见，虽然该播客库算得上适合中级水平的学习者，但是各集播客的难度不同。于是，我们使用分布度对播客库的 573 集播客进行相对难度的分析。如果一集播客包含的词语都是分布度高的词，我们认为其难度不高。同样，为了避免在给某集播课定难度时受到重复率高的主题词的影响，尤其是那些重复率非常高的低分布词，我们设计了以下的函数来计算难度：

分布（j）指词 j 的分布度，出现率（i，j）指词 j 在播客 i 的出现次数。这样一来，我们就可以排列所有的播客了。

$$\sum_{播客i包含的词种j} \frac{1}{分布（j）*出现率（i，j）}$$

最简单的播客（难度 = 2.33）如：

A：大家好，我是张路。

B：大家好，我是李珺慧，很高兴又在这个时间和大家见面了。

A：珺慧，我们今天要学习哪个俗语呢？

B：今天我给大家准备的俗语是万事开头难。张路，你来给大家解释一下这个俗语的意思吧。

A：好的。在"万事开头难"这个俗语里面，万就是一万，我们用它来形容很多，万事在这里可以理解成所有事情。开头，就是开始的意思，难，就是困难的意思，万事开头难，就是所有事情在开始的时候都很困难。

B：张路解释得非常清楚。下面，我们来听三段对话，学习一下万事开头难这个俗语的意思和用法。①

最难的播客（难度=53.28）如：

很久以前，汝南县有个人名叫恒景。他和父母妻子一家人守着几片地，安分守己地过日子。谁知天有不测风云，汝河两岸忽然流行起瘟疫，夺走了不少人的性命。恒景小时候曾听大人说过，汝河里住了一个瘟魔，每年都会出来散布瘟疫，危害人间。为了替乡民除害，恒景打听到东南山中住了一个叫费长房的神仙，他就决定前去拜访。

恒景拜访遍了名山大川，终于找到了费长房的住处。他恭恭敬敬地在门口跪了两天，费长房终于收留了恒景，并教他降妖剑术，还送给他一把降妖剑。有一天，恒景正在练剑，费长房走过来对他说："今年九月九，汝河瘟魔又要出来害人。你赶紧回乡为民除害，我给你茱萸叶子一包，菊花酒一瓶，让你家乡父老登高避祸。"说完，就用手招来一只仙鹤，把恒景带回汝南去了。

恒景回到家乡，在九月初九的早晨，他按费长房的叮嘱把乡亲们领到了附近的一座山上，然后发给每人一片茱萸叶，一盅菊花酒。中午时分，随着几声怪叫，瘟魔冲出汝河，瘟魔刚扑到山下，突然吹来阵阵茱萸奇香和菊花酒气。瘟魔戛然止步，脸色突变，恒景手持降妖剑追下山来，几回合就把瘟魔刺死剑下，从此，九月初九登高避疫的风俗年复一年地传下来。

从这两个例子，可以看出我们对难度的估计有一定的理据。从计算结果来看，这573集播客的平均难度为18.1，难度的分布相对比较均匀，其中332集播客的难度小于平均难度，其他241集播客的难度大于平均难度。

5.2.3 词汇习得计算模拟

为了做进一步的分析，我们对学习播客的过程进行初步的计算模拟。从词汇习得的角度来说，我们觉得核心词汇就是在开始收听 iMandarinPod 之前学习者至少已经掌握得很牢固的那些词汇。假设一个学习者只知道播客库里1004个高分

---

① 俗语介绍播客与故事播客的文本相反，虽然我们可能认为三段对话应该是核心内容，偏偏没有转换文字。反而，故事内容里的故事作为核心内容，而没有录入主持人的引言。

布度的词，按照上述难度把播客排列好，一集一集地学习，再假设该学习者的记忆完善，词汇量随着各集播客所含的词的增加而逐步增加。我们可以计算出每集播客的生词比例及学生词汇的增加率。各集播客的生词比例如图1。

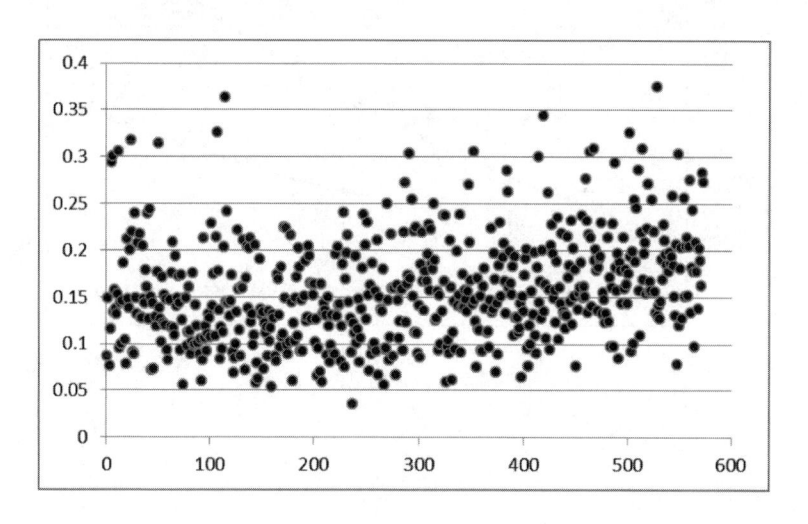

图1　按难度排列，播客生词比例

　　图1的生词比例就是上文覆盖率的相反概念。根据使用难度进行的排列没有完全消除高生词比例的现象，依然有高达37.5%的，也有几十个高于30%的，平均比例是15.58%。观察图1，在前半段大部分的播客生词比列集中在0.1～0.15的范围内，到中间以后，重量中心逐渐往上挪。计算模拟的前提条件就是把1004个词作为熟悉词，那么剩下的10000多词种只能出现在573集播客中，因此，各集有18个生词（10707词种/573播客＝18.686）是正常的。分布低的主题词多次出现就自然而然把生词比例提高了。图2显示的是词汇量增加的两条曲线，虚线代表完美记忆，实线表示只在第二次碰见某个词才能记住。

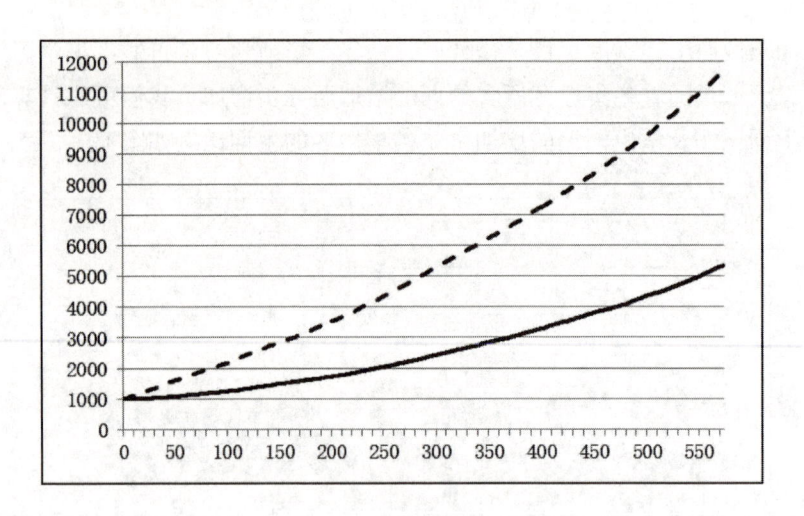

图 2　词汇发展的范围估计

六、讨论

　　虽然我们从几个不同的角度考虑了词汇要求与覆盖率，结果显示，在 iMandarinPod 播客库里，只有少数例子能达到内隐学习的理想值，即 95%，但是这并不代表语料有问题。其实，作为教学材料，各集播客包含介绍与解释。假设学习者对教学用语的理解没有问题，那么各集播客顶多包含几十个生词，而且这些词的重复次数比我们统计的还多。尽管如此，就词汇而言，播客库在保持一定的真实性的同时，丰富性也很高，所含词汇比 HSK 大纲广。虽然很多词没有理想的重复率，但仍然对学习者的伴随性学习有一定的影响。

　　如果学习者经常收听该播客的话，应该能够满足 Krashen 大量和可理解性输入这两个条件。可理解性不但是词汇的问题，而且也涉及到学习者的注意力。一般每集播客的内容就几百字的长度，整集播客时长只有 12.89 分钟。一集播客不需要花费太多精力。这也意味着，学习者可以保持足够的语言输入，如果能坚持的话，一个小时内可以听 4~6 集播客。在 4 年内收集的 573 集播客也够学习者多听多选。其实，学习者不用花很长时间收集材料，一次性从该公司买一套以往的播客就可以了。

　　播客也是一种可以创造语言环境的工具，学习者可以随时随地带 MP3 反复练习，不用非得来华留学，也不用担心真人说得快或者带有方言口音的问题，这样，学习者一直学习一个相对标准的语言材料。另外，学习者可以参考 MP3 "歌词",边听边看,同时训练听力与阅读。

七、结语

播客的好处就在于它可以让学习者爱怎么学就怎么学。因此,要将播客引入课堂需要谨慎。不要把播客看成一般的教材,或者作为作业布置给学生。因为这样做就会使播客失去对学习者的吸引力。我们建议汉语教师自己先熟悉几种播客,推荐给学生,让学生寻找自己喜欢的话题并分组交流。如果正式课程涉及到某个话题,可以寻找相关的播客,给学习者听不同的语段。与其一直重复课本附带的录音,不如听几段类似的播客。如果每个同学自己选了不同的播客,每个学生可以做一个小老师,分组进行交流,学生接触的词汇量就会成倍增长。为了提高学习的效率,学习者可以付费获得相关播客的 MP3 复习资料或者使用音频编辑软件提出核心内容。核心内容的时长一般为一分钟左右,内容总比解释有意思,而且已经听了两遍的讲解,学习者已经知道其意思,这些核心内容就成了可理解性输入了,反复收听会促进学习者语言水平的提高。

参考文献

白乐桑、栾妮(2012)博客教学在对外汉语教学改革中的重大突破,《汉语学习》6:82-90。

李梅秀、邢红兵、舒华(2014)汉语音节结构及领域分布情况统计,《数字化汉语教学》,北京:清华大学出版社,454-465。

马玛丽、姜学军、王者丽(2012)运用播客实现高中英语远程互动学习探索,《理论观察》75:178-179。

苏新春、林进展(2006)普通话音节数及载字量的统计分析——基于《现代汉语词典》注音材料,《中国语文》3:274-288。

孙伟彦(2008)基于播客的教育应用探究,《软件导刊:教育技术》11:88-89。

邢红兵(2007)《现代汉字特征分析与计算研究》,北京:商务印书馆。

赵子剑、王琨、龙吟(2008)应用播客进行教学探析,《保定学院学报》21(2):119-120。

周上之、金朝炜(2014)基于计算机统计的字——辞教学数量研究,《数字化汉语教学》,北京:清华大学出版社,209-218。

Brown, T., & Haynes, M. (1985) Literacy background and reading development in a second language. In T. H. Carr (Ed.), *The Development of Reading Skills*, San Francisco: Jossey-Bass, 19-34.

Coady, J. (1997) L2 vocabulary acquisition through extensive reading. In J. Coady and T. Huckin

(Eds.), *Second Language Vocabulary Acquisition: A Rationale for Pedagogy*, Cambridge: Cambridge University Press, 225 – 237.

Hirsch, D. & Nation, P. (1992) What Vocabulary Size is Needed to Read Unsimplified Texts for Pleasure? *Reading in a Foreign Language*, 8 (2): 689 – 696.

Hulstijn, J. H. (2003) Incidental and Intentional Learning. In C. J. Doughty & M. H. Long (Eds.), *The Handbook of Second Language Acquisition*, Oxford: Blackwell Publishing Ltd, 349 – 381.

Krashen, S. (1989) We acquire vocabulary and spelling by reading: Additional evidence for the input hypothesis. *Modern Language Journal*, 73 (4), 440 – 464.

Laufer, B. (1988) What percentage of lexis is essential for comprehension? In C. Lauren & M. Nordman (Eds.), *From Humans Thinking to Thinking Machines*, Clevedon, UK: Multilingual Matters, 316 – 323.

Laufer, B. (1997) The lexical plight in second language reading. In J. Coady & T. Huckin (Eds.), *Second Language Vocabulary Acquisition: A Rationale for Pedagogy*, Cambridge: Cambridge University Press, 20 – 34.

Nagy, W. E., Herman, P. A., & Anderson, R. A. (1985) Learning Words from Context. *Reading Research Quarterly*, 20, 233 – 253.

Nation, I. S. P. (1990) *Teaching and Learning Vocabulary*, Rowley, MA: Newbury House.

留学生对汉语教材中常见练习题型的接受程度调查[①]

北京语言大学汉语进修学院 吴 佩

摘 要 习题设计是教材编写过程中一个重要环节,有很多学者对练习题的设计思路和设计方法进行了研究。本文在前人研究的基础上,选取几类通用教材的常见习题,从这些题设计调查问卷,考察了学习者对常见练习题型的接受程度。评价内容包括学习者认为的有用度和喜欢度。通过分析调查问卷数据发现,不同水平、性别和国籍的留学生对同一练习题型接受程度表现出了不同特点:(一)中级汉语水平的留学生对练习题型的总体接受度高于初级水平留学生;(二)留学生对练习题型的接受度受性别和国籍背景的影响;(三)针对题型而言,学生对几类常见题型的评价有很大的差别。结合本文调查结果,在最后提出了可供对外汉语教学活动的设计和教材的编写参考的设想。

关键词 汉语教材 练习 接受度

一、练习设计相关研究

对外汉语教材的研究和编写越来越多地受到重视,很多学者对教材的编写原则和编写方法进行了研究。得益于前人的研究,对外汉语教材编写理论和教材编写不断发展。近些年对外汉语教材编写方面的总的特点是:教材数量不断增长、教材种类不断丰富、教材呈现序列性、教材编写理论的研究不断深入。对外汉语教材的编写会涉及很多方面的理论:语言学、认知心理学以及对外汉语教学原则等。教材编写的理论发展的特点是各个环节的编写原则和理论逐渐细化。教材理论的细化使得教材各部分的内容在编写的时候有更多的理论支撑和依据。正是教材编写理论的发展,使得学者们开始关注教材编写的各个环节,练习题作为教材必不可少的内容,也受到很多学者的重视。作为教学活动的媒介,教材的编写对教学活动的开展有着直接的影响。教材编写的合理性和趣味性也一直是学者们研

[①] 本研究得到北京语言大学 2014 年度研究生创新基金项目的支持,项目编号:14YCX054。特此感谢!

究的重点。教材作为媒介，是需要学习活动的主体和直接参与者的反馈和评价的，因此，教材的评价原则和方式也成为教材编写过程中学者们讨论的重点之一。了解学习者对教材做出的评价可以促进教材编写理论的发展以及有效地提高教学效率。赵金铭（1998）就提出要建立以学习者为主的教材评价原则。

汉语教材编写的原则和理论也越来越多地重视习题评价，并将其作为与教材配合的不可缺少环节。教材中的习题是检验课堂教学效果和学生学习情况的重要因素，国内外学者关于教材习题的设计做了很多研究，这些研究为我们提供了很好的理论支撑。

对练习题的研究，国外要比国内开展得早一些。早期行为主义学习理论认为学习是刺激和反应的应答性反应，其中强化练习是影响反应的关键变量。理想的习题是提高课堂教学质量的重要因素。练习题作为教材的一个重要组成部分，是教材编写的重要环节，也是第二语言学习者培养语感并获得交际能力的重要途径，习题设计的质量如何，直接关系着教学的效果。另外，习题在教学活动中也有着重要的作用：学生做练习题的结果是检验教师教学效果和学生学习效果的重要指标。

鉴于习题在对外汉语教材编写和课堂教学中的重要作用，学者们对练习的设计做了很多研究。概括起来，这些研究大致有三类：一、从理论出发来分析教材中各类练习题型的设计，比如依据对外汉语教材编写原则来分析教材练习设计情况，如杨翼（2010）；二、针对某一国别化的对外汉语教材进行研究，例如针对泰国汉语教材中练习情况进行的研究，如唐凌宏（2013）；三是针对某一课型的汉语教材的习题分配情况进行研究，如王珊（2009）。

练习设计的重要性是学者们一致认可的。在对外汉语教材编写的过程中，习题设计的依据主要是教材编写的原则。已有的研究中在分析某一课型或者是国别化的教材的时候，大都是用统计的方法将教材中各类题型的分配情况进行分析。这些研究给我们了解教材的编写和使用情况提供了非常宝贵的资料，但是在对外汉语教学活动中，教学活动的主体是老师和学生，教材只是教学活动的媒介。建立以学习者为主的评估系统可以发现学习者不同学习阶段对待教材的态度，有助于促进教学活动的合理开展和教学效率的提高。所以，对于习题的评价也应该是以学习者为主。

建立以学习者为主的教材评估系统，首先要了解学生对已有教材的评价，这种评价应该是教材的使用者直接做出的。教材编写原则是在进行习题设计过程中非常重要的依据，但是学生对以往教材中出现的各类习题的评价也应该纳入考虑范围。对于习题不仅仅要从语言要素方面来分析，对语言点的覆盖和题量的多少来分析习题设计可以帮助更好地完成教学目标。习题的完成是一个由出题到学生完成并进行反馈的过程。根据语言要素分布和习题编写原则编写出的习题只有让学生做了才算是完整的过程。因此，学生在学习过程中对习题的反馈和对各类题型的评价并且有反馈就很重要了。现有的教材习题主要都是从语言点覆盖情况进行设计的。但是由于题型的不同，即使是对同一语言点的考察，学习者在做的时候的感受也是不一样的。每类题型的表现是有差异的。对教材习题的评价，应该从教学活动主体特别是学习者的角度进行考察。学生对于教材中习题的类型难度有着直接的发言权，因此本文以学生为主体，考察了教材中的常见练习题型在留学生中的接受程度。

二、研究背景

笔者在教学的过程中发现，对于教材中的练习题，不同国籍的学生表现出不同的特点；另外，随着学习时间的推移，学生汉语水平有了差距，这时候汉语水平比较高的学生和汉语水平比较低的学生对于同一题型也表现出不同态度。通过与其他教师访谈发现，学生对各类习题的态度不同是普遍存在的。学界对外汉语教材中练习题型的研究有很多，这些给本文研究提供了很多理论支撑，但是以往关于习题的研究很少涉及学习者的接受程度问题，本文试图从学习者的角度去考察练习的设计情况。教材中习题的编写质量如何，能不能有效地发挥作用，做好评估是关键。学生对教材的评估是编写合理有效教材的非常重要的参考因素。本文结合教学经验，坚持从学习者的角度出发，考察了学习者对于教材中常见习题的接受度。

本文考察的接受程度包括学生对习题的喜欢度和学生认为的重要度两个方面。以这两个方面的内容为基础，通过问卷调查的方式考察了不同水平、不同性别的留学生在学习汉语过程中对练习题型接受程度表现出的不同变化；希望给教学活动的设计和以后教材的编写提供可能的参考意见，从而设计更合理的练习，提高课堂教学效率。例如，在我们对留学生进行教学时，初级水平的留学生可能更喜欢做判断对错的练习，而对于填空的练习就有些抵触。那么为了锻炼学生的理解能力，可以在教学过程中把需要考察的知识更多地以判断对错的形式出现。这样，可以提高学生学习过程中的参与积极性，也会提高学生学习汉语的兴趣。

三、问卷调查情况

3.1 调查对象

笔者选取了北京语言大学汉语进修学院初级系（40人，男生22人，女生18人）和中高级系（39人，男生20人，女生19人）留学生。在教学过程中笔者发现亚洲留学生和欧美留学生在学习过程中有着不同的学习特点，采取的学习策略也是不同的，因此，将学生的国籍因素分为亚洲留学生和欧美留学生两个类别。关于被试，调查的学生的汉语水平有初级（学习汉语4个多月，还未参加HSK考试，根据分班测试归为初级班；中级（学习汉语10个月，通过HSK 4级考试）。还有一点需要说明的是：由于被试所选国籍分布不均衡，亚洲留学生人数过少（收回的66分有效问卷中，亚洲北京学生有16份），因此整体比较的时候实际是比较学生性别和水平对接受度的影响，但是在后期数据处理的时候将亚洲留学生接受度的平均值和欧美学生的平均值进行了比较。另外，为了考察老师和学生对同一题型的不同态度和接受程度，也选取了一些教师作为调查对象，教师数据用来对比和学生在某一类具体题型上的差别。

3.2 调查目的和调查内容

3.2.1 调查目的

通过对不同水平的学生对教材中出现的同一题型进行接受度的调查，来比较分析汉语水平、性别和国籍对教材练习设计的影响，试图验证不同水平的汉语学习者对待不同形式的练习题的态度是不同的，而且性别和国籍也是影响学生对待同一练习题型的态度的重要因素。并且，让教师做同样的调查问卷，发现教师和学生对练习接受程度有所不同，从而证明教师对练习题的评估不能作为教材编写的主要依据，而应当充分考虑学生的因素。另外，通过分析不同水平和不同背景的学生对练习题型的接受程度，为我们的对外汉语教学提供参考。

3.2.2 调查内容

调查问卷分为学生问卷和教师问卷，两者的问卷的主要内容是一样的。问卷选取了10道《发展汉语》《新实汉》和《成功之路》等教材中出现频率都比较高的习题。以《成功之路》的原题为蓝本，进行适当改造做成了一个关于接受度的调查问卷。为了调查学生和老师对待练习的不同态度，让教师也做同样的调查问卷，与学生的结果进行对比分析。然后将调查的结果进行数据分析，得出各类题型在不同留学生中的效应的显著程度，以及汉语水平和性别及国籍的交互作用。

以喜欢度和有用度来考察接受度，让学生来打分，用数字"1"代表最低，"5"代表最高。总共有10类题型，20道题，总分是100分。在问卷的最后，让学生对不同的练习题型从喜欢度和有用度的高低来进行排序。

需要说明的是，本文教师问卷结果不参与数据分析，教师问卷主要是为了证明教师和学生对练习题型的不同态度，并不作为一个因素进行考虑。另外，在问卷最后，还让学生对出现的10道练习题从喜欢程度和重要程度方面进行了排序。下面是问卷样例：

请您依据自己学习汉语的感受如实回答方框下面的问题。方框中的问题不必做答。请用"1,2,3,4,5"来回答问题。（1——5：不喜欢——非常喜欢/没用帮助——帮助很大）
（Answer the questions below the blank based on your true feelings ,you don't have to answer the question in the blank. Use "1、2、3、4、5"to answer the question, ("1---5"means"don't like --- very like" or "helpless---helpful"）

例如：

> 改写病句（Correct the mistakes in the sentences）
> （1）　明天我去图书馆看书了。
> （2）　昨天麦克没来我宿舍了。

你喜欢做这类题吗？How do you like this kind of exercise ？（ 4 ）
你觉得这类题对你的帮助大吗？Do you think this kind of exercise is helpful for you？（ 2 ）

3.3　数据分析

共发放问卷79份。其中初级水平40份（男生22份，女生18份），收回有效问卷34份（男生19份，女生15份）；中级水平问卷39份（男生20份，女生19份），收回有效问卷32份（男生18份，女生14份）。

统计数据如下表：

初中级水平留学生对教材中练习题型的总体接受度比较

题型	初级						中级					
	喜欢度		有用度		合计		喜欢度		有用度		合计	
	男	女	男	女	男	女	男	女	男	女	男	女
写汉字	3.3	3.5	3.8	3.7	7.1	7.2	4.2	4.1	3.8	4.0	8.0	8.1
连词成句	3.9	2.8	4.0	3.7	7.9	6.5	4.2	4.2	4.3	4.1	8.5	8.3
选词填空	3.7	3.9	3.7	3.9	7.4	7.8	4.1	4.1	3.9	4.2	8.0	8.3
连线	2.9	2.8	2.7	2.9	5.6	5.7	3.8	3.9	3.5	4.0	7.3	7.9
会话	3.4	3.5	4.0	3.8	7.4	7.3	3.9	3.8	3.8	3.8	7.7	7.6
判断	3.5	3.5	3.6	3.9	7.1	7.4	4.2	4.1	3.9	4.1	8.1	8.2
问答	4.0	3.7	4.3	4.1	8.3	7.8	4.2	4.1	4.2	4.1	8.4	8.2
选择	4.1	3.7	4.2	4.0	8.3	7.7	4.0	4.2	4.0	3.8	8.0	8.0
造句	3.9	3.5	4.3	4.0	8.2	7.5	3.0	3.2	3.8	3.7	6.8	6.9
组词	3.0	3.0	3.5	3.0	6.5	6.0	3.9	3.8	4.0	4.2	7.9	8.0
合计	35.7	33.9	38.1	37.0	73.8	70.9	39.5	39.5	39.2	40	78.7	79.5

（注：以上数据是在录入学生对每类题型进行评价之后得出的平均值）

SPSS 数据分析结果如下：

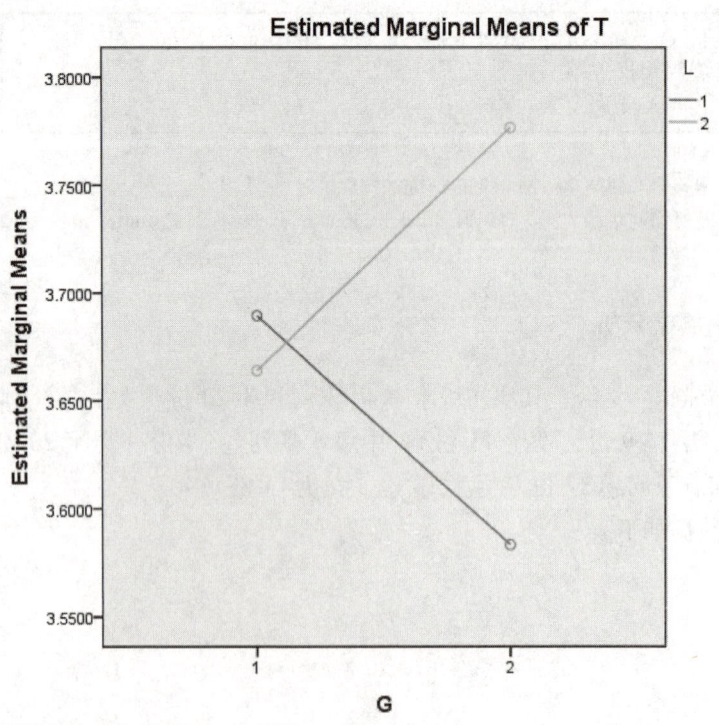

注：G（性别）1 = 男、2 = 女；L（水平）1 = 初 2 = 中

上图结果显示：初级水平的女生对于练习题的接受度要低于同水平的男生，而中级水平的女生对于练习题的接受度要高于同水平的男生，性别和水平存在交互作用。

四、研究结果

（1）调查结果显示，中级水平留学生对练习题型的总体接受度要高于初级水平留学生。另外，初级水平留学生中女生的总体接受度要低于男生，而到了中级，女生对于练习题型的接受度要高于男生。

（2）对于各类练习题型的接受程度，调查结果显示有一定的一致性：连词成句、选词填空和会话这类题型在初中级水平的留学生中没有很大差别。但是初级和中级水平留学生接受程度高的和低的习题却有差别：初级水平留学生接受度较高的三类题型是：问答、选择和造句，中级水平留学生接受度较高的三类题型是：写汉字、连词成句和选词填空。

（3）调查显示，初中级水平的留学生接受度比较低的题型也有不同：初级水平留学生接受程度最低的是连线，而中级水平留学生接受度最低的题型是造句。

（4）留学生汉语水平和性别的交互作用显著：各类题型接受度最高的是中级水平的女生，最低的是初级水平的男生。（但是本文的接受度主要是考虑喜欢和觉得有用两个维度，并没有考虑到正确率因素）

（5）另外，我们以同样的题型让教师也做了问卷，结果发现：教师和学生对待练习题型的态度有区别：对练习题型的总体态度，教师要高于学生；对于各类练习题型的接受度，教师和学生也有不同，教师对每一类题型的接受度差别不大，认为每类题型都是可以接受对学生学习都是很有价值的。

五、讨论

留学生对练习题型接受度的调查是很有必要的，调查发现留学生的水平可以影响到学生对练习题型的接受度。这跟之前对教材的编写和评估的观点可能有所不同，这对于我们以后编写等级教材和国别化教材有很好的借鉴作用。

造成留学生对练习题型接受度不同的原因，跟语言学习规律以及学生学习习惯、学习策略有关：初级水平的留学生，语言知识不是非常丰富，对于需要主观创造的造句和写一段话的接受度比较低；高级水平的留学生的语言知识已经很丰富了，题型的接受度都差不多。

造成男女不同水平接受度不同的原因，是由于男女生的学习习惯不同造成的：男生在学习过程中相对于女生来说更加重视效果，因此初级阶段男生对于练习题的接受度要高于女生；而到了中级，随着语言知识的丰富，男女生的差异开始变小。

接受度的测试，很大的一个问题就是尽可能让抽象主观的问题具体化，为此在设计调查问卷的时候考虑到了很多因素，但是仍有一些不足之处。

由于对留学生对各种练习题型接受度的调查，前人的研究很少，本调查还存在着许多不足，主要是：

（1）对于练习的接受度应该如何评价，学界并没有普遍认可的观点，仅仅以5度量表的方式测试，可能会有所疏漏。

（2）在进行调查问卷对象的选择的时候仅考虑汉语水平和国籍因素，可能会忽略了学生的个体差异，在后续的研究中应该对学生的个体差异再加以控制。

（3）对每类题型接受度的调查应该要考虑每类题型的设计是针对学生的不同技能训练的，还应该考虑课型因素。

（4）通过调查问卷的数据我们发现，学生的国籍也是影响接受度的主要因素，调查的学生中有15个泰国、日本和韩国及菲律宾的学生，发现这十几个学生对于各类题型的接受度的平均值要高于其他国家的学生，但是由于被试国籍分布不均衡，本文没有单独讨论，以后要收集更多的亚洲背景被试来进一步比较。

（5）在以后的研究中要继续探讨题型和语言水平的关系。已往的研究和本文的调查情况都显示出了题型的接受度在不同水平间留学生中有不同。

参考文献

程相文（2001）对外汉语教材的创新，《语言文字应用》第4期。
李绍林（2003）对外汉语教材练习编写的思考，《云南师范大学学报》第3期。
梁　静（2006）《中级对外汉语阅读教材的练习设计与编排研究》，暨南大学硕士论文。
罗珺珺（2010）《泰国三套常用初级汉语教材练习设置比较研究》，暨南大学硕士论文。
权玹廷（2001）《论初级汉语教材的练习题设计》，北京语言大学硕士论文。
孙　娴（2005）《初级阶段对外汉语教材习题设置的考察与思考》，北京语言大学硕士论文。
王建勤（2000）对外汉语教材现代化刍议，《语言文字应用》第2期。
王　珊（2012）《中级商务汉语综合课教材练习设计的考察与分析》，新疆师范大学硕士论文。

杨寄洲（1996）编写新一代基础汉语教材的构想，中国对外汉语教学学会第五次学术讨论会论文选。

杨 翼（2010）对外汉语教材练习题的有效性研究，《语言教学与研究》第1期。

朱志平、江丽萍、马思宇（2008）1998-2008十年对外汉语教材述评，《北京师范大学学报》第5期。

周健、唐玲（2004）对汉语教材练习设计的考察与思考，《语言教学研究》第4期。

赵金铭（1998）论汉语教材评估，《语言教学与研究》第3期。

周圆圆（2011）《韩国初级汉语教材编写的调查与分析》，华中师范大学硕士学位论文。

附录：调查问卷

国籍（Country）：_____　班级（Class）：_____

性别（Gender）：_____

请您依据自己学习汉语的感受如实回答方框下面的问题。方框中的问题不必做答。请用"1、2、3、4、5"来回答问题。（注：1. 很不喜欢；2. 不喜欢；3. 一般；4. 喜欢；5. 很喜欢）

(Answer the questions below the blank based on your true feelings, you don't have to answer the question in the blank. Use "1, 2, 3, 4, 5" to answer the question, ("1-5" means "don't like – very like" or "helpless – helpful")

例如：

```
改写病句（Correct the mistakes in the sentences）
    （1）明天我去图书馆看书了。
    （2）昨天麦克没来我宿舍了。
```

你喜欢做这类题吗？How do you like this kind of exercise？（4）

你觉得这类题对你的帮助大吗？Do you think this kind of exercise is helpful for you?（2）

下面，请您回答问题（方框里面的问题不用回答 You needn't have to answer the question in the blank）：

```
一、根据拼音写汉字（Write the chartacters）
    yín háng（    ）    dì fāng（    ）    zhōu mò（    ）
```

你喜欢做这类题吗？How do you like this kind of exercise？(   )

你觉得这类题对你的帮助大吗？Do you think this kind of exercise is helpful for you？(   )

二、连词成句（Rearrange the words and expressions to form setences）

（1）小区里 很多 有 广告 房子 出租 的。

（2）安妮 一直 手机 的 占线

你喜欢做这类题吗？How do you like this kind of exercise？(   )

你觉得这类题对你的帮助大吗？Do you think this kind of exercise is helpful for you？(   )

三、选词填空（Fill in the blanks with proper words or expressions）

（1）我昨天已经去了，今天不想_____去了。（再/又）

（2）你怎么_____不高兴了？是不是不舒服？（再/又）

你喜欢做这类题吗？How do you like this kind of exercise？(   )

你觉得这类题对你的帮助大吗？Do you think this kind of exercise is helpful for you？(   )

四、连线：将A组和B组发音相同的汉字用线连起来（Find out the characters with the same pronunciation in Columnns A and B, then join them with a line）

A 介 筷 识 输 查 班 笔 不 家

B 舒 步 般 借 快 加 食 比 茶

你喜欢做这类题吗？How do you like this kind of exercise？(   )

你觉得这类题对你的帮助大吗？Do you think this kind of exercise is helpful for you？(   )

五、完成对话（Complete the dialouges）

（1）A：_____多少钱_____？B：_____。你要几_____？

A：我要_____。一共多少钱？B：_____。

你喜欢做这类题吗？How do you like this kind of exercise？(   )

你觉得这类题对你的帮助大吗？Do you think this kind of exercise is helpful for you？(   )

六、判断正误（Read the following sentences and determine whether the statements are true or false）

我想换个房间，自己一个人住。我听说6号楼的房间不错。房间里有电视、电话，还可以上网。楼里每层有一个公共厨房，可以做饭，还有公共浴室，可以洗澡。

(1)"我"想自己一个人住。　　　（　　）
(2) 6号楼的房间里可以上网。　　（　　）

你喜欢做这类题吗？How do you like this kind of exercise？（　　）

你觉得这类题对你的帮助大吗？Do you think this kind of exercise is helpful for you？（　　）

七、问答（Read the following sentences and answer the questions）

我想买一件中式的衣服，我请林月帮我挑一件。这件黑的颜色不好看，那件黄的样子我不喜欢。这件绿的不错，颜色、样子都合适。(1)"我"请林月帮"我"挑什么？_____

(2) 这件黑的怎么样？黄的呢？绿的呢？

_____。

_____

你喜欢做这类题吗？How do you like this kind of exercise？（　　）

你觉得这类题对你的帮助大吗？Do you think this kind of exercise is helpful for you？（　　）

八、单项选择（Choose proper positions for the words or expressions in the brackets）

(1) 我想 A 下 B 课就去 C 买火车票 D。（了）(2) 今天中午 A 吃了饭，B 想 C 给爸爸 D 买一件礼物。（再）(3) 你 A 常常 B 在这儿吃，C 你 D 点菜吧。（还是）

你喜欢做这类题吗？How do you like this kind of exercise？（　　）

你觉得这类题对你的帮助大吗？Do you think this kind of exercise is helpful for you？（　　）

九、造句（Use the words below make sentences）

虽然……但是……
_____。

先……然后……
_____。

你喜欢做这类题吗？How do you like this kind of exercise？（   ）

你觉得这类题对你的帮助大吗？Do you think this kind of exercise is helpful for you？（   ）

十、组词（Make words with the charters given below. One word for one character）
温（   ） 燥（   ） 晴（   ） 适（   ）

你喜欢做这类题吗？How do you like this kind of exercise？（   ）

你觉得这类题对你的帮助大吗？Do you think this kind of exercise is helpful for you？（   ）

初中级对外汉语教材中的文化因素考察
——基于《尔雅中文》的分析

北京语言大学国际汉语教学研究基地　赵　月

摘　要　本文统计了《尔雅中文》的初级上和中级共四本书中的文化因素，以考察此套对外汉语教材初、中级部分的文化因素分布情况。本文还分别从中国的数字文化、颜色文化、思想观念等方面选取具有代表性的文化因素进行分析，借以观察当代中国思想文化的发展变化。

关键词　数字文化　颜色文化　思想观念

一、引言

随着中国的不断发展，中国与世界交流的机会越来越多，学习汉语的外国人人数与日俱增。文化因素作为对外汉语教学中不可忽视的一部分，也越来越受到对外汉语教育工作者的重视。文化因素不但是外国学习者认识了解中国文化以及中国人思维模式的窗口，更是外国学习者学习汉语的兴趣之源。《尔雅中文》是北京语言大学 2013 年最新出版的对外汉语教材，本文对《尔雅中文》初级上册和中级上下册共四本书进行了文化因素的统计工作，观察教材中所包含的文化因素的分布情况，并选取具有代表性的文化因素进行分析，以观察当代中国思想文化的发展变化。

二、数字文化

数字不仅仅是语言的一个组成部分，更是文化的一个重要组成部分。由于受到民族心理、宗教信仰、崇拜、审美等观念的影响，数字被赋予了或褒或贬的象征意义。数字包含的文化信息非常丰富，并具有浓厚的民族色彩。因此，不同国家、不同民族的数字文化观会存在差异。中国人在长期的生产实践中，对一些数字有特殊偏好，对另一些数字又刻意回避使用的现象确实存在。所以，了解数字的内涵与禁忌是了解中国文化的重要一环。

2.1 数字的内涵

《尔雅中文》中级第十二课选取"四""八""九"三个数字对中国的数字文化做了简单的介绍。

2.1.1 "四"的双面性

《尔雅中文》中级第十二课课文介绍说："四代表着'四方'和'四时'，代表稳固、全面和无所不在。"中国传统文化中，"四"并不少见，可以说对"四"是比较偏爱的。比如说：四艺（琴、棋、书、画）和文房四宝（笔、墨、纸、砚）。

可是，现代中国人在生活中见到"四"这个字却不会想到上述意思。相反，"四"因为和"死"谐音而被人们刻意回避使用，被认为是一个不吉利的数字。还有人认为"四"和"事"发音相近，而"事"往往指灾祸，所以"四"是非常不受欢迎的数字。中国人选车牌号、门牌号都会尽量避开"四"。

2.1.2 "八"的含义

《尔雅中文》中级第十二课课文介绍说："'八'和'发'是谐音，'发'的意思是'发财'。"在广东话里，"八"和"发"的音完全相同。由于人本身对于富裕生活的渴望与追求，"八"成为人们喜欢使用的数字。中国人相信，多使用"八"，能够离财富更近一些，能够得到更多发财的机会。如搬家、结婚，以及一切能用数字的地方，中国人都倾向于选择"八"这个数字。

2.1.3 "九"的含义

《尔雅中文》中级第十二课课文《数字迷信》介绍说："'九'在很多文化传统中，特别是在中国的佛教文化中，都是最为吉利的数字。天地之数，始于一，终于九。九是最高数，又与'久'谐音。"所以，"九"有无限之意。比如在汉语中，我们用"九重天""九霄云外"来形容非常高的地方；用"数九寒天"来形容天气非常冷；用"九州"来形容疆土辽阔。课文中还提到了中国三大九龙壁（北京故宫九龙壁、大同九龙壁、北京北海九龙壁），还有古代帝王被称为"九五之尊"，由此可见"九"在中国古代有着非常神圣的意义。"因汉语中'九'与'久'同音，帝王们也常用'九'来象征他们的统治天长地久，所以宫殿建筑也与'九'有关。除九龙壁以外，北京故宫内的房间有九千九百九十九间，三大殿的高度都是九尺九，天安门城楼面阔九间，宫殿和大小城门上都用金黄色的九路钉装饰（横九排，竖九排，共计九九八十一个），宫殿内的台阶都是九级或九的倍数。"（曹荣，2006）天坛、颐和园等皇帝所到之处，建筑也多以"九"作为基数。

课文中还说"九表示多，九的倍数也常表示多"。像汉语中有"九曲黄河、九死一生、九牛一毛、十八般武艺、女大十八变、十八层地狱、三十六计、七十二行、七十二变、九九八十一难、三百六十行、一个跟头十万八千里"等词语或短语，其中"九"并不是确数，只是表示数量多的一个虚数。总之，九的倍数组成的词语或短语在日常生活中应用广泛。

2.2 数字谐音

数字谐音在《尔雅中文》中级第十二课的课后活动中出现，其实数字谐音是一个文字游戏。比如说"520"听起来像"我爱你"；"1314"听起来像"一生一世"；"184"听起来像"一辈子"。我们可以看出，这几个数字似乎是有对应的音和字的，例如"02825"是"你爱不爱我"；"518420"是"我一辈子爱你"。这些数字谐音往往不仅体现了数字的趣味性，还体现了中国人对美好生活的向往。它们反映了当代中国人的思想、愿望，以及交往表达方式。

从以上介绍，我们可以看到中国人对于数字的选择有明显的偏好，如"八"和"九"；另外，中国人对一些数字又刻意回避使用，如"四"。对于数字的其他使用方法，书中也有介绍，如"九的倍数"和"数字谐音"。其中，"数字谐音"更是代表了当代中国人的思想及交往表达方式。

2.3 数字文化教学

2.3.1 注重生活实际

数字在我们的日常生活中随处可见，而中国人在中国数字文化的影响下，对于数字的选择使用有明显的规律性。除了进行上述理论知识的讲解以外，让外国学习者联系生活实际，在生活中寻找、发现使用数字的例子不失为一个进行数字文化教学的好办法。

例如数字"四""八"的教学。"四""八"作为中国人普遍有明显好恶的数字，非常具有代表性。首先，对外汉语教师可以给学生布置任务。教师可以让学生去移动、联通等营业厅咨询最受欢迎和最不受欢迎的号码各是什么，或者让学生观察并调查新婚夫妇的结婚日期。通过这种方式，让外国学习者自己发现中国人使用数字的偏好和禁忌。外国学习者会很容易发现"四"很少出现,尤其是作为尾数出现,而"八"出现的概率要大得多,甚至最受欢迎的号码会是几个八相连。在之前的任务中,学生会对中国的数字文化有一个预期,并且对数字的内涵也有一定的猜测。这时候,教师可以进行系统的讲解,为学生答疑解惑。

2.3.2 相关知识导入

在中国,由于汉语的特点,数字并不只是单独出现的。学生在很多地方会见到数字,有些甚至非常有时代色彩,体现着中国人的智慧。

例如"九"的教学。除了介绍"九"的含义外,"九"的倍数组成的词语或短语由于在日常生活中应用广泛,也应做一些扩展。"数字谐音"作为反映当代中国人的思想、愿望,以及交往表达的特殊方式,也应让外国学习者有一些了解。

三、颜色文化——"红"

颜色词就是语言中用来描写事物各种颜色的词,表示颜色的词语在不同的语言中有着不同的文化内涵。汉语颜色词很大程度上反映了中华民族的文化心理、审美情趣和时代风尚。颜色词"红"有着多种含义。《尔雅中文》初级第二十一课提到的中国国粹京剧脸谱的红色表示忠诚、勇敢,还有第十七课提到的"包红包"就是其中两个。

《现代汉语词典》对"红"的释义有六种。①形 像鲜血的颜色 ②象征喜庆的红布 ③形 象征胜利、成功或受人重视、欢迎 ④象征革命或政治觉悟高 ⑤红利 ⑥名 姓。

"战国时代'五德'的创始人邹衍认为:南朱雀,属火,色赤。因此,在中国红色是火与血的颜色。"(彭秋荣,2001)在中国,"红"除了表示物体的颜色外,还代表着喜庆、胜利、受重视或者受欢迎。汉语中的"红白喜事"是指婚事和丧事;"红榜"是指光荣榜;"开门红"指工作、事业一开始就获得成功;"红星"指受欢迎的演艺人员。红色也象征着革命和政治觉悟高,第二次国内革命战争时期,中国共产党领导的革命军队,全称中国工农红军。中国国粹京剧中,红脸人物是忠心正直的人物,红色代表了忠诚、勇敢。由于"红"的意思以及中国人崇尚热闹喜庆的性格特点,"红"在当代生活中随处可见。

"红"作为中国的代表色,是外国学习者最常接触的与中国联系在一起的颜色。课本选择第一个介绍颜色词"红"的文化意义,能够让外国学习者对中国颜色词的广泛含义有一个大体上的了解，有助于外国学习者对中国颜色文化的学习。

四、思想观念

4.1 恋爱交往方式

《尔雅中文》中级第十四课说到的"门当户对"正是中国古代的婚姻观。古代中国非常重视孝道，讲究"父母之命媒妁之言"，连婚姻也是要父母做主的，男女双方的意愿并不在考虑范围之内。男女双方在双方父母的安排下结婚，结婚之前，两人甚至可能没有见过面。而父母选择儿媳、女婿的第一条标准就是"门当户对"。

如今，虽然中国早已经进入自由恋爱的时代，中国青年男女已经能够自由选择配偶了，但是"门当户对"的观念还是存在的。这就表现在每一个家庭希望亲家的家庭条件与自家相当。但是，这种观念的作用已经远远不如古代了。以自由恋爱为基础，为了解决大量男女的恋爱对象缺乏的问题，《尔雅中文》中级第一课提到的"婚姻介绍所"应运而生。除了"婚姻介绍所"，利用互联网这一科技手段，各种"婚恋网站"也渐渐走进人们的视线。各种电视"相亲节目"也广受青年男女欢迎。

恋爱方式和交往方式的变化正显示出了当代中国人思想的变化，体现了当代中国文化。通过对这一文化点的学习，教师可以对中国人古代思想观念和当代思想观念进行对比，让外国学习者感受中国人思想的变化。教师还需要引导学生思考他们国家对于婚姻的观念是怎样的，并通过跨文化的对比，使外国学习者对中国人婚姻观及思想变化有更深入的了解。

4.2 家庭观念

4.2.1 结婚对象和婚姻模式

《尔雅中文》中级第二十课中说到，"在中国，传统的是'男主外，女主内'的婚姻模式"。中国古代，女人地位很低，基本上是"大门不出，二门不迈"的；而男人需要出去赚钱养家，出去社交，因而拥有一定的社会地位，所以在家里也拥有绝对的话语权。

那么当代中国女性通常会选择什么样的丈夫，什么样的婚姻生活呢？《尔雅中文》中级第十四课提到了"灰太狼和红太狼"。他们是中国近期非常受欢迎的一部动画片《喜羊羊与灰太狼》中的一对"狼夫妻"。妻子红太狼在家里是一把手，拥有绝对的话语权，丈夫灰太狼对红太狼百依百顺。网上流转着一句话表达了广大中国女性同胞的心声，那就是"做人要做喜羊羊，嫁人要嫁灰太狼"。拥有一个灰太狼一样的老公，是中国广大女性的愿望。灰太狼式老公更是成为中国女性的择偶标准之一。

《尔雅中文》中级第二十课讲到了热播电视剧《婚姻保卫战》中的"家庭煮夫"。"家庭煮夫"是一个新兴词汇，是中国人民智慧的产物，具有时代性的特点。它是指丈夫在家洗衣、做饭、看孩子，妻子在外赚钱养家的婚姻生活模式。这一婚姻生活模式，虽然并未成为主流，但是"家庭煮夫"的存在显示了新时代中国青年男女的家庭观念的变化。这显示着中国女性地位的提升，甚至已经有一部分中国人可以接受"女主外，男主内"的婚姻模式了。

4.2.2 裸婚

"裸婚"一词出现在《尔雅中文》中级第九课。裸婚是近年来诞生的新名词，是指夫妻双方结婚时"无房无车无钻戒，不办婚礼不蜜月"，只去婚姻登记处办理结婚证。这在外国或许不算什么，但对于中国人来说，裸婚是一个非常勇敢的做法。

在古代，男方会给女方聘礼，以求娶人家女儿。现代中国人的思想没有大的改变，仍认为物质基础是感情和生活的保障，有车、有房、有钱，生活才会稳定幸福。例如："聘礼"这一习俗流传至今，结婚时男方会给女方买一些珠宝首饰，俗称"五金"。当然，新房也是必不可少的。当下，"裸婚"可以说是一种被逼无奈的做法。因为中国物价过高，工资相对较低，尤其房价更是超过青年男女的能力范围。社会的高压，使得刚进入社会的青年男女"无房、无车、无存款"的"三无"人员过多，如果家庭条件一般，那他们就只能选择裸婚。"裸婚"是非常实际的做法。否则，结婚可能使两人背负沉重的债务，或者是让老人们花光积蓄。《尔雅中文》中级第十九课提到了"房奴"，房奴正是无视自身经济实力，硬是买房结婚的后果。

"裸婚"这一新词影射出了当代中国的社会现状。当代中国人，尤其是青年人的生活压力非常大，靠自己的力量"买房""买车"是非常困难的。

4.3 教学建议

无论是结婚对象、婚姻模式的选择，还是裸婚的出现都很好地反映了当代中国青年的生活方式和思想变化。对于外国学习者来说，有一些思想是他们非常难理解的。对于这一部分，本文认为运用对比的方法进行讲解非常适合。在课堂上，多给外国学习者思考、讨论的机会，让他们感受文化的碰撞，将会对这部分学习非常有帮助。

五、生活方式

5.1 养生

《尔雅中文》中级第十五课提到的"养生"近几年备受关注，养生意识已渐渐融入中国人的思想当中。其最大的体现就是电视上的各种养生节目，如"健康一身轻"；已经出版的各种养生书籍，如《养生的智慧》。无论是电视节目还是书籍都非常受广大中国民众的欢迎，这些忠实观众和忠实读者的年龄大都在35到60岁之间。这些人大都为人父母甚至是祖父母，所以受他们的影响，当代青年也多少对养生知识有一些关注。

随着中国经济文化的发展，中国人民生活水平明显提高。中国人已经不需要再去为温饱问题发愁，而中国人更高的追求就是活得更健康，更长久。养生意识体现了中国人更加关注自己的身体健康，更加热爱生命的思想及生活方式的变化。

5.2 "北漂族"和"啃老族"

《尔雅中文》中级第九课的"北漂族"和第二十四课讲到的"啃老族"是中国两种很有特色的生活方式。

"北漂族"指漂泊在北京的一类人。这些人来自天南海北，但有着高学历、多知识的特点，他们来北京寻求更多的就业机会以及更好的职业发展前景。然而由于北京物价和房价过高，又限制外来人口，所以大多数人即使找到了工作，也只能漂在北京。

"啃老族"指那些已经到了就业年龄或者已经就业的青年人，自己不赚钱或赚很少的钱，却很能花钱，自己赚的钱不够自己花，仍然需要向家里要钱的人。据有关专家统计，在城市里，有30%的年轻人靠"啃老"过活，65%的家庭存在"啃老"问题。

无论是"北漂族"还是"啃老族"都反映了中国的社会问题。"北漂族"因为在北京工作,不在父母身边,照顾父母是一个大问题。由于没有住房,生活不是很稳定,他们通常不会选择把父母接到身边照顾。"啃老族"完全靠父母的经济资助生活,花钱没有节制,给父母造成很大压力。随着老龄化社会的到来,这些问题正在日益凸显,不容忽视。

"北漂族"和"啃老族"这两种特殊的生活方式反映了当代中国青年的思想观念,也反映了中国社会存在的问题。对于外国学习者来说,了解中国古代的优秀文化固然重要,了解中国当代思想文化,甚至是了解中国社会的问题也是不可缺少的。

六、结语

文化因素是对外汉语教学中不容忽视的一部分。编写对外汉语教材,首先应该注重文化大纲的研究。《尔雅中文》选取的涉及当代中国人思考、生活方式的内容很新颖,能够反映出当代中国人的部分生活现状和思想文化的发展变化。但是总体来说,涉及当代中国现状的内容还是非常少的。初中级教材学习者汉语水平有限,这可能是这两部教材涉及当代中国文化较少的原因。但是,笔者认为初中级对外汉语教材应适当增加涉及当代中国文化的因素,让外国学习者对中国人的思想与生活方式有大体的了解,这将有助于外国学习者的汉语学习。

参考文献

曹　荣(2006)中西数字的文化观比较,《四川理工学院学报(社会科学版)》第21卷第1期:101-104。
刘苏乔(2013)《尔雅中文中级汉语教程》上,北京:北京语言大学出版社。
刘苏乔(2013)《尔雅中文中级汉语教程》下,北京:北京语言大学出版社。
彭秋荣(2001)英汉颜色词的文化内涵及其翻译,《中国科技翻译》第14卷第1期:30-33。
魏新红(2013)《尔雅中文初级汉语教程》上1,北京:北京语言大学出版社。
魏新红(2013)《尔雅中文初级汉语教程》上2,北京:北京语言大学出版社。
中国社会科学院语言研究所词典编辑室(2005)《现代汉语词典》(第5版),北京:商务印书馆。

《尔雅中文》初级上、中级文化因素统计表

总类	大类	子类	文化因素或项目
语构文化280	语言文字280	语言280	四字词语（208）、俗语（20）、格言（16）、绕口令7、儿歌2、寓言故事和神话传说（3）、九的倍数短语（12）、普通话3、七大方言区、方言、广东话、粤方言、广州话、上海话、天津话、儿化韵、国语
		文字	
语义文化521	生活方式84	饮食68	北京烤鸭5、茶8、烤鸭8、鱼香肉丝、麻婆豆腐、锅包肉、西红柿炒鸡蛋2、宫保鸡丁3、啤酒6、筷子、"南甜北咸，东辣西酸"、南方人爱吃甜的、西半部分的人爱吃酸的、西湖醋鱼、手抓羊肉、大盘鸡、饺子7、月饼、"在中国北方人比较喜欢吃面食，特别是饺子，南方人不太习惯吃面食，一般吃米饭"、年糕2、元宵、粽子、绿茶、红茶、乌龙茶、花茶、白酒2、茅台酒、"青岛啤酒"、川菜、鲁菜、粤菜、茶2、火锅
		服饰	
		居住3	"北京的东西比较贵"、悦宾饭馆（图）、北漂族
		交通出行3	"7918 网"、丁字路、工字路
		娱乐休闲10	棋2、"胡同游"、踢毽子、网上购物、百度、"剪刀石头布"、新浪博客、彩票（大乐透、双色球）、打扑克
	风俗习惯50	节庆习俗45	春节11、中秋节8、端午节2、元宵节2、国庆节、"春节是农历（也叫阴历）正月初一，元宵节是正月十五，端午节是五月初五，中秋节是八月十五"、"春节吃饺子或年糕，元宵节吃元宵，端午节吃粽子，中秋节吃月饼"、"10月1日的国庆节，5月4日的青年节，9月10日的教师节"、舞龙、舞狮、划龙舟、中国人结婚过程（摆喜酒、送喜糖2、包红包、拜天地拜父母、闹洞房、"房间里贴红双喜字"、"房间里、床上放上红枣、花生、桂圆、栗子等，意思是早生贵子"、"结婚前，中国人一般都拍婚纱照"、"福"字2、"春节是农历的正月初一，是中国最重要的节日。春节前大家要打扫房子、贴"福"字、贴对联、贴窗花等。春节前一天叫除夕，除夕的晚上全家团圆，吃饺子、放鞭炮2、守岁"、拜年、对联、窗花、守岁、大红灯笼、乔迁之喜、暖房、"搬到新家的当天或之后几天，主人要请亲戚朋友到家里来吃饭"、"祝贺乔迁之喜要带礼物"、春节晚会、"南方人过年通常要吃年糕"
		崇尚与禁忌5	"倒着贴，让'福''到'咱们家来"、"送礼物不可以送钟"、"唐朝以胖为美"、"搬家、结婚一般都要选个吉利的日子，尤其对'八'特别偏爱"、在民间，许多人因为"四"和"死"谐音而认为"四"是个不吉利的数字

语义文化521	社会结构12	政治	
		经济3	不景气、人民币、传统单位（里、斤）
		人口	特征（特点）
			姓氏、属相7 单姓、复姓3、小名2、"中国的复姓比较少"
			人物28 姚明、霍元甲、黄飞鸿、李小龙、成龙、周杰伦、梅兰芳、陈靖、容国团、冰心、铁凝、梁秋实、孔健、洪应明、钱钟书、毕淑敏、凤姐、靳羽西、杨澜、成龙、林夕、黄磊、赵宝刚、李安、侯宝林、郭启儒、李开复
		科技1	"夏利"
		民族4	满族、汉族2、少数民族
		宗教	
		机构4	商务印书馆、上海辞书出版社、婚姻介绍所、中国作家办会
	教育124	文学27	小说6、《铁凝日记》、《大浴女》、《哦，香雪》、《玫瑰门》、《麦秸垛》、《棉花垛》、全国优秀短篇小说奖、全国优秀中篇小说奖、鲁迅文学奖、老舍文学奖、《最好的时光》、小人书、《真假美猴王》、《菜根谭》、《东西南北》、《围城》、长篇小说、《数字迷信及真实》、《黄帝内经》、《君的美丽梦想》、《与未来同行》
		艺术37	书法4、杂技2、京剧4、变脸、武术3、毛笔、中国功夫、话剧、武打戏、脸谱、地方戏、昆曲、越剧、"京剧是中国的'国剧'，已有200多年历史"、动画片、四艺（琴棋书画）、文房四宝（笔墨纸砚）、杜拉拉升职记（图）、梁山伯与祝英台、灰太狼、红太狼、小品、剪纸、《天下女人》、《婚姻保卫战》、相声2、《普通话与方言》
		体育1	射箭
		学校11	北京语言大学（北语）4、北京大学（北大）3、东北大学、中国人民大学、辅仁大学、"新东方"
		考试4	汉语水平考试HSK 4
		出版物36	《现代汉语》、《新华字典》2、《现代汉语词典》3、《学汉语用例词典》、《汉语1000常用字》、《中国大百科全书》、《经济学词典》、《现代汉语八百词》、《中国成语大辞典》、《上海成语大辞典》、《第27次中国互联网发展状况统计报告》、《今晚报》、《青年文摘》、羊城晚报、《人民文摘》2、《海外文摘》2、《中国青年》、《小小说选刊》、《微型小说选刊》、《新概念英语》、《义乌商报》、《养生的智慧》、《北京青年报》、《儿童幽默》、《读者》、《申江服务导报》、《信息时报》、《国际金融报》、《青年参考》、《看世界》、《晚报文萃》
		历史知识2（事件）	2008年北京奥运会、"1949年，北京被确定为中国的首都"
		历法5	正月、阳历、阴历，"阴历是中国的传统历法，用月亮变化的周期规定月份。因为和农业有关，所以阴历也叫农历"、冬至
		时间观念1	四时（春夏秋冬四季）

语义文化521	空间观念191	地理概况4	中国地图（图）、"长城长6700多公里，就是10000多里"、"中国的国土面积960万平方公里"、"青岛是中国的一个海滨城市"
		省/市/地区116	北京28、上海16、香港、澳门2、台湾、杭州5、四川4、新疆2、内蒙古、前门西大街、三里屯3、前门、西单、八里庄、五道口、青岛3、苏州3、桂林、王府井、中国青海、湖南、湖北2、山东、"中国各省份、自治区、省府介绍……"、台北、南京2、西安、山西、陕西、吐鲁番、广东2、河北2、澳门路、云南2、香港3、广州3、大连、深圳2、唐山、浙江、粤、天津2、沧县、沧州、福建省、福州、南京路
		河流5	长江、黄河、青海湖、青海、洞庭湖
		名胜古迹63	长城14、故宫8、鼓楼、王府、全聚德4、颐和园5、天坛2、紫禁城、八达岭长城、慕田峪长城、皇家园林、鸟巢、黄山、苏州园林、西湖、九寨沟2、南海、泰山、珠穆朗玛峰、九寨沟、老舍茶馆3、上海金金茂大厦、中国三大九龙壁（北京故宫九龙壁、大同九龙壁、北京北海九龙壁）、天安门、后海、四合院、北海、胡同、石库门房子、国家大剧院
		气候	
		特有事物3	大熊猫2、龙
	价值观念19	思想、学说1	"有朋自远方来，不亦乐乎？"
		婚姻观6	晚婚、裸婚、"中国妇女在婚后继续使用自己的姓"、门当户对、"家庭煮夫"、在中国，传统的"男主外，女主内"的婚姻模式
		教育观	
		其他12	"中国文化注重家庭文化，特别是国传统节日的时候，人们都希望全家团圆"；中国人一起吃饭的时候常常是一起点菜；"中国人喜欢喝茶，客人来家里时要请客人喝茶，朋友一起去饭店吃饭一般要先点一壶茶"；"客人准备离开的时候，主人会请他多做一会儿，这是一种礼貌客气的表示"；养儿防老；啃老族；"SOHO族"、"网购族"、"网吧族"、"网聊族"、"网虫"；地下黑网吧
	象征观念28	数字6	四代表着"四方"和"四时"，代表稳固、全面和无所不在；"八"和"发"是谐音，"发"的意思是发财；"九"在很多文化传统中，特别是在中国的佛教文化中，都是最为吉利的数字；九是最高数，又与"久"谐音；数字谐音，"九表示多，九的倍数也常表示多"；九龙袍
		颜色2	红色表示忠诚勇敢、白色表示狡猾
		事物20	挡箭牌、眼比天高、夜猫子3、千里眼、热锅上的蚂蚁、吹牛、话匣子、马大哈、泥牛入海、醋坛子、妻管严、吃醋、房奴、跳槽、黄脸婆、"金鱼在中国传统上被称为风水鱼"
	健康13	健康6	气功2、太极拳3、养生
		医疗7	中药、中医2、针灸、拔罐、"望、闻、问、切"、北京大学第三医院运动医学研究所

语用文化109	社会交际109	称呼99	亲属称谓、老+姓（老李3、老王4、老张）、小+姓（小王9、小李9、小赵、小胡、小杨、小张4、小刘2、小庄、小高）、姓+职位（李经理4、张老师、沈老师、李老师3、李总、王老师2、马医生、徐教授）、老爷、少爷、夫人、小姐、同志、师傅、先生、姓+先生、姓+太太（周太太）、王哥、老弟、女士、对妻子的称呼（16）、对丈夫的称呼（13）、职业（老板2、总经理、经理）、姓+小姐（刘小姐）、小+顺序（小五）
		问候和道别4	喂（打电话）、询问年龄（几岁、多大）、握手、打招呼（"去哪啊"2 "上课去" "吃了吗" "好久不见" "最近怎么样" "忙什么呢"）
		道谢和道歉	
		敬语与谦辞2	麻烦您……、不好意思，真是麻烦您了
		褒奖与辞让	
		宴请与送礼4	"你太客气了"；"别客气"；包红包；"请客吃饭时，我们会对客人说"慢用"，送客出门时，则说"慢走"
		隐私与禁忌	

图书在版编目（CIP）数据

汉语测试、习得与认知研究 / 邢红兵主编.
—北京：中国书籍出版社，2015.7
ISBN 978-7-5068-4973-9

Ⅰ.①汉… Ⅱ.①邢… Ⅲ.①汉语—语言教学
—文集 Ⅳ.①H19-53

中国版本图书馆CIP数据核字（2015）第129788号

汉语测试、习得与认知研究

邢红兵　主编

策划编辑	安玉霞
责任编辑	安玉霞
责任印制	孙马飞　马　芝
版式设计	中尚图
出版发行	中国书籍出版社
地　　址	北京市丰台区三路居路97号（邮编：100073）
电　　话	（010）52257143（总编室）（010）52257140（发行部）
电子邮箱	chinabp@vip.sina.com
经　　销	全国新华书店
印　　刷	三河市顺兴印务有限公司
开　　本	710毫米×1000毫米　1/16
字　　数	360千字
印　　张	20
版　　次	2015年7月第1版　2015年7月第1次印刷
书　　号	ISBN 978-7-5068-4973-9
定　　价	52.00元

版权所有　翻印必究